NHK BOOKS
1287

新版

集中講義！アメリカ現代思想

――リベラリズムはどこへ行くのか

nakamasa masaki
仲正昌樹

NHK出版

目次

校正　円水社
DTP　角谷剛

序　アメリカ発、思想のグローバリゼーション

「アメリカの思想」の一般的イメージ

本書は、一九七〇年代初頭に台頭し世界的に影響を及ぼした「リベラリズム系の正義論」を中心に据えた、アメリカの現代思想史の講義である。「リベラリズム系の正義論」とはどういうものか説明する前に、まず「アメリカの現代思想」についての私なりの一般的なイメージを示しておきたい。

私が大学に入学した八一年前後の日本の哲学・思想業界では、「アメリカ哲学」あるいは「アメリカ思想」はかなりマイナーであった。あの頃の典型的な哲学少年が、「近代の偉大な哲学者」としてまず思い浮かべるのは、デカルト、パスカル、ルソー、サルトルなどのフランス哲学者、そしてカント、ヘーゲル、マルクス、ハイデガーらのドイツ哲学者だった。難解な概念を数多く鏤《ちりば》

めた重厚長大な体系を展開する、〝いかにも哲学者らしい哲学者〟が数多く輩出した独仏が西欧近代哲学の中心で、ロックやヒュームなどの比較的分かりやすい（ように見える）哲学者しか思い浮かばないイギリス哲学は少し影が薄かった。〝アメリカ哲学〟に至っては、その存在意義がほとんど認められていなかった。

（西洋）哲学・思想入門の教科書類を繙《ひもと》いてみても、高校の「倫理社会」（現在では「倫理」）の教科書にも出てくる、チャールズ・サンダース・パース（一八三九―一九一四）、ウィリアム・ジェイムズ（一八四二―一九一〇）、ジョン・デューイ（一八五九―一九五二）のプラグマティズム三羽烏が「アメリカの哲学者」としてもうしわけ程度に紹介されるくらいだった。少なくとも八〇年代前半くらいまでは、「アメリカ哲学（思想）としてのプラグマティズム」は、〝哲学を志す者〟が本格的に学ぶべきものとは考えられておらず、大学の哲学や倫理学の授業で本格的に取り上げられることはほとんどなかった。

独仏英に比べて、建国から二〇〇年しか経っていなかったアメリカには、歴史的評価が定まった哲学者・思想家がまだ多く出ていなかったこともあるが、戦後日本でアメリカのライフスタイルやポップ・カルチャーの影響が圧倒的に強くなり、政治学、経済学、社会学、教育学、人類学、心理学などの文系の学問諸分野でもアメリカ流が支配的になっていたのに比べると、哲学・思想の領域における「アメリカ」の浸透はかなり遅かった。「アメリカ哲学（思想）としてのプラグマティズム」にしても、民主主義教育の意義や学校教育の方法論についての仕事があるデューイが教育学で、宗教的な回心体験の心理学的側面について研究したジェイムズが宗教学で、記号論の創始者であるパースが言語学・文芸批評で参照されるといった具合に、哲学以外の分野でより注目される傾向があった。

無論、これは別に日本に限った傾向ではない。八〇年代くらいまでは、ドイツ、フランス、イギリスなど他の西欧諸国でも、アメリカの哲学・思想は、概してあまり重視されていなかった。ヨーロッパ人の目には、歴史が浅いため人文系諸科学の伝統が十分に根付いておらず、実用志向が強い新興国アメリカは、経済学や社会学などの実証的で実利と結び付いた学問には強くても、現実から離れて抽象的・理念的に思考する「哲学・思想」には向いていないように見えていたわけである。

ヨーロッパで生まれた自由と平等の精神が定着しているアメリカの民主的な社会を詳細に分析した『アメリカの民主政治』(一八三五、四〇)を著し、ヨーロッパ人のアメリカ観に大きな影響を与えたフランスの歴史学者・政治家アレクシス・ド・トクヴィル(一八〇五―五九)は、この本の第三巻(一八四〇)の冒頭で、以下のように述べている。「文明世界のうちで、アメリカ連邦におけるほどに、哲学が人々の心を少ししか占めていない国は外にはないのである。／アメリカ人は、彼等に特有な哲学派というものをもっていない。そして彼等はヨーロッパで分裂し対立しているすべての哲学的諸派については殆ど無関心であり、それら諸派の名称をも殆ど知ってはいない」(井伊玄太郎訳『アメリカの民主政治(下)』講談社学術文庫、一九八七年、二一頁)。

トクヴィルは、そうしたアメリカ人の〝非哲学性〟を、伝統的に継承されてきた体系から独立に自分の頭で思考する知的自由、そして自分の目で見たものしか信頼しない合理的精神の現れとして肯定的に評価しようとしている。しかし、当然、そうしたトクヴィル的な見方を裏返して、否定的に評価することもできる。ソクラテス＝プラトン以来の二千数百年の伝統を誇るヨーロッパ哲学が人間にとって最も〝本質的なもの〟を探究してきたと信じる哲学愛好者たちにとっては、アメリカ人の〝非哲学性〟は、物事を深く掘り下げて考えようとしない浅薄さに見えてしまうわけである。

プラグマティズムの特徴

こうした伝統ヨーロッパ的な見方は、一九世紀後半に登場した「アメリカの哲学としてのプラグマティズム」の一般的なイメージによってさらに強められたきらいがある。**「プラグマティズム pragmatism」**あるいはその形容詞形である**「プラグマティカル pragmatical」**はもともと、パースが、我々が対象を認識する過程に現れてくる様々な「概念」を分類し、はっきりと定義するため、科学実験の方法を応用することを試みる文脈で用いた言葉である。「概念」それ自体の真理性ではなく、我々がその概念を用いて行為した場合、我々とその対象との関係にどのような〝実践的〟な影響が生じるかを重視するという意味合いが込められていた。〈pragma〉というのは、「行為」あるいは「行為の結果」を意味するギリシア語である。

当初は、この言葉からすぐに連想される［プラグマティカル＝プラクティカル（実用的、実務的、実践的）］というニュアンスは必ずしも含まれていなかった――細かい話になるが、パース自身は〈practical〉を、カント哲学で言うところの「実践理性」に根ざした絶対的格率に従う「行為」に対応させ、自らの使う〈pragmatical〉を、暫定《ざんてい》的な仮説や条件に依拠する、絶対性を志向しない「行為」に対応させている。そうした当初は限定的な意味しかなかった「プラグマティズム」がジェイムズによって、哲学する基本的姿勢や、真理観・世界観に関わる言葉として拡大した意味で使われ、アメリカの内外で流通していく内に、ヨーロッパの伝統的なスタイルの哲学とは一線を画し、予め設定された既成概念抜きに、人間の現実の「経験」に即して思考しようとする〝アメリカ的な哲学〟の流儀をも指すようになった。

心理学者であるジェイムズは内面的な心理状態の探究に重きを置いていたが、デューイは〝内面〟のような客観的に確認しようのないものを想定することなく、外的に観察できる「行動」に焦点を当てて人間を理解する方法を開拓した。

一般的に「プラグマティズム」として総称される時には、デューイが基準になっていることが多い。日本の高校・大学の教科書の「プラグマティズム」の記述も、デューイを基準にしている。デューイを基準にする「プラグマティズム」の特徴は、①概念を目の前の現象を解明するための暫定的な道具にすぎないと見なす、②判断や理論の真偽の基準を現象を説明するうえでの有用性や機能性に求める、③理論と実践は常に相互作用しながら不可分一体の関係にあると見なし、理論／実践の間の対立を認めない――の三点に要約することができる。

プラグマティズムとマルクス主義

これらの特徴は、現実の社会生活から身を引いて、永遠不動の普遍的な真理に対応する厳密な論理によって貫かれる概念体系を構築することを使命としてきた伝統的な哲学とは対極にあるように見える。〝反哲学的な哲学〟としての姿勢や、理論（認識）と実践（行為）の関係を重視するという意味では、マルクス主義と似ているところもある。マルクス主義にも、物質的現実あるいは実践が認識にフィードバックすることを強調する「反映論」と呼ばれる認識論がある。

ただし、「反映論」を取る通常のマルクス主義が「物質」の絶対的実在性を主張し、主体の意識の中で成立する「認識」は、物質的現実を反映＝反射＝反省（reflect）するものであると見なすのに対し、プラグマティズムは「精神」と「物質」のいずれにも絶対的リアリティを付与せず、「物質」や「精神」のような基本的なものを含めて、全ての概念を仮説的、暫定的なものと見なす。そのためプラグマティズムは、伝統的な哲学・思想の学徒と相性が悪いだけでなく、「物質」の運動の絶対的客観性に対応する不動の〝真理〟を追求しようとするマルクス主義者とも相性が悪い。

第二次大戦後も存命で、二〇世紀中盤のアメリカの政治文化に一定の影響を与えたデューイは、各個人の政治プロセスへの主体的参加を促進することを目指す「進歩派」——西ヨーロッパ式に言うと「リベラル左派」——の知識人である。しかし、彼の代表する「プラグマティズム」は、ラディカルな「革命」を志向するマルクス主義者たちからは、相対主義もしくは日和見《ひよりみ》主義と見なされ、非難されることが多い。絶対的な〝真理〟に対応した〝理想〟を措定《そてい》せず、「行為の結果」を見ながらやり方を変えていくというデューイの漸進的改良主義は、（アメリカ的な）資本主義社会との妥協に見えてしまうわけである。デューイはもともと共産主義社会の再建とか私有財産制の廃止に相当するような、ユートピア的な究極の目標設定をしないので、マルクス主義者と意見が合わないのは当然である。

そういうマルクス主義的なラディカリズムとの根本的な相性の悪さもあって、マルクス主義、あるいは、それと密接な関係にあるフランクフルト学派（四〇、二〇六頁参照）の批判理論やジャン＝ポール・サルトル（一九〇五―八〇）らの実存主義的なアンガジュマン（政治参加）の思想が、戦後知識人たちの間で強い影響力を発揮した他の西欧諸国では、「哲学としてのプラグマティズム」は高く評価されなかった。というより、マルクス主義のようなラディカリズムが影響を発揮できる西ヨーロッパの知的風土では、プラグマティズムのような現実的な有用性を重視する思想はあまり受けないと言うべきかもしれない。第一講で少し詳しく述べるように、一九六〇年代頃からアメリカでマルクス主義やフランクフルト学派の影響を受けた新左翼系の思想が台頭するようになった前後には、政治・社会思想としての「プラグマティズム」は本国でもあまりふるわなくなる。

日本におけるプラグマティズム受容

日本でのプラグマティズム受容についてもほぼ同じようなことが言える。日本でプラグマティズムが部分的に紹介されるのは意外と早く、一八八八年には既にデューイの心理学についての論文が出されている。西田幾多郎（一八七〇—一九四五）は『善の研究』（一九一一）の中で、ジェイムズの「純粋経験」概念に注目し、これを仏教における「無」の観念と結び付けながら、独自の仕方で理解することを試みている。夏目漱石（一八六七—一九一六）もジェイムズの影響を受けたことが知られている。また、アナーキストの大杉栄（一八八五—一九二三）は、論文「労働運動とプラグマティズム」（一九一五）で、「行為（のもたらす帰結）」を基準に物事を見ようとするプラグマティズムの精神を、これからの労働運動の戦略に応用することを模索している。しかし、まとまった形で一般向けに紹介されるようになったのは、戦後のことであり、その際に中心的な役割を果たしたのは、アメリカ留学中にプラグマティズムを学び、これを日本に本格的に導入しようとした思想家・社会運動家の鶴見俊輔（一九二二—二〇一五）である。

鶴見は、自由で自立した市民から成る「市民社会」を日本に定着させることを目指して、丸山眞男（一九一四―九六）らとともに雑誌『思想の科学』（一九四六―九六）を創刊した、左派的な知識人であるが、敗戦後の日本で急速に影響力を拡大していたマルクス主義とは一線を画した。彼は、「完全に正しい思想体系」を純粋に求めようとするあまり、「善玉（＝ソ連）／悪玉（＝アメリカ）」的な発想をする傾向のある、日本の「哲学的思索法」の硬直性を緩和させるには、プラグマティズム的な考え方を広める必要があると主張した。そして、終戦直後から六〇年代初頭にかけて、プラグマティズムを人間の日常的な行動と結び付いた思考法としてかなり一般化した形で紹介した。また、戦前、唯物論の研究に関わったためアカデミックなキャリアの道を断たれ、戦後、各種の反戦・平和運動を理論的に指導した――そして後に「保守」に転じる――哲学者・社会学者の清水幾太郎（一九〇七―八八）も、民主主義を支える思想としてプラグマティズムを紹介している。

　鶴見は六〇年代に安保闘争やベトナム反戦運動などに積極的に関わり、戦後日本の政治・社会思想形成に一定の影響を与えたが、彼が（戦後民主主義によってもたらされた）西欧的な「市民社会」を守っていくことを信条とする、いわゆる「市民派」であったため、革命思想としてのマルクス主義が最先端の思想としてもてはやされていた当時の日本の知的風土にあっては、その影響は限定的なものにならざるを得なかった――「マルクス主義者」と「市民派」の関係については、拙著『日本とドイツ　二つの戦後思想』（光文社新書、二〇〇五）参照。彼の紹介するプラグマティズムも、マルクス主義的な左派から見れば、資本主義・帝国主義の権化《ごんげ》である〝アメリカ〟と妥協する中途半端な左派の思想にすぎなかった。

また、鶴見や清水が純粋な「哲学者」というよりは、評論家、社会運動家と見られていたこともあって、先に述べたように、大学で研究・教育される狭義の「哲学」には、プラグマティズムはそれほど浸透していかなかった。西ヨーロッパ諸国においてそうであるように、「アメリカの哲学としてのプラグマティズム」は、狭義の「哲学」としても「政治・社会思想」としても、日本でもなかなかポピュラーにならなかった。

哲学・思想のアメリカ化傾向

こうしたプラグマティズムそれ自体に対する日本や西ヨーロッパ諸国での評価は、現在でもそれほど変わっていない。しかし、一九八〇年代後半から九〇年代初頭にかけて、アングロサクソン系、特に〝アメリカ発〟の哲学が、西欧諸国で急速に勢いを増し、それまで思想の流行の最先端と思われていたフランスの構造主義／ポスト構造主義をあっという間に凌駕《りょうが》し、伝統的なヨーロッパ哲学の権化とも言うべきドイツ観念論や現象学を哲学研究の〝傍流〟に追いやってしまった観がある——ドイツ観念論や現象学の研究の中心自体が、本家であるドイツ・オーストリアからアメリカに次第に移りつつある。無論、〝アメリカ発〟といっても、中身は千差万別であるが、西欧諸国の哲学・思想業界では、とにかくアメリカ人あるいはアメリカで活躍する学者の書いたものが幅を利かせている。

そうした西欧諸国における**〝哲学・思想のアメリカ化〟傾向**は、日本でも同様な形で進行している。近頃では、別にドイツ語、フランス語、イタリア語、ラテン語などが読めなくても、一応、英語さえ十分に読めれば、哲学・思想系の院生、大学教員になれるのが当たり前になっている――現実的には英語さえ十分に読めない院生も珍しくないわけだが。では、どうしてそういうことになったのか？　アメリカ主導のグローバリゼーションが、最も抽象的な「哲学・思想」の領域に及んでしまった結果と言ってしまえば簡単だが、それではあまりにも大雑把である。多少その中身に立ち入ると、この〝哲学・思想のグローバリゼーション〟は、大きく分けて、三つの異なった経路を通して進行したと言うことができる。

第一の経路：アメリカ版ポストモダン思想

第一の経路は、フランス発の構造主義／ポスト構造主義系統の学際的な知の形態、いわゆる**「ポストモダン思想」のアメリカでの本格的な受容・定着**である――私なりの「ポストモダン思想」理解については、『集中講義！　日本の現代思想』（ＮＨＫブックス、二〇〇六）参照。一九六〇年代からフランスを中心に流行したポストモダン思想は、狭義の哲学だけでなく、文化人類学、精神分析、記号学、文芸批評、社会学、歴史学などの人文科学の諸領域を横断して、近代合理主義的な

「知」を組み替えることを目指す包括的な思想運動であったが、その内の特に文芸批評部門が七〇年代からアメリカで積極的に受容され、パースの記号学などとも結び付きながら、独自の発展を遂げるようになった。中心になったのは、ベルギー出身でフランスやドイツの哲学の動向に詳しいポール・ド・マン（一九一九―八三）や、ジャック・デリダ（一九三〇―二〇〇四）の「脱構築」の文芸批評への応用を試みたヒリス・ミラー（一九二八―二〇二一）やジョナサン・カラー（一九四四― ）などである。

文芸批評を中心に発展し始めたアメリカ版のポストモダン思想は、七〇年代後半頃から、男性中心主義の原理に支配される近代的核家族制の解体を標榜《ひょうぼう》するラディカル・フェミニズムや、非西欧世界に対する西欧の文化的支配や抑圧を告発するポストコロニアル・スタディーズなどと結び付き、**「差異の政治」**と呼ばれる、マルクス主義ともプラグマティズムなどのリベラル左派とも異なる新しいタイプの左派思想を形成するようになった。近代のヒューマニズムが「人間」の普遍性を前提として、万人に平等な人権を保障することを目指したのに対し、むしろジェンダーや文化に根ざした「差異」を強調することで、各人を西欧近代の同化圧力から解放することを目指すという意味合いで、「差異の政治」と呼ばれるわけである。

植民地化された国の女性たちの二重、三重に言葉を奪われた状態（＝サバルタン［被従属民］状態）を物語論的にテーマ化した、インド出身のガヤトリ・スピヴァク（一九四二― ）、文化的表象によってジェンダー的アイデンティティが固定化されていく仕組みと、それが表象への政治的な介入、身体パフォーマンスなどを通じて組み替えられていく可能性を論じたジュディス・バトラー（一九五六－　）、西洋人による「オリエント」という表象の恣意性を明らかにしたエドワード・サイード（一九三五－二〇〇三）などが、この方面での代表的な論客である。この二人をはじめ、「差異の政治」に関わっている思想家・知識人の多くが、比較文学、記号学、文芸批評、美学、修辞学、パフォーマティヴ・アート論など、文学畑出身である。政治学、社会学などが専門でも、ポストモダン文芸批評の用語、レトリックを多用する人もいる。

九〇年代に入ると、ポストモダン思想の本家であるフランスで、主要な理論家が相次いで亡くなっていき、それに続く世代が新しい考えを打ち出せず、全般的に衰退していく中で、アメリカ版ポストモダン思想は「差異の政治」との繋がりを強めるとともに、都市論やメディア論、カルチュラル・スタディーズなど新たな領域にも進出しながら、発展し続けた。そのためアメリカの方が本場になったわけである。日本の〝ポストモダン思想研究者〟あるいは〝ポストモダン左派〟も、フランスよりも、アメリカから自らの思想的基盤を輸入することが多くなった。

第二の経路：分析哲学の潮流

第二の経路は、二〇世紀前半にオーストリアのウィーンを中心に発展した、哲学の経験科学化を目指した論理実証主義（ウィーン学団）や、ドイツのゴットロープ・フレーゲ（一八四八－一九二五）とイギリスのバートランド・ラッセル（一八七二―一九七〇）によって開拓された記号論理学、オーストリア出身でイギリスのケンブリッジを中心に活動したルートヴィヒ・ウィトゲンシュタイン（一八八九―一九五一）の言語分析などを総合的に継承する**「分析哲学 analytic philosophy」**と称される潮流のアメリカでの定着と飛躍的な発展である。現象学に至るまでの西欧近代哲学が、「私の内面」において成立する「認識」に焦点を当てていたのに対し、この潮流は、〝我々〟が使用している言語や概念の批判的な分析に焦点を当て、正しい分析を通して各種の哲学的問題に明確な回答を与えることを試みたところから、「分析（的）」と呼ばれている。

現在アングロサクソン系哲学の代名詞となっている観のある「分析哲学」であるが、戦後多岐にわたって発展し、記号論理学、様相論理、真理論、意味論、行為論、言語行為論、日常言語分析、科学基礎論、心の哲学、時間論、クリティカル・シンキング……など様々な分野や流派を含んでいる。中には直接的に言語を扱わないものもある。そのため全体に共通する特徴を抽出するのは困難になりつつあるが、ドイツ観念論、現象学、実存主義、構造主義との対比で言えば、①解決すべき問題を明確でコンパクトな形で定式化する、②文学的・多義的な概念や文、言説は排除する、③論証の過程で用いる概念、記号、命題、文を厳格に定義し、曖昧な解釈が入り込まないようにする、④数学や自然科学のような、厳密な意味で論理的に首尾一貫性がある体系を構築することを目指す――といった点を、大まかな特徴として挙げることができるだろう。

「分析哲学」がアメリカで発展した歴史的な背景として、第二次大戦前後にナチスから逃れる形で、ウィーン学団の中心人物であったルドルフ・カルナップ（一八九一―一九七〇）、不完全性定理で有名なクルト・ゲーデル（一九〇六―七八）、数理論理学者のアルフレッド・タルスキー（一九〇一―八三）などがアメリカに移住して、同地を本拠にするようになったことを挙げることができる。また同じ英語圏であるということで、ラッセル、ウィトゲンシュタインの活躍したケンブリッジの人脈、そして四〇年代から五〇年代にかけて「日常言語」の厳密な分析を通じて「分析哲学」を発展させたオクスフォードの日常言語学派などと密接な交流を持っていたことも、アメリカでの発展にとって有利であった。

六〇年代に入る頃から、W・V・O・クワイン（一九〇八―二〇〇〇）に代表される、プラグマティズムの柔軟な発想を「分析哲学」に取り入れた**「ネオ・プラグマティズム」**と呼ばれるアメリカ特有の流派が生まれてくる。七〇年代から八〇年代にかけて、ドナルド・デイヴィドソン（一九一七―二〇〇三）、ヒラリー・パトナム（一九二六―二〇一六）など、分析哲学を代表する哲学者がアメリカから出て、アメリカが分析哲学の中心であることがはっきりしてくる――こうした「分析哲学」の歴史的発展について詳しくは、飯田隆編『哲学の歴史11　論理・数学・言語』（中央公論新社、二〇〇七）などを参照のこと。

七〇年代以降、ドイツ、フランスの現象学までストップしていた伝統的な哲学が、斬新な理論家がなかなか出てこない状態が続いて次第に〝文献学・訓詁《くんこ》学化〟していったのとは対照的に、アメリカで多様に発展するようになった「分析哲学」は、認知科学、脳科学、言語学、コンピューター・サイエンス、情報科学、生物学、理論物理学などの成果を取り込みながら、その守備範囲を拡張していった。分析哲学者の中には、ロック、ヒューム、カント、フッサール、ハイデガーなどの古典的テクストを独自のパースペクティヴで再解釈する人が少なくないので、「分析哲学」を通して伝統的哲学を学ぶことができるというのも強みになっている――その逆、つまり伝統的な哲学を主たる専門にしている学者が、分析哲学を独自の視点から再解釈するというのはあまり聞かない。

日本でも七〇年代頃から、東大の黒田亘（一九二八―八九）らによって「分析哲学」が徐々に紹介され始めたが、冒頭に述べたような、メインストリームの哲学界における独仏優位の状況が続いていたため、ごく一部のサークルを除いてあまり浸透しなかった。それが、独仏の伝統的な哲学の退潮傾向が明らかになった八〇年代後半から、依然として上昇傾向にあるように見えた「分析哲学」への関心が相対的に高まっていき、九〇年代の間にいつのまにか、大学における〝哲学の最前線〟がシフトした観がある――無論、どう見ても最初から〝最前線〟からかけ離れている大学や研究者はこの限りではない。

第三の経路：リベラリズムをめぐる議論

そして**第三の経路**が、本講義でこれから中心的に取り上げることになる、ジョン・ロールズ（一九二一―二〇〇二）の『正義論』（一九七一）を機に大々的に展開されるようになった、**「リベラリズム（自由主義）」の再定義をめぐる政治哲学・法哲学的な議論**である。

「自由とは何か？」をめぐる政治哲学的な議論は、ジョン・ロック（一六三二―一七〇四）の『統治二論』（一六九〇）以来様々な形で提起され続け、一九六〇年代頃には主要なテーマがほぼ出尽くした観があった。「自由」の本質論はあまり流行らなくなっていた。終戦直後から米ソ冷戦体制に入ったため、アメリカを中心とする自由主義陣営と、ソ連を中心とする社会主義陣営――社会主義陣営は自分たちこそ、真の「解放＝自由化 liberation」の思想を体現していると自称していた――の間の対立関係に、政治哲学・法哲学の関心が集中し、自由主義内部の〝微妙な違い〟にはあまり関心がいかなくなったということもある。

しかし、ロールズが社会全体としての――「平等」に近い意味での――「公正」という要素と、「自由」とを両立させる形での「正義論」を構想し、現代のリベラリズムが取り組むべき課題を明確にしたことによって、その是非をめぐる議論が様々なレベルで展開されるようになった。詳しくは本論で述べるが、ロールズの正義論を基本的に支持したうえで、修正を加えたり、拡張的に展開することを試みる傾向の議論が主流になったのに対し、「自由」に対する制約を可能な限り排そうとする**リバタリアニズム（自由至上主義）**や、共同体の中で形成される価値観が不可避的に個人の自由の範囲を制約することを認めるべきだと主張する**コミュニタリアニズム（共同体主義）**が、それに挑戦するという基本構図が生まれたのである。

そうした「リバタリアニズム／ロールズ的なリベラリズム／コミュニタリアニズム」論争に触発される形で、「民主主義」の理想的なあり方をめぐる議論や、リベラルな社会を支える「権利」を再定義する議論、自由との関係で功利主義を再考する議論、「共和主義」と「自由主義」の違いをめぐる議論など、関連する議論が八〇年代から九〇年代にかけて盛んになった。

本講義では、ロールズの正義論を契機に引き起こされた、**「自由」の現代的な課題をめぐる一連の議論を「リベラリズム」と呼び**、従来的な意味での「自由主義」一般とは一応区別して表記することにする。無論、ロールズらの「リベラリズム」は、ロックやカント（一七二四―一八〇四）などの古典的「自由主義」の影響を受けているし、ドイツなど他の西欧諸国の「自由主義」的な議論と相互影響関係にあるため、厳密に区別することは無理なので、あくまでも〝一応〟の区別である。

リベラリズムの多様な展開

「リベラリズム」をめぐる政治哲学・法哲学的議論は、概念分析の方法上「分析哲学」に依拠していることが多い――分析哲学の手法を用いると、「自由」とか「平等」「公正」などの日常的にかなり曖昧に使われている言葉が、まるで数学や論理学の専門用語のように厳密に定義されたうえで、相互に関連付けられるので、しばしば初学者を当惑させる。またネオ・プラグマティズムの系譜に属するリチャード・ローティ（一九三一―二〇〇七）や、「心の哲学」をメインフィールドとするトマス・ネーゲル（一九三七― ）のように、リベラリズムの中心的なテーマについて発言する――政治哲学者や法哲学者ではないという意味での――〝純粋哲学者〟も少なくない。近年では分析哲学の一分野として［責任―人格―自由］の相関関係の倫理学的な探究が盛んになっているし、生命倫理や環境倫理、情報倫理など、一九六〇年代頃からアメリカを中心に学際的なディシプリン（学問分野）としてポピュラーになっている応用倫理学の諸分野では、リベラリズム系の議論と、分析哲学の議論の双方が参照されることが多い。そうしたこともあって、二つの経路はかなり重なっている。

また、「リベラリズム」が通常、個人の生き方の多様性を認めるものであることから、文化的マイノリティやジェンダー的な不平等をめぐる問題など、部分的に、ポストモダン系の「差異の政治」の議論と重なっているところもある。無論、「差異の政治」が、精神分析、文化人類学、社会学などの知見を導入して、各人の人格形成（アイデンティティ）に対して「外」から働きかける権力・言説作用が引き起こす〝歪《ゆが》み〟の矯正までも視野に入れたラディカルな変革を標榜するのに対して、個人の「内面の自由」への介入の不可能性を前提にして、制度面での平等で公正な取り扱いの問題に自己限定しようとするリベラリズム系の議論では、どうしても議論の組み立て方は自ずから異なってくる。

フェミニズム関連では、〝市民社会の枠内〟での個々の女性の自律や、「市民としての男女の平等」の実現を重視するリベラル・フェミニズムという流れがあり、これは近代市民社会と密接に結び付いた、核家族を中心とするジェンダー構造の革命的変革・解体の必要性を主張するラディカル・フェミニズムとは原理的に対立する。また文化的アイデンティティの関連では、広義のリベラリズム系の政治哲学・法哲学は、文化集団ごとの自治を可能な限り認める多文化主義（multi-culturalism）の路線を取ることが多く、これもまた、あらゆる既成の文化的アイデンティティを脱構築して流動化させることを目指すポストコロニアル・スタディーズや、カルチュラル・スタディーズなどのラディカル化した議論と原理的に対立する。ただ、リベラリズム系の議論と差異の政治を架橋して、アイデンティティ再形成への権利を提唱するような議論もないわけではない。

こうした、ある意味現代アメリカの抱えている根本的な課題を反映したような形で展開・拡大するリベラリズム論議は、英語圏では七一年の『正義論』の刊行以来着実に進展していたわけだが、これまで述べてきたような理由から、日本の政治思想、法哲学、倫理学などの関連領域では九〇年代に入るまであまり注目されていなかった。マルクス主義の影響を受けた左派の学者たちからは、プラグマティズムと同様の、資本主義と妥協する思想として無視あるいは軽視されていたきらいがある。

そうした雰囲気が、八九年から九一年にかけてのソ連・東欧ブロックの崩壊によって、マルクス主義の敗北が決定的になる中で、急速に変化した。少なくとも当面は、社会主義のようなオルターナティヴな体制をいきなり打ち立てようとするラディカル思想が非現実的であることを認めざるを得ない以上、自由主義あるいは資本主義社会の存続を前提にしたうえで、可能な限りの改善、社会的公正の確保を求めるしかない。そこで、アメリカの「リベラリズム」系の議論が、マルクス主義ほど人を熱狂させるものではないにせよ、**現実的な社会変革を目指す思想**として、今さらのように注目されるようになったわけである。

本講義のねらいと構成

本講義では、こうしたアメリカにおける「リベラリズム」論議の変遷を、現実の政治・社会情勢の変化を背景としながら辿っていきたい。マルクス主義のような〝反自由主義〟的な思想がなかなか定着せず、諸個人の「自由」(「自己決定」→「自己責任」)が空気のような自明の事実になっていたはずのアメリカにおいて、「自由」の意味を厳密に定義し直して、それに基づいて理想的な社会制度を構想しようとする「リベラリズム」の議論が盛んになった理由を総合的に考えることで、戦後日本のあり方を様々な面で規定してきた「アメリカ」が現在抱える思想的課題を明らかにしたい。

「現代アメリカの思想」と言う時、ポストモダン思想や分析哲学も含めたより包括的な流れを描いた本にする方が良いのかもしれないが、それではあまりにも分散してまとめ切れなくなるので、本講義では、私の目から見て〝最も代表的なアメリカ現代思想〟である「リベラリズム」に焦点を当て、分析哲学、ポストモダン思想などとの関わりは必要に応じて最低限の言及をするに留めることにする。

書店の人文書コーナーには、ロールズをはじめとする、「リベラリズム」の個々の思想家や理論について詳細に紹介した本はたくさん並んでいるが、全体の流れを追って、分かりやすい見取り図を描いているようなものはほとんどない。「リベラリズム」をめぐる議論のテーマがあまりにも多岐にわたるし、同じ英語圏であるイギリスやカナダをはじめとする他の西欧諸国を巻き込んだ国際的な広がりを持っている議論が少なからずあるので、「アメリカ・リベラリズム」という括りでまとめにくいのかもしれない。近年は、大学を中心とするアカデミズムにおいても、ネットなどによる情報伝達手段の発達の影響（＝アカデミズムのグローバル化）で、同じ英語圏や、比較的近い言語圏であるドイツ語圏やフランス語圏、イタリア語圏での議論が、すぐにアメリカに反響することが多い。

本講義は、そうした意味で少なからず無理があるのは承知のうえで、敢えて「アメリカ・リベラリズム」をめぐる思想史的な流れをまとめることを試みるものである。細かいテーマや論争については、やむを得ず省略してしまったものが多々ある。「アメリカ合衆国」の範囲を超えて広がっている重要な議論については、私の目から見て、「アメリカ」的と思われる部分だけを取り上げて、可能な限り**〝アメリカの自由をめぐる一つのストーリー〟**にまとめることを試みた。「リベラリズム」の細かなテーマや論争、思想家をフォローしている専門的な研究者の目から見たら、粗い見取り図になってしまうだろうが、それは致し方のないことである。

第Ⅰ部（第一講と第二講）では、ロールズの「正義論」登場の背景を検討する。第一講では、「正義論」誕生までの〝前史〟として、一九六〇年代後半までの戦後アメリカの全般的政治・社会状況と、それに対応する政治・社会思想の動きを少し駆け足で見ていくことにする。第二講で、「正義論」そのものについてできるだけコンパクトに説明する。

第Ⅱ部（第三〜五講）では、「正義論」によってリベラリズムがいかにダイナミックに展開したかを、八〇年代後半までの時代状況から見ていく。第三講で、「正義論」に対するリバタリアンやコミュニタリアンによる批判的な応答を通して、「リベラリズム」的な論議が形成される過程を描き出すことを試みる。第四講、第五講では八〇年代以降における保守主義の台頭や、ポストモダン思想とリベラリズムの遭遇が、どういう新たな展開を生み出したかを概観する。

第Ⅲ部（第六〜八講）は、ポスト冷戦期のリベラリズムがテーマだ。第六講と第七講では、「冷戦の終焉」と「九・一一」同時多発テロが、「リベラリズム」論議をどのように変容させたか可能な限り多角的に記述することを試みる。第八講では、それまでの議論を踏まえて、日本の現代の思想状況に「アメリカ思想としてのリベラリズム」が直接的・間接的に与えている影響を総括することを試み、そこから何を汲み取るべきかを述べる。なお、各講の間にいくつか「間奏曲」を設け、アメリカ現代思想と日本とのかかわりについてまとめた。

また、新版を出すにあたって、旧版が刊行された二〇〇八年以降の変化を、サンデルを軸にまとめたⅣのパートを加筆した。

I

リベラルの危機とロールズ

第一講
「自由の敵」を許容できるか——戦後アメリカのジレンマ

「自由」の目標転換

第二次大戦直後のアメリカの政治思想状況を敢えて一言で要約すれば、**「自由」の目標の急激な変容**ということになるだろう。一九三〇年代末から第二次大戦中にかけてのアメリカは、ドイツ、イタリア、日本などの枢軸国を、全体主義的（もしくはファシズム的）な体制を取る「自由の敵」と見なし、自らと同盟国を「自由の擁護者」として位置付けていた。全体主義体制とは、単一のイデオロギーあるいは世界観によって国あるいは社会全体が一元的に統合されていて、近代的な自由・民主主義の特徴である思想・信条の自由や民主的な手続きに基づく意思決定プロセスとは相容れない政治体制である。

アメリカの大統領フランクリン・ローズヴェルト（一八八二—一九四五）は、大戦への参戦に先立つ四一年一月に、議会での年頭教書演説で、アメリカが追求すべき国家目標として、「四つの人間の自由」（表現の自由、信仰の自由、欠乏からの自由、恐怖からの自由）に基づく世界の建設を掲げた。同年八月には、ローズヴェルトとイギリスの首相ウィンストン・チャーチル（一八七四―一九六五）が共同で、自由貿易の拡大、グローバルな経済協力と社会福祉の増進、欠乏と恐怖からの自由など、自由主義的な世界秩序の構築を目指す「大西洋憲章」を発表している。

しかし戦争が終わってすぐに、それまで〝同盟国〟であった社会主義国ソ連との間で緊張関係が生じ、いわゆる「冷戦」に突入した。アメリカを盟主とする自由主義諸国は、日独伊に代わって、「ソ連」を全体主義の権化＝「自由の敵」と見なすようになった。「自由の敵」が変われば、その「敵」との対比によって規定される「自由の擁護者」のイメージも変わってくる。

日独伊の全体主義は、西欧近代的な自由主義・個人主義を超克して、それぞれの民族共同体を復活させることを目指していた。つまり、各人が同じ「民族」（＝全体）の一員としての一体感、精神的な絆《きずな》を感じることのできた近代化〝以前〟の状態――そうした民族的な一体感がかつて実際にあったかどうかは客観的に証明しようがないわけだが――を理想とし、それを再現しようとする復古的な性格を帯びた全体主義であると言うことができる。したがって、そうした復古主義的かつ自民族中心主義的な全体主義と対峙するアメリカなどの自由主義諸国は、諸個人の自由が保障されていない前近代への後戻りを阻止し、近代的な自由と進歩をさらに世界規模で拡大していくために闘っていると自負しやすかった。

それに対して、ソ連の国家イデオロギーであるマルクス＝レーニン主義は、近代市民社会・資本主義が革命によって打倒された〝後〟で、私有財産制を廃して生産財を公有化する社会主義体制を経由して、各人が必要に応じて働き必要に応じて受け取る「共産主義社会」が全世界的に到来するという普遍主義・進歩主義的な歴史観を持っていた。西欧近代的な個人主義・自由主義を超克して、理想の共同体を目指す点では、日独伊の全体主義と共通しているが、その理想の共同体としての「共産主義社会」は、過去にあった民族共同体ではなく、これから来るべき普遍主義的なものとして設定されている――来るべき「共産主義社会」はある意味、歴史の始めにあった「原始共産主義社会」が、高度に発展した生産様式を基盤として再現されたものとも言えるが、ここでの本題ではないので、立ち入らないことにする。

ソ連が自らの歴史観（唯物史観）に従って、資本主義・自由主義の〝後〟の世界を到来させようとするのに対し、アメリカなどの自由主義陣営はその流れを押し止め、自分たちの現体制を守ろうとする姿勢になる。つまり、西欧近代がこれまで追求してきた自由主義的な進歩を超える、〝さらなる進歩〟を志向する〝超進歩派〟とも言うべきソ連との対比で、アメリカなど西側諸国の「自由」は相対的に〝保守的〟な意味合いを帯びてくる。西側諸国は、ソ連のような社会主義的計画経済体制下では、経済活動をはじめとする個人の様々な「自由」が奪われ、抑圧されることになるとして、ソ連や東欧で次々と誕生した社会主義諸国を、全体主義と批判するようになったが、「平等」を基本とする「共産主義」という新しいユートピアを説くソ連陣営に対して、西側の方が思想的に〝守勢〟に立つようになったという印象は否めない。

自由主義の逆説

イギリス、フランスなどでは既に第一次大戦前後から、社会主義もしくは共産主義系の政党が政権に参加している。第二次大戦後に西側陣営に参加することになった西ドイツ、イタリア、日本などでも、左派政党が国民の支持を広げていた。ソ連・東欧との敵対関係がはっきりしてくるにつれ、西側諸国の左派政党は、あくまでもソ連型の体制を志向するマルクス主義路線を取るものと、自由主義の枠内での改革を通して社会主義的な平等の理想を追求する社会民主主義路線を取るものに分かれるようになる。

国内にも自由主義／社会主義の対立を入れ子状態に抱えていた他の西欧諸国に比べると、アメリカでは、明確に社会主義あるいは共産主義を標榜する政党は、あまり大きな勢力になっていなかった。二大労組であるアメリカ労働総同盟（ＡＦＬ）と産業別労働組合会議（ＣＩＯ）が一九三〇年代後半から政府や資本との協調路線を取ったこともあって、労働運動へのマルクス主義の影響も限定的なものに留まっていた。二大政党の共和党と民主党の内、ローズヴェルトの下で「ニュー・ディール」政策を進めた民主党の方が、公共事業などの形での政府の市場介入を通して労働弱者を救済する路線を志向しており、相対的に西ヨーロッパの社会民主主義政党に近いと言える。しかしその民主党も、公式的に「社会主義」を標榜したわけではない。国内政治的に見た場合、アメリカは西側自由主義陣営の中でも、最も安定した〝自由主義的〟な国家であったと言える。

しかし、ローズヴェルトの後を継いだ民主党の大統領ハリー・S・トルーマン（一八八四―一九七二）が四七年三月、「武装した少数派、あるいは外圧によって試みられる征服に抵抗している、自由な人民を支援」するという形で、共産主義の封じ込め策（トルーマン・ドクトリン）を発表したのを機に、アメリカは「反共」思想の総本山になった。別の言い方をすれば、**共産主義あるいはマルクス主義を思想的に許容することができない〝自由主義国家〟**という矛盾した存在になったわけである。

対外的には、四九年に他の西側自由諸国とともに北大西洋条約機構（NATO）を結成し、ソ連・東欧との軍事的な対決に備えるようになり、国内的には、四八年から非米活動委員会を中心にした共産主義者の摘発、取り締まりが始まった。五〇年二月には、共和党の上院議員ジョセフ・マッカーシー（一九〇八―五七）が、国務省内に共産党員が潜伏していると告発したことで、「マッカーシズム」と呼ばれる集団ヒステリー的な様相さえ呈する共産主義者摘発運動が引き起こされ、五〇年代半ばまで猛威を揮《ふる》った。「自由の敵」を敵視しすぎた〝自由主義〟が思想的に一枚岩になろうとするあまり、ある面では極めて全体主義的な様相を呈する、という逆説的な事態が生じたわけである。

純粋に論理的に考えれば、「自由主義」の本質が、「それが本人の自由意思に基づく選択である限り、いかなる思想や世界観を持つことも許容し、干渉しないこと」にあるとすれば、かつての枢軸国のような復古的な全体主義体制や、ソ連の計画経済・社会主義体制のようなものを目指すことも、それが本人の自由意思に基づく選択であり、かつ他人の自由を侵害していない限り、自由主義的にはオーケーということになるはずである。

「自由主義」の立場から、「枢軸国やソ連は、国家イデオロギーを個人に押しつけて、自由を抑圧している」と批判することはできる。しかし、それを承知で枢軸国やソ連がいいと考える諸個人に対しては、その人たちがその思想に基づいて具体的に他人に害を加えない限り、「自由主義者」は、「全体主義者」の思想の自由を認めざるを得ないことになる。さらに言えば、もし仮に、ある国の住民の圧倒的多数が自発的に全体主義体制を選んだとすれば、それを自由主義者は否定することができない、ということになりそうだ。

これは、リベラリズム系の政治哲学や倫理学でしばしば提起されるなかなか難しい問題であり、本講義でも以降、非リベラルな価値観を持つ集団や国家といかに付き合うかを考察したロールズらの議論との関連で繰り返し言及することになる。

アメリカは、全世界の「自由の擁護者」として、枢軸国の全体主義と対決するようになった時点で既に、〝自由主義のために非自由主義的思想を否定すること〟から生じてくる原理的な矛盾に直面していたはずである。しかし、枢軸諸国のイデオロギーが偏狭な民族主義的なものであり、アメリカにとってみれば、純粋に「外敵」の思想であったこともあって、第二次大戦中は、この矛盾が、アメリカ社会の中で鮮明に意識されることはなかった。

戦後のソ連との対決の場合、状況がかなり異なる。全世界の共産主義化を標榜する普遍主義的な性格を有する〝超進歩史観〟であるマルクス主義が東欧や東アジアで次第に勢力圏を拡大していき、自由主義の本拠であるアメリカ国内にも水面下でかなり浸透しているのではないかという疑念が生じてくる中で、〝アメリカの自由主義〟が、自ら想定する「自由の敵」に対してどこまで寛容になれるかが試されることになった。

国内のマッカーシズムが一応鎮まった後も、マルクス主義という思想的なライバルと引き続き対峙し続けたアメリカ社会は、「自由主義とは、具体的にはどういう理想を擁護する思想か？」を自問せざるを得なくなった。こうした**自由主義の逆説をめぐる緊張状態**が、七〇年代以降のリベラリズム論議の原点になったと見ることができる。

全体主義への誘惑

「自由」の意味が変容した一九四〇年代のアメリカ社会において、最も影響力を持った「自由」の本質論として、社会心理学者のエーリヒ・フロム（一九〇〇─八〇）による『自由からの逃走』（一九四一）と、経済学者のフリードリヒ・ハイエク（一八九九─一九九二）による『隷従への道』（一九四四）の、二つの著作を挙げることができるだろう。

ユダヤ系ドイツ人であったフロムはもともとフランクフルト学派のメンバーであり、フランクフルト大学の社会研究所でマルクス主義と精神分析を融合した学際的な社会分析の手法を開拓していた。フランクフルト学派とは、二〇年代以降フランクフルト大学の社会研究所を中心に、哲学、社会学、経済学、精神分析などにまたがる学際的な研究を行なったネオ・マルクス主義的な知識人のグループである。フロムは三三年のナチス政権の成立に伴ってアメリカに亡命し、戦後もアメリカに残り、「権威主義的な性格」の研究などを通してアメリカにおける精神分析的な社会心理学の発展に大きな影響を与えることになった。

オーストリア出身のハイエクは最初ウィーン大学で経済学を学び、自由主義的な市場擁護論の傾向の強いオーストリア学派のメンバーとしてスタートしたが、三〇年代初頭に景気理論家として国際的に著名になり、三一年にロンドン・スクール・オブ・エコノミクス（ＬＳＥ）の教授に就任している。三八年にオーストリアがナチス・ドイツに併合された際にイギリスに帰化し、経済学の枠を超えて、自由主義を政治・社会哲学的に擁護する論陣を張るようになった。四〇年代のハイエクの活動の拠点はイギリスであったが、『隷従への道』が最初に刊行されたイギリスよりも、少し後で刊行されたアメリカでより大きな反響を呼び、注目を浴びたハイエクが全米を講演旅行することになったことや、彼が五〇年から六二年までシカゴ大学の教授を務めていたことを考慮に入れれば、『隷従への道』を〝アメリカの自由論〟と見なすことに大きなさしつかえはないだろう。

ネオ・マルクス主義的もしくはフロイト左派的な思想背景を持ち、「民主的社会主義社会」を理想とするフロムと、市場の自生的秩序を尊重すべきことを説く自由主義的な経済学者であるハイエクでは、基本的な政治スタンスはかなり異なる。しかし近代化が進んだ西欧社会において「自由の精神を守ること」が困難になりつつあること、〝自由〟を放棄して大きな権力に委ねることで楽になろうとする誘惑が強くなっていることについての認識は共有しているようにも思われる。別の側面から言えば、全体主義の脅威は、ドイツとかイタリア（あるいはソ連）などの「外部」からやって来るのではなく、アメリカやイギリスのような〝最も自由主義的な社会〟の「内部」にも潜んでいるのである。

「自由ゆえの孤独」をいかに克服するか

フロムの『自由からの逃走』は、そのタイトルからすぐに連想されるように、各個人にとって「自由」が大きな重荷になり得るという心理学的な認識を起点にしている。近代の資本主義経済は、人間を伝統の束縛から解放しただけでなく、責任をもって自由に行動する個人を生み出した。しかしその裏返しとして、自分自身の足で立たねばならなくなった個人は孤独を感じ、神経症的になる。自由ゆえの孤独、無力感に耐え切れなくなった個人は、自由から逃げ出し、命令を与えてくれる外的権威に進んで従おうとする権威主義的性格を示すようになる。あるいは、本当の意味での自分の意志、本来の自己をしっかりと持たず、常に他人の期待通りに行動し、認められることによって、自己同一性を確認しようとするようになる。

フロムはこうした社会心理学的な一般的洞察を、第一次大戦の敗戦に伴う急激な政治経済的な不安定化状態の中にあるドイツにおいて、強力な権力によって支配されたいという大衆の願望が高まる中でナチスが台頭してくる歴史的過程と重ね合わせて、ファシズム生成のメカニズムを分析している。しかし彼はそれがドイツに特有の現象ではなく、大衆が共同体的な絆からの自由ゆえの孤独や無力感を覚えるようになる近代社会にとって、「より高い力」に我が身を委ねようとするファシズムへの誘惑は不可避であるとして、アメリカ人たちに対しても注意を促す。

フロムは個人の自由、創意、自発性を向上させるためには、社会が全ての成員に対して責任を持つような「新しいデモクラシー」が必要であるとする。その「新しいデモクラシー」のためには、社会全体を合理的な計画経済に作り替え、政治から経済に至るまで「人民の人民による人民のための統治」を徹底すべきだと言う。ただし彼は、計画経済ということで、単に生産手段の社会化を標榜しているわけではない。形式的に生産手段を社会化したソ連では、強力な官僚制によって人民が操られ、かえって自由や個人主義の発達が阻害されている。個人の自由な参加と、中央での計画をどのように両立させるかが課題であると言う。『自由からの逃走』は次のように締めくくられている。

人間が社会を支配し、経済機構を人間の幸福の目的に従属させるときにのみ、また人間が積極的に社会過程に参加するときにのみ、人間は現在かれを絶望――孤独と無力感――にかりたてているものを克服することができる。人間がこんにち苦しんでいるのは、貧困よりも、むしろかれが大きな機械の歯車、自動人形になってしまったという事実、かれの生活が空虚になりその意味を失ってしまったという事実である。（……）デモクラシーは、人間精神のなしうる、一つの最強の信念、生命と真理とまた個人的自我の積極的な自発的な実現としての自由にたいする信念を、ひとびとにしみこませることができるときにのみ、ニヒリズムの力に打ち勝つことができるであろう。（日高六郎訳『自由からの逃走（新版）』、東京創元新社、一九六五年、三〇二頁）

市場の純粋性か、計画経済か

このように、社会主義的な計画経済によって欠乏からの自由を保障することで、ファシズムへの誘惑を遮断し、各人が自己実現に向けての自由な活動を積極的に展開することを可能にしようとするフロムの構想に対して、ハイエクは『隷従への道』で、むしろ計画経済のような発想こそ、自由の放棄＝隷従に繋がるという議論を展開している。

社会主義者は、欠乏からの解放や社会的正義としての平等などを理想として掲げ、それを「新しい自由」と呼んで、計画経済を正当化しようとする。しかし計画化を進めていこうとすれば、どうしても議会での討論を中心にして多数の人々の合意を得るという手順を経ることなく、中央で誰かが一元的に決定することが必要になってくる。計画化はデモクラシーと最終的に矛盾するのである。

ハイエクの分析では、ナチスが政権を掌握する前のドイツの政治では、民主的な討論を抜きにして計画を立てて実行する経済的な独裁者の出現を要求する声が強まっていた。「ナチ」のドイツ語の正式名称は〈Nationalsozialist〉、つまり「国民社会主義者」である。ハイエクに言わせれば、右の全体主義であるナチズムも、左の全体主義であるソ連などの共産主義も、計画経済を志向する社会主義であるという点で、基本的に同類である。**計画経済は、全体主義に至る道である。**

計画経済は経済活動の自由を制約するに留まらず、我々から基本的な選択の自由を奪うことになる。全体主義体制に生きる人々は、中央から与えられる計画に合わせて欲望を満たす生活を送ることを強いられるようになる。社会計画化によって単一の目的体系が出来上がると、各個人は社会または国家のような、より高次の目的に役立つ単なる手段でしかなくなる。そうした全体主義社会では、各人が、全体の目的を自分自身の目的であると考え、支配者が与える計画に対して不信を抱かないよう、思想の「画一化」に向けての宣伝・教育が絶えず行なわれる。

ハイエクに言わせれば、そうした計画化を求める傾向はドイツやソ連の専売特許ではなく、イギリスにも労働と資本の間の対立を解決するために計画経済を正当化しようとする進歩的知識人は少なくないし、労働党も勢力を伸ばしている。アメリカでも、計画経済を導入しようとする社会主義的な考えが徐々に浸透している。計画への誘惑が強くなっているのは、人々が自由と引き替えに安全あるいは保障を得ようとしているからである。その誘惑に負けて計画化を受け入れていると、自由の精神自体が次第に失われていく。ハイエクは国家が人々に安全を保障する必要性は認めるが、それによって選択の自由を保障する市場での競争を抑圧してはならないと主張する。**ハイエクにとって「市場」は単なる交換、利益追求の場ではなく、自由の精神が鍛えられる場でもある。**

はなはだしい窮乏に対して適当な保障を与えることや、避けえられる労力誤用の原因、したがってまたその結果としての失敗を減らすことが、政策の主要目的の一つであることについては問題はない。しかしこのような努力が成功し個人的自由を破壊しないためには、保障は市場の外で提供され、競争は妨げられずに作用するようにされなければならない。（……）自由を犠牲にして手にする保障を激賞する、知的指導者たちの現在の流行ほど致命的なものはない。われわれは自由というものが一定の価格を払って初めて得られるものであるということ、そして個人としてのわれわれが自由を保持するためには、きびしい物質的犠牲を払う用意をしなければならないということに、目を開くことを虚心に再認識する必要がある。（一

谷藤一郎・一谷映理子訳『隷従への道（改版）』、東京創元社、一九九二年、一六九―一七〇頁）

ハイエクは経済学者であるが、単に市場での競争が計画よりも効率的であるという理由から市場を擁護しているわけではない。市場での厳しい競争に曝《さら》されることによって、自分の意志によって自分の生活を設計し、自分の行動に対して責任を取る各人の能力が高まっていくことも重視している。

フロムとハイエクの双方は、自由に生きようとする各人の意志を育成することの重要性を認識しているが、フロムが計画経済によって人々に欠乏からの自由を保障することでそれを成し遂げようとするのに対して、ハイエクは逆に市場の秩序を守ることでそれを成し遂げようとする。目指すところが同じように見えても、戦略が正反対なのである。ハイエクがアメリカの新古典派経済学の牙城であるシカゴ大学で教鞭をとっている間に、フロムは少数政党であるアメリカ社会党のメンバーとして活動したり、ソ連の共産主義と西側の資本主義の双方を超える「人間的な社会主義」を提唱したりしている。

「自由」を守るために計画経済的な要素を取り入れるのか、それとも可能な限り計画を排して市場の純粋性を守るべきなのかというのは、七〇年代以降の現代リベラリズム論議においても大きなカギになる論点である。いずれにしても戦中から戦争終結直後にかけてフロムとハイエクのような両極端の自由擁護論が注目を浴びたということは、アメリカのような社会にも潜在的にある——権威主義的性格、あるいは過剰な保障への欲求という形を取って現れる——全体主義への誘惑に抗するには、「自由」の本質を再定義して、それを守ることの意味を説得力のある仕方で語る必要があることが認識されるようになったということだろう。

アーレントの「自由」擁護論

フロムもハイエクも、ナチスを生み出すことになったドイツ語圏の出身であり、いわば全体主義からの〝亡命者〟の立場で、**自由が当たり前になっていたアメリカで「自由」を守ることの意義と方策を説いた**と言える——ハイエクもナチスの台頭のため一度祖国を捨てざるを得なくなったことからすると、広い意味での亡命者と考えてよいだろう。ナチス台頭に伴って、ドイツ語圏からアメリカやイギリスに亡命しそのまま定住して活動するようになった——特にユダヤ系の——知識人は数多いが、その中でも一九四〇年代から五〇年代にかけての「自由」擁護論における、フロム、ハイエクと並ぶもう一人のキーパーソンとして、ユダヤ系ドイツ人の政治哲学者ハンナ・アーレント（一九〇六—七五）を挙げることができるだろう。

アーレントは、二〇世紀ドイツ哲学の最大の哲学者であるマルティン・ハイデガー（一八八九—一九七六）の弟子で、伝統的な哲学の研究に従事していたが、ユダヤ系であったため、アメリカに亡命して以降、全体主義の体験を起点に「政治」の問題に取り組むようになった。彼女を政治哲学者として有名にしたのは、一九世紀のヨーロッパにおける反ユダヤ主義の台頭から、西欧諸国による帝国主義政策を経て、ナチズムとソ連のスターリン主義という二つの全体主義体制が生まれてくるまでの歴史を総合的に研究した大著『全体主義の起原』(一九五一)である。

この本は〝もう一つの全体主義体制〟として「ソ連」をはっきりと名指ししていたこともあって、**「冷戦」という新たな事態を前提にした「自由」擁護論**として注目されることになった。彼女自身も、この本の新装版(一九六六)第三部の「緒言」で回想的に述べているように、彼女がこの本を刊行した時期には、反党分子の大量粛清と少数民族の強制移住で悪名高く、左の全体主義体制の代名詞ともなったソ連の指導者ヨシフ・スターリン(一八七九―一九五三)がまだ存命であり、東欧諸国や中国にスターリン的な全体主義が広がっていくことが、(西側自由主義社会にとっての)新たな脅威として受け止められていた――この「緒言」でアーレントは、スターリン死後のソ連の脱スターリン主義化(「雪解け」)の動きによって、ソ連は全体主義ではなくなりつつあるとの認識も示している。

自由と複数性

この著作でアーレントは、一九世紀末から二〇世紀初頭にかけての産業構造の急激な変容、階級基盤の解体、大衆社会化、国民的な一体感の喪失……といった一連の変化によって、安定したアイデンティティの拠り所を見失い、孤立感を抱く大衆が増大してきたことに全体主義の起原があると見ている。この着眼点はフロムの議論とよく似ているように思えるが、アーレントの分析では、全体主義体制の本質は単なる「権威」ではない。

彼女は、全体主義運動の担い手であるナチスや共産党が特定の世界観を担った政党（「世界観政党」）であることを強調する。アトム（原子）化し不安定な状態にある大衆は、この世界に起こる全てのこと、「全体」を首尾一貫性をもって分かりやすく説明してくれる一つの統一的なイデオロギーあるいは世界観に引き付けられやすくなる。大衆は、現実から逃避して、世界観政党が呈示する虚構の世界の中に、自分の本来の居場所を見出そうとするようになる。そして全体主義は自らが作り出す虚構的な全体的世界の中で、それに適合するように人間の本性＝自然（nature）を作り替えようとする。つまり、道徳的人格が完全に消滅し、全体の意志と自らの意志が全面的に一致した人間を作り出そうとするわけである。

アーレントは全体主義が抑圧しようとする「自由」の本質を、**「複数性 plurality」**あるいは**「人々の間の運動の空間 space of movement between men」**と特徴付けている。つまり、均質的な思考や行動パターンの人たちだけでなく、様々なタイプの人たちが存在し、相互作用することによって世界に絶えず変化があり、多様性が生まれるような状態が「自由」である。その逆に、全ての人間が集団として文字通り〝一体〟となり、動物の群れのように、あるいはまるで「一人の人 One Man」のように均質的な振る舞い方をするのが、全体主義社会である。したがって、アーレントにとって「自由な社会」を守ることとは、各人が様々な仕方で自己形成しながら、交渉し合うことを可能にする**「複数性」を守ること**である。

「複数性」という言い方をするとやや抽象的に思えるが、全体主義との対比で「自由主義」が価値観やライフスタイルの多様性を許容する多元主義（pluralism）的な傾向を帯びていることを強調する論法の変種だと考えると、やや分かりやすくなるかもしれない。ソ連に併合されたラトビアの出身で、幼少期にイギリスに移住してオクスフォード大学で教鞭をとっていた政治哲学者アイザイア・バーリン（一九〇九―九七）も、一九五〇年代後半から**「価値多元主義 value pluralism」**という側面からの自由主義論を展開している――バーリンにおける価値多元主義と自由主義の関係について詳しくは、濱真一郎『バーリンの自由論』（勁草書房、二〇〇八）参照。

公的領域と私的領域――複数性を担保する二分法

ただアーレントが「複数性」と言う場合、異なった価値観やライフスタイルを有する諸集団が一つの社会あるいは国家の中で現実に共存していることよりも、各人ごとにパースペクティヴ（物の見方）が異なることを人々がお互いに認知し、それを前提として多様なコミュニケーションが展開する「余地＝空間 space」があることの方に重点がある。アーレントにとって、**「複数性」が十分に生かされるような自由空間が成立していること**こそが、人々が「人間」らしく振る舞えるための根本的な条件なのである。

『全体主義の起原』から七年後の一九五八年に出された主著『人間の条件』では、こうした（西欧的な意味での）「人間」それ自体の本質に関わるものとしての「複数性」の問題が、アリストテレス（紀元前三八四―前三二二）によって定式化された「政治 politics」における「公的領域 the public realm／私的領域 the private realm」の二分法の問題と結び付けて論じられている。**公的領域**というのは、「市民」たちが公開（public）の場で「ポリス polis」――〈politics〉の語源は〈polis〉である――のあるべき姿について、暴力や強制を伴わずに、「複数」のパースペクティヴから「自由」に討論し合い、共通の物語を作り上げていく領域、いわば「ポリス」の表の領域である。

それに対して各人の「家 oikos」を中心とする**私的領域**とは、成人の男性で市民でもある家長が、家族のメンバーや奴隷などを物理的な暴力によって支配し、自らの生物的な欲求を充《み》たす領域、公衆（the public）の目に晒《さら》されることのない裏の領域である。暴力的な衝動とか物質的な欲求に関わる事柄が「私的領域」で処理されているおかげで、「市民」たちは「公的領域」で、それらから〝自由〟に討論することが可能になるわけである。

古代の「ポリス」では、公的領域での討論に参加する資格としての市民権（＝家長の地位）を有する人が少なく、かつ自由に討論するための市民たちの経済的余裕を支える奴隷などがいたおかげで、市民間の「複数性」は保たれていた。しかし、近代市民社会では全ての人間が原則的に市民権を持って表舞台＝公的領域での「政治」に参加するようになったため、市民の活動を裏から支えてくれる奴隷がいなくなり、かつ古代ポリスでは「家」の内で営まれていた「経済economy」――〈economy〉の語源は〈oikos〉の運営術＝家計を意味するギリシア語〈oikonomia〉である――の問題が、「政治」の〝公的なテーマ〟になったため、物質的利害関係から〝自由〟に「討論」し合うことが難しくなったというのである。

無論、近代市民社会では、多様な利害関係を持った人たちが、公的領域での討論に参加するようになるので、パースペクティヴの多様化がさらに促進されるという見方も可能である。むしろ、そう考える方が、近代的な［自由主義―市民社会］論としては普通だろう。アーレントの影響も受けたドイツの社会哲学者ユルゲン・ハーバマス（一九二九―　）は、『人間の条件』と並んで「公共性」をめぐる現代的論議の古典になっている『公共性の構造転換』（一九六二）で、私的利益を最大限に追求すべく、国家権力による干渉からの自由を要求するようになったブルジョワジー（市民階級）のコミュニケーション・ネットワークとして発達した「市民的公共圏」の政治的機能をポジティヴに評価する議論をしている。

しかしアーレントは、各市民が自分の私的生活（家計）のことを常に心配し、「政治」の場においても、経済的な利害をめぐる問題が大っぴら（公的）に論じられるようになると、各人が自分自身の利害をいったん離れて客観的な立場から、国家や市民社会などの公共の利益のために討論することが難しくなると考える。露骨に私的利害を追求し続けていく内に、討論しながら複数的に思考する習慣を失った〝市民〟たちは、餌を求める動物の群れのように、目の前の刺激に対して刹那《せつな》的・画一的な反応をするようになる、というのである。そのため、人々を画一化された集団行動へと誘う共産主義のような世界観が浸透する可能性が生まれてきたのである。

『人間の条件』でのアーレントの議論では、結局のところ「公的領域／私的領域」がはっきりと分離しておらず、「経済」中心に動いている近代市民社会では、「人間」らしく相互作用するのは難しくなっているということになる。人々が自由と人間性を捨てて、全体主義に向かって走り出す恐れを全面的に払拭《ふっしょく》することはできないのである。

第三世界をめぐる米ソ攻防

一九五〇年代後半から六〇年代初頭にかけて、それまで米ソ対立を軸に動いていた国際情勢が大きく変化し、それに伴って〝自由の擁護者〟としてのアメリカの国際的な立ち位置も変化した。

スターリンの後を継いだニキータ・フルシチョフ（一八九四―一九七一）は、五六年二月の第二〇回ソ連共産党大会でスターリンを批判する演説を行なった。それを機にソ連では、スターリンの指導の下で構築された全体主義的な支配体制が緩和され始めた。フルシチョフ政権は、アメリカをはじめとする西側諸国との「平和共存」を提唱し、ソ連が平和愛好勢力であることをアピールするようになった。いわゆる「平和攻勢」である。

しかし他方では、〝同盟国〟である東欧諸国が社会主義ブロックから離脱することは許さず、同年一〇月には経済の自由化とワルシャワ条約機構からの脱退を求めるハンガリー民衆の運動を武力鎮圧し、六一年にはベルリンの壁を築いて、東西ドイツの間の行き来を遮断している。また、五七年八月にはアメリカに先行して、大陸間弾道ミサイル（ＩＣＢＭ）の実験に成功し、同年一〇月にはそのロケットを用いての人工衛星スプートニクの打ち上げにも成功した。アメリカにとっては、アメリカ本土が直接攻撃される可能性が出てきたわけであるから、大きな脅威である。

六二年一〇月には、アメリカ本土に近いキューバにソ連製のミサイル基地が建設されつつあることが発覚し、米ソ間の緊張が一挙に高まった。キューバには五九年にフィデル・カストロ（一九二六―二〇一六）の率いる社会主義革命政権が成立していた。当時のアメリカの大統領ジョン・Ｆ・ケネディ（一九一七―六三）がキューバの海上封鎖を行ない、ソ連に対してミサイルの撤去を強く要求し、ソ連側もそれに応じたため、いったん危機は去った。しかしアメリカに匹敵する巨大な軍事力を備えつつあるソ連との間で核戦争に突入すれば、勝敗にかかわらず、アメリカ自体も壊滅的なダメージを受ける恐れがあるという認識がアメリカ国内に浸透した。以前のような対ソ強硬路線は取りにくくなったのである。

そうしたソ連の硬軟両面での攻勢とパラレルに、国際情勢全体の多極化が進んでいく。まずスターリン亡き後の国際共産主義運動の主導権をめぐって、ソ連と中国の間の対立が次第に鮮明になり、キューバ危機の頃には、中ソ分裂は決定的になっていた。また、五五年にはインドネシアのバンドンで、西欧諸国による植民地・半植民地状態から解放され、独立した国々を中心とする

「アジア・アフリカ会議」が開かれたのを機に、いわゆる「第三世界」の国々が、米ソのいずれにも一方的に与《くみ》しない第三勢力として結束する動きを見せるようになった。六〇年にはアフリカで一挙に一七カ国が独立し、脱植民地化、民族自立の流れが国際的な趨勢になった。六一年には、ユーゴスラヴィア、エジプト、インドネシアを中心に「非同盟諸国会議」が結成される。

こうした第三世界の動向に最初に注目し、自らの陣営に引き寄せようとしたのは、ソ連の側であった。西側に対して平和攻勢をかけていたフルシチョフ政権は、五〇年代後半から、第三世界の開発途上国に対して技術開発、経済援助を提供し、「社会主義型開発モデル」を受け入れるように誘導した。社会主義型開発モデルというのは、ソ連自身がそうしたように、中央集権的な管理の下で、消費を犠牲にする形で、重化学工業部門に労働力と資源を集中的に投入して、一挙に工業化を図るやり方である。独立したばかりで、経済運営のメドがなかなかつかなかった開発途上国には、ソ連からの申し出はそれなりに魅力的だった。ソ連・東欧と第三世界諸国は、「反帝国主義」あるいは「反植民地主義」というスローガンの下に団結しやすいということもあった。六一年一月にフルシチョフは、世界各地の民族解放戦争を支援する意向を公言した。キューバとソ連との結び付きも、そうした第三世界への援助攻勢の一つの帰結である。

共和党のドワイト・アイゼンハワー（一八九〇―一九六九）が大統領だった時期（一九五三―六一）のアメリカは、第三世界諸国との間で反共軍事同盟を結ぶことには熱心だったが、経済援助についてはそれほど熱心ではなかった。アメリカにとっての財政負担が大きくなるからである。しかし、ソ連の第三世界への食い込みがはっきりしてきたため、少しずつ方針を転換し、援助を重視するようになった。六一年に大統領に就任したケネディは、第三世界諸国の経済開発を支援することで、自由を防衛、拡大する戦略を打ち出した。同年三月には土地改革による貧困の克服や民主化などを柱としたラテンアメリカ向け援助計画「進歩のための同盟」を提案し、ラテンアメリカ諸国への援助を実施した。また、開発援助戦略のブレーンとして、経済の発展段階や近代化についての理論で有名な経済学者のウォルト・ロストウ（一九一六―二〇〇三）などを積極的に起用した。

ケネディ政権はそうしたソフトなアプローチと同時に、第三世界における共産主義者主導の民族解放闘争をアメリカに敵対するものと見なし、現地の親米的な政権を背後から支援するやり方も模索した。六〇年一二月に南ベトナムで、北ベトナムの支援を受けた南ベトナム解放民族戦線が結成され、現地の親米政権が追い詰められてきたのに対応して、アメリカから派遣している軍事顧問団を大幅に増強した。ラテンアメリカ諸国に対する軍事支援も増額した。

解放の論理――もう一つの「自由」

こうした第三世界をめぐる攻防を通して、アメリカは自らの掲げる「自由」に抵抗する「解放」の論理と対峙することになった。「解放」を意味する英語〈liberation〉は、語の作りからして、

「自由」を意味する〈liberty〉と関係している。つまり、「解放＝自由化」である。**「解放」というのは、アメリカの自由に対抗する〝もう一つの自由〟と見ることもできる。**

第三世界でソ連や中国の支援を得て活動する民族解放勢力の多くは、西欧諸国からの植民地解放闘争の延長として、アメリカなどの支援を受けた現地政権の打倒を標榜した。彼らからしてみれば、アメリカからの経済・軍事援助によって権力を維持し、民衆を抑圧している現地政権は、アメリカによる新たな帝国主義の傀儡《かいらい》であり、自分たちの闘いは、民族の実質的な自由と自立を目指すものであるということになる。特に、アメリカが旧宗主国であるフランスから現地政権を支える役割を引き継いだ南ベトナムや、長年にわたって経済的な半植民地状態に置かれてきたラテンアメリカでは、〝自由の擁護者〟を自認するアメリカが、一九世紀の帝国主義の継承者に見えやすい。「民族解放」を唱える勢力からしてみれば、**〝アメリカが擁護する自由〟は、西欧による形を変えた支配の正当化あるいは偽装である。**

一九六〇年代半ばになると、ラテンアメリカ諸国で活動したドイツ出身の経済学者アンドレ・グンダー・フランク（一九二九―二〇〇五）や、エジプト出身の経済学者サミール・アミン（一九三一―二〇一六）などによって、ロストウらの「近代化論」が批判され、第三世界諸国で低開発状態が継続している構造的原因は、西欧諸国に対する経済を中心とした従属的な関係にあると見る**「従属理論」**が提唱され、第三世界諸国でその影響が広がっていく。

第二八代の大統領であったウッドロウ・ウィルソン（一八五六―一九二四）が第一次大戦後に「民

族自決」の原則を掲げ、大西洋憲章でもこの原則を確認したアメリカとしては、「解放」の論理を一概には否定しにくい。ある民族が自らの集団的な〝自由意思〟で、アメリカ的な自由主義を拒否し、社会主義を選択したのであれば、それを認めざるを得ないはずである。現地に親米政権がある場合は、その政権を〝民族の自由意思の代表〟と見なして支援する自らの立場を何とか正当化できる。しかし南ベトナムの場合のように、その政権が人民の支持を得ていないことがはっきりしている場合は、アメリカが自らの戦略を〝自由〟の名の下に正当化することが論理的に苦しくなってくる。実際、アメリカが支持した第三世界の現地政権には、自由主義とは程遠い軍事独裁的なものが少なくなかった。

六〇年代に入った頃から学生を中心に徐々に支持を拡げていったSDS（民主社会を求める学生同盟）などの新左翼系——この場合の「新左翼」というのは、ソ連にシンパシーを示し共産主義を志向していた「旧左翼」とは異なるということである——のラディカルな市民運動は、冷戦的な思考に固執し、キューバやベトナムの民族解放＝自決を認めようとしない、アメリカ政府の外交戦略を批判するようになる。こうした第三世界の解放運動に共感する声は、米国内の南北問題とも言うべき黒人に対する人種差別に反対する声とも融合して、〝白人優位で帝国主義的な傾向を有するアメリカの自由〟という矛盾を内から告発する声を形成するようになった。

〝左の全体主義の権化としてのソ連〟という分かりやすい敵が少し後景に下がり、〝自由の戦線〟が世界的に分散化していく中で、〝アメリカの自由〟を無条件に良きものとして呈示することがかえって難しくなっていったわけである。

「リバティー」と「フリーダム」

〝自由の擁護者〟を自認するアメリカが、〝もう一つの自由〟としての「解放」の論理と対峙せざるを得なくなった時期に、アーレントは『全体主義の起原』『人間の条件』に次ぐ主要著作『革命について』（一九六三）で、**「自由 freedom」と「解放 liberation」を区別する議論**を行なっている。

人々を拘束・抑圧状態から解き放ち、移動することを可能にする「解放」は、「自由」の前提条件であるが、それだけで自動的に「自由」をもたらすわけではない。英語には「自由」を表す言葉として（ゲルマン語系の）〈freedom〉と（ラテン語系の）〈liberty〉の二つがあるが、アーレントに言わせれば、〈liberation〉と語源的に繋がっている〈liberty〉の方には、拘束・抑圧の状態からの「解放」というネガティヴな意味しかない――これはアーレント独自の理解であり、英語の通常の用法としては、〈liberty〉と〈freedom〉の意味合いの違いはそれほど明確ではない。〈freedom〉の意味での「自由」というのは、彼女が『人間の条件』で描いた古代のポリスの公的領域における「政治」のように、**市民たちが物質的な利害関係をいったん離れて討論し合いながら、共通の理想を追求する状態**を指す。我々の〝人間らしさ〟を支えている「政治的自由」こそが、「自由」の最も本質的な部分なのである。その場合の「政治的自由」というのは、当然、単に権力によって政治活動に干渉されないというような消極的なことではなく、**「政治」を構成する討論に参加し、共同で「政治」を再構成する営みに従事している**ということである。

こうしたアーレント的な意味での「自由＝フリーダム」の状態を生み出すには、政治に参加する市民たちが抑圧・拘束を受けていてはならないし、物質的な欠乏状態から解放される＝自由になる（liberate）ことも必要である。各人が我が身の危険を感じ、日々の生活のことばかり心配していたら、自由な状態で政治に参加することができない。しかし、「解放」された人たちが、必ず積極的に「政治」に参加し、「自由」を生み出すとは限らない。外的な拘束から解き放たれ、物質的な欲求も満たされてしまったら、満足して、「政治」への関心を失ってしまうかもしれない。

近代において「革命」と言われる現象は多くの場合、「リバティー」と「フリーダム」の双方を目標として追求する。そのため、両者は表裏一体のものと見なされがちだが、アーレントは〝二つの自由〟をきちんと分けて考えるべきだと主張する。革命の担い手たちが、分かりやすい目標である「解放」の方ばかり追求して、「フリーダム＝自由」のことは忘れてしまう、場合によっては、「フリーダム＝自由」を破壊してしまうこともあるからである。彼女は「解放」に終始して挫折してしまった「革命」の例としてフランス革命を挙げ、「フリーダム＝自由」の空間を生み出すことに成功した「革命」の例としてアメリカ革命（独立戦争）を挙げている。

フランス革命とアメリカ革命の違い

フランス革命の場合、革命の指導者であるロベスピエール（一七五八―九四）などが、貧困に苦しむ人々に「共感」し、彼らを貧困から「解放」することを自分たちの〝政治〟の目標にした。苦しんでいる人たちに「共感」し、彼らのために偽善に満ちた圧制者を倒す闘いに立ち上がることこそが、人間らしさの証明だと考えた。しかし、そうした［共感→解放］の〝政治〟にのめり込みすぎたため、弱者の「解放」という名目の下に、人々の剝き出しの暴力衝動をも「解放」することになった。〝弱者に共感しない人間らしからぬ輩《やから》〟が大量に虐殺されることになった。それが「恐怖政治」である。

そうした［共感→解放］の〝政治〟を、カール・マルクス（一八一八―八三）を経由して継承したロシア革命も、同じようなメカニズムで無制約の暴力を解放することになってしまった。アーレントは、そうした**「解放の政治」の暴走**をそのまま第三世界での解放運動に結び付けてはいないが、ラテンアメリカやアジア・アフリカの国々で貧困問題が深刻化していることには言及しており、これらの国における「解放」がフランス革命やロシア革命のような事態に繫がる可能性があることを示唆しているようにも取れる。

アメリカ革命の場合、イギリスから独立したばかりの諸州が自分たちの「憲法 constitution」を定め、それに基づいた「国家体制 constitution」をゼロから構成（constitute）しなければならなかったということもあって、建国の父たちは、ポリス的な意味での「政治」の空間、「公的空間」を作り出すことの必要性を認識していた。個人がそれぞれの私的生活における幸福を追求するだけでなく、市民たちが公的空間で公的幸福を追求できるようにすること、言い換えれば、「公的自由」を維持し続けることが、アメリカ革命の課題になった。アーレントは、「建国の父」の一人であり、第三代大統領になったトーマス・ジェファソン（一七四三―一八二六）が、「解放」以上に「公的自由」の問題を意識していたと指摘する。

「公的自由」を維持し続けるには、「憲法」に基づいていったん「構成された権力」が硬直化して、巨大な暴力装置を備え、人民を抑圧して、自由な活動の余地を奪うようなことになってはいけない。フランス革命やロシア革命では、実際、そうした事態が生じてしまった。人民が常に自らの「国家体制」と「権力」を新たに「構成」し直し、「公的幸福」を追求し続けられるようにしておく必要がある。

連邦国家であるアメリカでは、州ごとに異なった法・政治体制が採用され、州の代表たちからなる議会での討論によって連邦の政治が大きく変更される可能性がある。また州を構成する地区（district）、郡（county）、郡区（township）などの単位では、古代のポリスのように、タウン・ミーティングに集った住民たちの公的な討論によって自治が行なわれた。それによって、アメリカの「国家体制」は、開かれたものであり続けることが可能になったという。

『革命について』でアーレントが示した、個人ごとの幸福追求の自由よりも「公的自由」を重視するような議論は、現代では狭義の「自由主義」、つまり個人主義的な自由主義とは区別して、「共和主義 republicanism」と呼ばれることがある。「共和主義」というのは、ポリス的な意味での政治空間＝共和制を維持するために各市民が主体的にコミットすることの重要性を主張する思想、逆に言うと、市民たちが政治に関心を失って公的生活から撤退することや、他人がやってくれる政治にフリーライド（ただ乗り）することをよしとしない思想である。アーレントは、必ずしも現代アメリカの政治を手放しで称賛しているわけではないが、共和主義的な「自由」の伝統のおかげで、〝解放の政治〟に巻き込まれるのを免れてきた点は高く評価している。

「自由」の二つの伝統

アーレントの『革命について』公刊三年前の一九六〇年に、シカゴ大学の教授であったハイエクもまた〝真の自由主義〟を擁護する『自由の条件』を出している——原題は〈The Constitution of Liberty〉で、「自由の構成」とも訳せる。経済活動の自由を通しての「進歩」と、市場の調整メカニズムを通しての貧富の格差の自然な是正に主眼を置くハイエクの議論は、物質的な欲望を超えた公的自由を重視するアーレントの議論とは、「自由」の本質として重視する要素も、概念的な道具立てもかなり異なる。

しかし興味深いことに、ハイエクも、一八世紀以降に形成されてきた近代的な「自由」の伝統を、イギリス系のものと、フランス系のものに区分し、前者だけを〝真の自由〟として擁護する、絞り込んだ議論を展開している。アメリカは基本的に建国以来、イギリス系の「自由」観をほぼそのまま自らの政治的伝統として継承してきた――ただし、ハイエクは〈liberty〉と〈freedom〉を語源的に区別する意味論的な議論は行なっていない。

フランス系の「自由」は、デカルト的な合理主義に深く浸透されており、啓蒙主義者やジャン＝ジャック・ルソー（一七一二―七八）を経て、ロベスピエールなどのフランス革命の指導者たちに継承されている。それに対して、イギリス系の「自由」は、経験論的な認識論の哲学者デイヴィド・ヒューム（一七一一―七六）や、古典派経済学の始祖とされる経済学者アダム・スミス（一七二三―九〇）、フランス革命を批判した保守主義の政治思想家エドマンド・バーク（一七二九―九七）などの道徳哲学を基盤としており、慣習や伝統に重きを置き、経験主義的な発想をするところに特徴がある。

フランス系の合理主義的な「自由」は、人間の普遍的な「理性」に基づく理想状態のようなものを予め《あらかじ》設定し、それを目標として、社会全体をそこに誘導しようとする**設計主義的な傾向**がある。人間の普遍的な「理性」を想定しているので、実際にはごく少数のエリートによる設計であったとしても、最終的に全ての人民の合意を得られるはずだという社会契約論的な発想をする。したがって、社会主義、計画経済、全体主義的な民主主義に傾斜していく可能性を常に秘めている。

それに対して、**イギリス系の反合理主義的な「自由」は、人間の「理性の限界」、「無知」から出**

発するという。どのような状態が人間にとって好ましいか知っている人間、あるいは、未来の社会がどのようになるか確実に予見できる人間はいない。誰の持っている知識が正しく、有用なのか確実に知りようがない。したがって、各人が自らの自由を利用する機会をできるだけ多く持ち、様々な試行錯誤をし、経験を積めるようにしておくことが望ましい。様々な経験知が蓄えられ、多くの人によって活用可能な状態になっていることが「進歩」の条件である。

ハイエクによる設計主義批判

イギリス的な「自由」の擁護者たちは、そうした視点から「伝統」や「習慣」を重視する。「進歩」と、「伝統」や「習慣」の重視は一見対立するように見えるが、ハイエクに言わせれば、「伝統」や「習慣」として安定して継承されてきた「知」は、それが多くの人にとって有用であることが「経験」によって証明されてきたからである。手探りの努力の中での「経験」によって、社会的秩序は成長していく。そうした意味で、**「伝統」や「習慣」は、無知なる人間たちの経験知の社会的ストックなのである。**特定の人間が理性的なものと思っているにすぎない「設計」が、「伝統」や「習慣」に基づく「進歩」を凌駕することはできない。

各人の自由な行動の帰結である経験知のストックを社会全体が利用することによって、「進歩」がなされれば、その成果を貧しい人たちも享受することができる。高い累進課税によって大幅な所得の再配分、格差の是正を行ない、できるだけ平等にしようとすれば、富裕層が自らの富を、経験知を高めるために活用することが妨げられ、「進歩」が停滞し、結果的に社会全体にとってマイナスになる。人為的に格差の是正をするよりは、市場の自動調整メカニズム、経験知に基づく技術が社会の全階層に行きわたるのを待っている方が得策である。これは、国際的な貧富の差についても言えることである。アメリカが「進歩」の最先端を進むことによって、その技術的成果が世界中に伝播《でんぱ》し、低開発国も享受することができるようになる、というのである。

ハイエクは福祉国家的な構想を全面的に否定しているわけではないが、社会保障は各人の生存と健康の維持のために最低限に必要なものを提供するレベルに留めるべきであり、社会保障によって富の再配分を図るというような設計主義的なところまで拡張してはならないと主張する。そうした視点から、手厚すぎる社会保障政策によって労働意欲の低下、インフレ、労働組合の権力の増大などを招いているイギリスの現状を批判している。

アメリカも、ローズヴェルト政権がニュー・ディール政策を行なっていた時代は、行政の裁量の余地を拡大して、設計主義的な方向に行きかけたが、連邦最高裁がこれに抵抗したおかげで、アメリカ憲法の「自由」の原理は何とか守られたという。アメリカの「自由な憲法＝国家体制」を評価しているところも、アーレントと共通している。

ハイエクのシカゴ大学での同僚で、現在では、「新自由主義」の元祖として批判的に言及されることの多いミルトン・フリードマン（一九一二―二〇〇六）も、『自由の条件』の二年後の一九六二年に刊行された『資本主義と自由』で、人間の不完全さについての認識を起点にして、貧困問題も含めて、社会的なコンフリクトの解決は、「計画」によらず、**可能な限り市場の自動調整機能に委ねるべきである**という論を展開している。

フリードマンは、ニュー・ディール以降のアメリカで、政府が失業対策として公共事業などに大規模な財政支出をすることが当然視されるようになってきたのを望ましくない傾向と見なしている。政府支出の増加は民間支出の低下を招くだけであるという。彼は、政府の市場への介入を批判し、政府の役割は市場での競争のためのルールを整備、監視して、人々にそれを遵守させることに限定されるべきであるという立場を鮮明にしている。公益性の高い産業部門での独占排除などの名目で政府が市場に介入すれば、民間の経済活動を阻害し、非効率性を増すだけだとして、政府自身が直接プレイヤーになって市場を〝望ましい状態〟へと誘導することには徹底して反対している。福祉についても、所得の再配分ではなく、貧困者に対する最低限の所得保障(負の所得税)のような形での限定的な目標設定にして、市場の秩序に影響を与えることは可能な限り排除すべきであるとしている。

哲学者のアーレントと、経済学者のハイエク、フリードマンは全く別の次元の〝自由〟擁護論を展開しているように思えるが、経済格差の是正、社会問題の解決、平等化などを人為的に実現しようとして中央政府の権力を強めていけば、建国以来アメリカにとって最も重要な価値であった「自由」を掘り崩してしまうことになる、という強い警告を発している点だけは通底している。

第二講 自由と平等を両立せよ！──「正義論」の衝撃

揺らぐ「平等」のイメージ

ハイエクやアーレントはそれぞれ違った文脈で、社会主義的な［解放↓平等］の論理に抗して「自由」を擁護したわけであるが、そうした自由擁護論の大前提として、社会あるいは政治的共同体（ポリス）を構成する市民たちが、自由に活動する機会を「平等」に与えられていることが想定されていた。その社会のメンバーとして認められていない人、同等のメンバーシップを与えられていない人にとっては、市場を中心とした自由な競争や、自由な政治的討論に参加することは困難である。

アメリカは長年にわたって、〝**市民に対して平等な機会を与える自由な社会**〟として自己理解してきた。しかし、一九五〇年代から六〇年代にかけて、そうした自己理解の基盤が揺るぎ始めた。

そのきっかけになったのが、先に言及した、黒人などに対する人種差別に反対して、合衆国市民（公民）として**法の下での平等な扱いを求める公民権運動**、そして女性を家父長制の下での拘束から解放することを要求する**フェミニズムの運動**である。

これらの人権運動は、ベトナム反戦運動などの米国の帝国主義的・植民地主義的な対外政策に反対する運動と相俟《あいま》って、「アメリカの自由」が、アメリカ社会の主流派である白人男性以外の多くの人たちの〝自由〟を犠牲にして成り立っているのではないかという根本的な疑問を提起することになった。これらの運動は、「自由」と「平等」の原理的な両立を志向するロールズらの現代的なリベラリズムが登場して、影響力を持つようになった社会的背景として重要なので、改めて少し詳しく見ておこう。

黒人の権利拡張への反発

周知のように、南北戦争（一八六一―六五）の後、黒人は奴隷の身分からは解放されたが、南部諸州を中心に黒人に対する差別的扱いは続いた。それらの州では、交通機関やレストラン、学校などの公共の場で白人と黒人を分離することや、識字率が低い黒人の投票権を事実上制限することが合法化されていた。第二次大戦中に、これまでとは比較にならないくらい多くの黒人が軍隊に参加し、国防工場で働いたこともあって、戦後平等を求める黒人の要求が強まり、一九五〇年代に入ってから社会運動化した。

カンザス州に住む黒人男性が、自宅の近くにある学校が白人専用であるため、娘を遠くにある黒人専用学校に通わせねばならないのは不当であるとして、五一年に地元の教育委員会を訴えたことから始まった「ブラウン対教育委員会訴訟」が一つの転機になった。連邦最高裁は五四年五月に「公教育の場においては『分離していても平等』の原理は成り立たない。教育施設を分離させる別学自体が本質的に不平等だからである」との判断を示し、「『分離していても平等』である」としていた一八九六年の「プレッシー対ファーガソン」判決を五八年ぶりに覆したのである。

しかし、南部諸州の現状維持派や保守的な州政府は、かえってこうした動きに反発して、黒人の権利拡張に反対する運動を展開するようになった。ヴァージニア州選出（民主党）のハリー・バード上院議員（一八八七―一九六六）は、人種統合をするよりむしろ学校を閉鎖すべきだとする「マッシヴ・レジスタンス」運動を組織化した。五六年には南部出身の上下両院の九六人の議員が、人種統合は受け入れがたいものであるとする「南部宣言（サザン・マニフェスト）」に署名し、ブラウン判決に抵抗する姿勢を示した。

五七年には、アーカンソー州の州都リトルロックで、これまで白人専用だったセントラル高校への黒人の生徒の入学をめぐって大きな騒ぎが起こった。ブラウン判決を受けてリトルロックの教育委員会は、差別撤廃を段階的に行なうことを決定し、人数の少ない学校から徐々に統合を行なっていった。五七年九月には、黒人の生徒九人がセントラル高校に入学することになったが、分離を崩したくない各種の白人グループが「統合」阻止の運動を組織した。アーカンソー州のオーヴァル・フォーバス知事（一九一〇―九四）は、九人の生徒の入学を妨害するために州兵の出動を示唆しさえした。黒人の生徒たちの支援者と、反対者の間で緊張が高まっていく中で、アイゼンハワー大統領は第一〇一空挺師団を派遣し、黒人の生徒たちをエスコートさせるという非常措置を取った。

因《ちな》みにアーレントは、「リトルロックについて考える」（一九五九）という論文でこの問題を取り上げている。彼女は人種差別に対する基本的反対の姿勢自体は明確にしているものの、最高裁や人権運動家たちの推進する差別撤廃のやり方に対して苦言を呈している。子供自身の教育を受ける権利と学校を選ぶ権利、親の権利、州や連邦の権限など、様々な問題が絡み合う教育の問題において、「平等」という論理を大上段に振りかざして、統合のみを唯一の解決策であるかのように主張するのはおかしいし、前線に立たされた子供たちに重荷を負わせることになるというのである。

これは、その一年前の五八年に刊行された『人間の条件』と、四年後の六三年に刊行されることになる『革命について』を通じて一貫しているアーレント流の「自由」観からすれば、当然の主張ではある。しかし、自由と平等の間の原理的な緊張関係を指摘し、運動に水を差すような彼女の議論は、「アメリカ」が抱える根源的矛盾である黒人差別を早急に解決しなければならないと考えていた当時の「リベラル派 liberals」から猛反発を受け、アーレントは〝保守派〟扱いされるようになった——後でまた見るように、こういう場合の「リベラル派」は、資本主義経済や自由主義的政治制度を擁護するということではなく、人種や性、宗教による差別に反対する立場を意味する。

公民権運動のクライマックス

一九五五年一二月にはアラバマ州のモントゴメリーで、バスの中で白人のために席を譲ることを拒否した黒人女性が逮捕された事件に抗議する形で、マーティン・ルーサー・キング牧師(一九二九—六八)を指導者とするバス・ボイコット運動が一年間にわたって続いた。これを機に黒人の権利を拡張していくためのキリスト教会の連絡組織として、「南部キリスト教指導者会議(SCLC)」が、キング牧師を中心に結成された。六〇年二月にはノースカロライナ州で白人にしかランチサービスを提供しないランチカウンターで黒人学生が抗議のシットイン(座り込み)を行ない、それが各州に広がっていた。

六一年五月には、州間での輸送機関での分離廃止をアピールするために、黒人と白人が乗り込んだ長距離バスで、分離が行なわれている南部諸州を白人専用の待ち合い施設などを利用しながら旅行する「フリーダム・ライド」が試みられたが、分離廃止に反対する白人団体や地元警察などから暴力的な攻撃を様々に受けることになった。ケネディ大統領の弟で司法長官のロバート・

ケネディ（一九二五―六八）は、フリーダム・ライダーたちの安全を確保するために州知事らに働きかけたが、妨害自体を止めさせることはできなかった――南部諸州が民主党の支持基盤であり、人種分離維持派の知事たちの多くが民主党所属であったため、民主党のケネディ兄弟にとっては強硬策を取りにくいということもあった。

その後も差別撤廃をめぐって様々な衝突が続いたため、それまで議会の分離維持派との対決を避けてきたケネディ大統領も、平等を実現させるための包括的な公民権法案を成立させるべき時期が来たと判断し、六三年六月に、人種差別は単なる法律上の問題ではなく、自由社会アメリカにとっての「道徳的危機」であり、平等を求める黒人の声を聞くべきだとの声明を出し、公民権法案を議会に提出した。八月には公民権を求める各種のグループが集結し、二五万人（内、白人六万人）が参加してワシントン大行進が行なわれた。そのクライマックスとしてリンカーン記念堂で、キング牧師による、「私には夢がある」という一節で有名な演説が行なわれた。人種差別がない社会の夢をアメリカン・ドリームに被《かぶ》せた表現である。

ケネディは六三年一一月に暗殺されたが、後を継いだリンドン・ジョンソン大統領（一九〇八―七三）の下で、六四年七月に公民権法が成立した。この法律によって公共施設での人種差別や、人種や宗教、性別による雇用上の差別が違法とされた。しかし、これで問題が全て解決したわけではなく、今度は各州での黒人有権者の登録をめぐる闘争が激化した。また六〇年代後半になると、黒人運動の中でも、公民権運動を通して白人との平等化を図る穏健なリベラル派と、マルクス主義の革命思想の影響も受けて、革命による黒人解放を標榜する「ブラック・パンサー」などのラディカルな解放派や、黒人の独立共和国樹立を目指す「新アフリカ共和国」などとの間で亀裂が広がっていく。

ウーマン・リブの登場

一九六〇年代になると**「第二波フェミニズム」**も盛んになってくる——「第一波」は二〇世紀初頭の女性の参政権獲得を中心とした運動の拡がりを指す。六三年にベティ・フリーダン（一九二一—二〇〇六）が、主婦というアイデンティティが自然なものと見なされていることによって女性たちの選択の幅が制約されていることを問題視する『女らしさという神話』——邦訳タイトル『新しい女性の創造』——を出したことが思想的転機になった。同じ年に男女賃金平等法が、翌年に「公民権法」が制定されたこともあって、職場などでの男女平等の実現を求める声が強まった。六六年には、フリーダンを会長とする「全米女性機構（ＮＯＷ）」が結成され、「ウーマン・リブ（women's lib (eration)：女性解放）」と呼ばれる運動を展開することになる。具体的には、憲法における男女平等権修正条項（ＥＲＡ：Equal Rights Amendment）の制定、職場での男女平等、人工妊娠中絶合法化、保育所に対する連邦補助などを要求として掲げた。

黒人を中心とする公民権運動の場合と同様に、フェミニズムの場合も、運動が進んでいくにつれ、市民社会の枠組みの下での男性との同権を求めるに留まらず、家父長的な家族制やセクシュアリティ（性の在り方）までも含めて**男性中心主義的な西欧文化全般のラディカルな解体を標榜する**グループが、「性」を中心に構成されるプライヴェートな領域に「政治」を持ち込むことに消極的なフリーダンらの主流派（リベラル・フェミニズム）と袂《たもと》を分かつようになる。ラディカル・フェミニズムの中には、ミス・アメリカコンテストに反対するデモを行なうものや、同性愛者の権利運動と合流するものなどがあった。

これらのフェミニズム運動の主張、特に中絶権や家族制の解体は、当然のことながら、伝統的な家族観・倫理観を保持していこうとする人たちの間に大きな反発を招き、フェミニズムに反対する保守系の運動も、教会などを母体として次第に組織化されるようになった。黒人の公民権運動と第二波フェミニズムを通して、「自由な憲法＝国家体制」を持つ国として建国されたはずの「アメリカ」が潜在的に内包していた、根本的な価値観をめぐる対立が一挙に浮上することになった。

アメリカ的な「リベラル」とは何か

ケネディ―ジョンソン民主党政権（一九六一―六九）は、国内政治的には「リベラル」的な路線を取り、公民権運動やウーマン・リブの要求をかなり取り入れ、政策として実現した。大学などへの入学や政府系機関への採用に際して、女性や黒人などのマイノリティを優遇する「アファーマティヴ・アクション（affirmative action：積極的是正措置）」も推奨された。弱者に優しい政策を行なうことで（「自由」の基礎としての）「平等」を実現していこうとするところに、「リベラルな政治」の特徴がある。ジョンソンは貧困や人種差別を克服するために、教育、医療、都市問題などに力を入れる自らの構想全体を「偉大な社会 Great Society」と名付けた。

本講義の冒頭から述べているように、アメリカは歴史が短く、諸個人の政治的・経済的な自由を国家の基本原理としており、マルクス主義などの社会主義思想がそれほど浸透していなかったこともあって、西ヨーロッパ諸国のように、（王政などへの）復古主義者やファシスト（右の全体主義者）や、社会主義者や共産主義者などとの対比で「自由主義者（リベラル）」という呼称が使われることはあまりなかった。その意味では、ほとんどのアメリカ人が〝自由主義者〟であり、〝自由主義者〟であることをことさら強調する意味はなかったからである。

しかし、一九三三年にフランクリン・ローズヴェルトが大統領に就任した頃から、経済的弱者に対する福祉や、大規模な財政政策による雇用対策を通しての「欠乏からの自由」を重視する政治家や知識人たちが、**新しい「自由」観を主張するという意味で「リベラル」を名乗るようになった**。その延長で、第二次大戦後も、ハイエクやフリードマンのように市場の自己調整機能を重視し、諸個人の経済活動への政府の介入を批判する古典的自由主義者ではなく、弱者に優しい「福祉国家・大きな政府」を志向し、社会主義あるいは社会民主主義に〝より近い〟考え方の人たちが、「リベラル」と呼ばれる傾向が生まれてきた。「リベラル」は自ら社会主義を目指すことはないが、社会主義的・計画経済的な考え方に対して、一定の理解を示すことが多い。

ローズヴェルトの系譜を引く「リベラル」たちは、経済思想的には、(特に不況時に) 政府が財政政策によって有効需要を作り出すことの必要性を説いたジョン・メイナード・ケインズ（一八八三—一九四六）の経済学と相性がいいとされる。先に述べたようにケネディ政権の対外開発のブレーンを務めたロストウや、アメリカのさらなる成長のために高速道路や教育への投資が必要であることを説いた『ゆたかな社会』（一九五八）を出し、ケネディ政権の駐インド大使を務めたケネス・ガルブレイス（一九〇八—二〇〇六）などはケインズ主義者であり、「リベラルの経済思想」を代表していると見なされた。

「古典的自由主義」vs.「弱者に優しいリベラル」

こうした特殊アメリカ的な意味での狭義の「リベラル」と、古典的自由主義者の間の「自由」観の違いは、右と左の全体主義との対決に国中が集中していた第二次大戦期から冷戦の緊張が極度に高まっていた一九五〇年代前半までは、それほど鮮明ではなかった。ナチスやスターリン主義との違いに比べれば、アメリカ国内の〝二つのリベラル派〟の違いは微々たるものでしかなかったし、戦時経済的な体制が続き選択肢もあまりなかったので、経済政策的な考え方の違いも表面化しにくかった。

五〇年代後半になって、冷戦構造が緊張を孕《はら》んだままそれなりに安定化し、国内経済もホワイトカラー層を中心とした住宅や耐久消費財（自動車、家電など）の需要の伸びに支えられて安定的に成長するようになり、政策的な選択の幅も拡がってきた。それに伴って、両者の「自由」のための戦略の違いが次第に鮮明になったわけである。ハイエクの『自由の条件』やフリードマンの『資本主義と自由』は、「リベラル」的な「自由」観に対抗する古典的自由主義の側からの議論である。

独自色を示すようになった「リベラル」派は、市民としての平等を求める黒人や女性など、弱者の社会運動に対して理解を示し、自らの陣営に取り込もうとするようになった。このため「リベラル」には、異なった文化や価値に対して寛容で、差別や排除に反対するという意味合いも含まれるようになった。それとの対比で、あくまでもプロテスタント系の白人男性を中心に形成されてきたメインストリームの文化を崩したくないと考え、弱者の運動の拡大を好ましく思わない人たちが、「保守派」あるいは「右派」と見なされるようになった。フランス革命の後のヨーロッパで、革命の進展による伝統的な価値観の破壊に反対するバークのような人たちが「保守主義者」と見なされるようになったが、それと同じメカニズムで、「リベラル」主導の政治によってアメリカの文化、ライフスタイルが急速に変化するのを好ましく思わない人たちの「保守」性が際立つようになったわけである。ハイエクやフリードマンのような経済的自由主義者あるいは「小さい政府派」は、そうした文化的な意味での「保守派」であるとは限らないが、〝弱者に優しいリベラル〟と対立するという意味で、〝保守派〟扱いされることが多くなった。

ただし、六〇年代後半に登場してきた、市民社会の基本的な枠組み自体を解体することを標榜する急進的な黒人解放運動やラディカル・フェミニズムなどの運動と、「リベラル」との関係は微妙である。ケネディ―ジョンソン政権を支えた「リベラル」の多くは、アメリカの「自由な憲法」の精神を徹底すれば、女性、同性愛者、文化的マイノリティなどに対する「平等」を実現できるという前提に立っているので、既存の市民社会の枠組みの中での権利獲得を目指す「公民権運動」には賛同できるが、アメリカの「国家体制」自体を否定するラディカルな主張まで受け入れようとはしない。ラディカルな運動の中には、マルクス主義の影響を受けて、「新左翼」的な解放の思想を標榜しているものも少なくないので、なおさらのことである。

後でまた述べるように、ロールズらによって展開されることになる現代リベラリズムの政治哲学は、ハイエク、フリードマンのような古典的自由主義とも、新左翼的なラディカリズムとも一線を画する**「リベラル」のための思想**と見ることもできる。六〇年代にケネディ―ジョンソン政権を積極的に支えた人たちの期待に即応する思想と言ってもよいだろう――既に述べたように、黒人差別撤廃に反対する人たちはむしろ南部民主党に多かったので、「民主党＝リベラル」というわけでもない。

文化、価値観、思想の違いに対する寛容な姿勢を〝売り〟にしてきた「リベラル」にとって、そもそも自分たちが拠って立つ基盤である自由主義的な政治・法・経済体制を根本から否定しようとする相手にどう対処すべきかは常に難問である。国内的には、黒人運動や女性運動などの穏健で〝リベラル〟な考え方の人と連携して、〝リベラルなマジョリティ〟を形成することで、矛盾を表に出さないという戦略を取ることもできるが、外交・軍事的に敵対関係にある国との関係においては、相手の存在を許容するか、対決路線を取るかの難しい選択を迫られる。ケネディ―ジョンソン政権にとって、「ベトナム問題」がまさにそれであった。

ベトナム戦争と新左翼

弱者の自己解放運動に理解を示す「リベラル」の基本的立場からすれば、(フランスによってもたらされた)帝国主義の遺産からの完全な解放を目指す南ベトナム解放民族戦線を支持すべきである、ということになるだろう。しかし、その〝背後〟にいる、社会主義政権の北ベトナム、さらに〝そのまた背後〟にいるソ連のことを考えると、国民にあまり支持されているとは思えない南ベトナム政府を敢えて支え、インドシナ半島、東アジアにおける社会主義の勢力拡大阻止を図らざるを得ない。そこが〝**リベラルな政権**〟**にとってのジレンマ**になっていた。

ケネディはあくまでも南ベトナム政府に対する間接的な支援に留めようとしていたが、ケネディ死後の一九六四年八月に、中国の海南島と北ベトナムの間に拡がるトンキン湾の沖合で情報収集活動に当たっていたアメリカの駆逐艦と北ベトナムの艦艇の間で衝突（トンキン湾事件）が起こり、アメリカ軍は北ベトナムに対する「報復爆撃」を行なった。六五年に入って、北ベトナムが自らの正規の軍隊である人民軍を南ベトナムに投入したのに対して、アメリカ側も海兵隊を中心に戦闘部隊を本格的に投入し、冷戦時代における最大の局地戦争へと発展した。

ジョンソン政権は次第に兵力を増強していき、派遣されている兵士の数は六五年末に一八万人、六七年には四八万人、ピークの六八年には五八万人にも達した。しかしそれだけの兵力を投入し、第二次大戦全体で使った量を上回る大量の爆弾を投下し、悪名高い枯葉剤の散布を続けたにもかかわらず、六八年の一月末に人民軍と解放民族戦線が南ベトナムの主要都市に一斉に攻撃をかけたことによって、戦局が一気に転換した。この攻撃はベトナムの旧正月（テト）に行なわれたので、テト攻勢と呼ばれる。テト攻勢によって、南ベトナム各地に展開していたアメリカ軍は守勢に立たされ、首都サイゴンのアメリカ大使館が一時占拠された。しかもその様子がテレビでアメリカ国内に生中継され、国民に大きな衝撃を与えた。「アメリカが負けている」ことが分かってしまったのである。

国民の間に戦争の行方に対する悲観的な見方が拡がり、反戦的な世論が強まった。ジョンソン政権としては、反撃のためにさらに兵力を追加投入したかったが、すぐに投入できる兵力はあまり残っていなかったうえ、財政的にも逼迫《ひっぱく》し始めており、苦しい立場に立たされた。もともとベトナム問題への介入に積極的ではなかった「リベラル」の陣営では、大義のない戦争を始めたこと自体が誤りであるとする人々と、共産主義から「自由」を守ろうとするジョンソン政権の姿勢を支持する人たちの間で深刻な意見の対立が生じた。

SDSなどの新左翼系団体を中心に展開されていたベトナム反戦運動は、戦争が拡大するにつれて次第に盛り上がっていった。戦争停止に向けてなかなか明確な行動を取ろうとしない労働組合、マスメディアなどの既成の「リベラル」勢力に失望し、かつ自らが徴兵されてベトナムに送られることに抵抗する若者たちが、アメリカの帝国主義的な欺瞞を告発し、ラディカルな社会変革を目指す新左翼系の運動に引き寄せられていった。こうした反戦の声に、黒人の公民権運動なども呼応するようになり、六七年四月一五日にニューヨークで、キング牧師なども加わって四〇万人規模の反戦デモが行なわれた。同じ日にサンフランシスコで一〇万人規模のデモが行なわれている。

マルクーゼとミルズ――「リベラル」への挑戦

一九六〇年代半ばから、SDSをはじめ様々な潮流の新左翼系の学生運動団体の拠点となり、反戦フォークソングやロック、フリー・ラブ、ドラッグ、ヒッピーなどのカウンター・カルチャー（対抗文化）のメッカにもなっていたカリフォルニア大学バークレー校が、ベトナム反戦運動をリードする新左翼系の学生運動の中心地になった。六八年から六九年にかけてバークレーや同じくカリフォルニア州にあるスタンフォード大学、ニューヨークのコロンビア大学など、全米の主要大学で反戦を主要テーマとして新左翼系の学生運動が拡がった。学生運動が反戦問題を軸に黒人の公民権運動やラディカル・フェミニズム、民主党左派などと連携したことで、**新左翼思想の影響力が、各種の市民運動の間に浸透することになった**。西欧諸国の中で最もマルクス主義、社会主義が浸透しにくい国であったアメリカの政治文化にとっては大きな変化である。

六八年にはアメリカ以外にも、フランス、西ドイツ、イギリス、イタリア、カナダ、日本などの西側諸国で、反戦・反帝国主義や管理社会化反対などを掲げる新左翼系の学生運動がほぼ同時発生的に拡大し、各国の政治文化を大きく変化させることになったが、カリフォルニアとニューヨークは、(ポスト構造主義のメッカとなった)パリと並んで理論的な発信地となった。アメリカの新左翼に強い理論的な影響を与えたのは、フロムと同様にフランクフルト学派の元メンバーで、六五年からカリフォルニア大学のサンディエゴ校で教鞭をとっていたドイツ出身の社会哲学者ヘルベルト・マルクーゼ(一八九八―一九七九)と、マルクスの階級理論、マックス・ウェーバー(一八六四―一九二〇)の権力論、フロイト(一八五八―一九三九)の精神分析などを取り込んだ独自の理論枠組みによってアメリカの大衆社会状況を分析した社会学者ライト・ミルズ(一九一六―六二)の二人だとされている。

マルクーゼは、フロイトの精神分析を――フロムの場合よりも――よりラディカル化した形で社会分析に応用した『エロス的文明』(一九五五)で、「文明」は人間の性本能を抑圧することによって成立するという前提から出発し、資本主義社会における「労働疎外」の現象、過剰な利益追求、業績主義、階層構造の硬直化、社会システムの非人間化などもこの視点から説明する。そして、過剰な抑圧や業績主義を取り除いて、性本能を「解放」すれば、遊びと労働が一致し、各人が自由に創造的な営みに従事することができる「抑圧なき文明」の到来が可能であると示唆している。

『一次元的人間』（一九六四）では、アメリカに代表される先進産業社会において、人々が批判的理性を喪失して、全体（主義）的な支配や管理システムを受け入れ、既成現実に順応していく「一次元的人間」と化しつつあることを指摘する。「一次元的人間」は、個性や自由、異議申し立ての能力を失っている。労働者階級も、テクノロジー信仰、大衆文化、広告によってもたらされる消費イデオロギーなどによって幻惑され、システムに取り込まれている。しかし、そうしたシステムの作り出す偽りの〝合理性〟から排除され、市民としての権利を享受できないような社会的弱者、マイノリティの人たちは、従うことを拒否し始めているとして、彼らにかすかな希望を託している。こうした議論は、新左翼の活動家たちから、**労働組合などの既成の左翼や「リベラル」などに頼らない、新たな革命の可能性を示唆している**ものと解され、彼らのバイブル的な書物となった。

ミルズは、『ホワイト・カラー』（一九五一）で、新中間層としての「ホワイト・カラー」が増加した理由と、官僚主義的な組織の中で彼らが現実を変えることのできない無力感を覚え、政治的に無関心になっていくメカニズムを分析した。『パワー・エリート』（一九五六）では、政府機関幹部、政治指導者、大企業幹部、軍幹部など、アメリカ社会の政策決定に独占的な影響力を行使できる権力層（パワー・エリート）の実体を明らかにしたうえで、彼らが自分たちの利益を守るため、メディアなどを使って大衆の意識を操作し、民主主義をねじ曲げているとして糾弾している。『社会学的想像力』（一九五九）では、当時のアメリカの社会学会で主流になっていたタルコット・パーソンズ（一九〇二—七九）の機能主義的なシステム理論を、個々の人間の経験の多様性を捨象《しゃしょう》した抽象化であるとして批判し、社会の歴史やそこに住む人間の特性を視野に入れるべきだと主張した。

ミルズは、新左翼系の学生運動の拡大期が来る前に若くして亡くなっているが、生前アメリカ政府の核政策に抗議し、キューバ革命を支持するなどラディカルな政治的スタンスを示していたこともあって、彼のラディカル社会学の視座は、新左翼運動の理論的バックボーンを提供することになった。

西欧的な市民社会（＋資本主義）の成り立ちを根底から批判し、オルターナティヴな社会を目指すラディカルな思想が拡がっていくことは、市民社会の枠内での「自由」と「平等」の実現を目指してきた「リベラル」にとって、大きな挑戦であった。六八年八月にシカゴで大統領候補を選ぶための民主党党大会が開かれた際、多数の反戦活動家が会場を取り囲んで騒ぎになり、排除しようとする警官隊と衝突し、流血の事態に至ったことも、〝リベラルな党としての民主党〟には痛手になった。同年秋の大統領選本選で、ヒッピーなどの対抗文化やラディカルな反戦運動を嫌う（保守的な傾向の）「サイレント・マジョリティ」にアピールした共和党のリチャード・ニクソン（一九一三―九四）が当選し、「保守派」が勢いを盛り返したこともあって、**ベトナム問題によって内部矛盾を抱えてしまった「リベラル」は、左右双方から挟撃《きょうげき》される形になったのである。**

リベラルのアイデンティティ危機

一九六九年に大統領に就任した共和党のニクソンは、反戦運動に批判的な保守層の支持を受けて当選したが、ベトナム戦争はかなり戦況が悪化しており、財政的にも国内世論的にも戦争拡大が困難になっていたので、ジョンソン政権以上の強硬策は取りようがなかった。六九年七月には、アメリカは自由の防衛のために核の傘は提供するが、地域紛争に必要な兵力は現地で調達すべきだとする「ニクソン・ドクトリン」を出し、ベトナムから段階的に手を引く意向を示唆した。さらに、ベトナムだけではなく、その後ろ盾になっている社会主義陣営とのデタント（緊張緩和）も進めた。七二年二月にはニクソン自身が北京を訪問して、米中共同声明を出し、朝鮮戦争以来の米中の敵対関係に終止符を打った。ソ連との間でも、同年五月にモスクワでソ連共産党書記長のレオニード・ブレジネフ（一九〇六―八二）とトップ会談し、弾道迎撃ミサイル制限条約（ＡＢＭ）と戦略兵器制限交渉（ＳＡＬＴⅠ）に仮調印した。

国内政治的にも、六九年に、政府と契約を結んだ事業者にマイノリティの労働者を雇用することを義務付ける「改訂フィラデルフィア・プラン」を実行し、アファーマティヴ・アクションを本格化させた。七二年には、就労による生活が困難な人に現金給付する補足的保障所得（SSI）の制度を導入した。また非白人や貧困層の労働力を活用するための職業訓練プログラムも推進した。六九年に全米環境政策法、七〇年に大気清浄化法を成立させ、（それまでリベラルのテーマというイメージの強かった）環境政策にも力を入れた。リベラルな改革の方向性が既成事実化、定着していたので、それを後戻りさせることはできなかったわけである。人種別になっていた学校の統合も、民主党政権時よりもある程度スピードは落ちたものの、着実に進められた。ニクソン政権が第二期目に入った七三年には、人工妊娠中絶の是非をめぐって争われていた「ロー対ウェイド」裁判で、連邦最高裁が中絶権を認める判決を出している。

こうした動きからすると、「リベラル」が次第に思想的に勝利し、その主張が保守的な共和党政権にも受け入れられるようになったようにも思えるが、別の見方をすると、**「保守」が〝左〟に寄ってきてお株を奪われたせいで、「リベラル」の思想的なアイデンティティが曖昧になった**と見ることもできる。アファーマティヴ・アクション、人種別学校の統合、中絶権などに関して、程度の差こそあれ「保守」も〝リベラル〟な方向性を維持するのであれば、「リベラル」を名乗る必要はない。

無論、同じことは「保守」の側についても言えるわけだが、〝弱者に優しく、異なる文化や考え方に対して寛容で、平和愛好的であること〟を売りにしてきた「リベラル」は、自らの〝リベラル〟性の見せ場だったはずのベトナム問題で明確な統一的姿勢を示せなかったため、より深刻なアイデンティティ危機に直面することになった。**「リベラル」の大義が見えなくなったのである。**そのため、既に述べたように、「リベラル」を見捨てて、新左翼系のラディカルな運動やカウンター・カルチャーに走った若者たちも少なくない。六八年の大統領選で、もともと核実験禁止、人道的食糧援助などのリベラルな政策の旗手として有名だったものの、ジョンソンのベトナム政策を支持する姿勢を打ち出したヒューバート・H・ハンフリー副大統領（一九一一―七八）を立てて敗れた民主党は、七二年の選挙では、ベトナムからの即時撤退を訴えるジョージ・マクガヴァン上院議員（一九二二―二〇一二）を立てたが、現実主義的なデタント路線を進めていたニクソンに惨敗する。

「リベラルな政治哲学」登場！

この当時の「リベラル」には、ハイエク、フリードマンの掲げる古典的自由主義や、アーレントのような共和主義的自由主義、あるいは新旧のヴァージョンのマルクス主義に相当するような明確な政治哲学がなかった。リベラルが依拠するケインズ主義の経済学は、政府主導による有効需要創出のような、経済政策の基本的な方向性は示せるが、政治哲学までは提供してくれない。

ハイエク、フリードマン、アーレントの議論は、それぞれの「自由」観と結び付く、「人間本性」論とでも言うべきものを持っていたが、「リベラル」の場合、「どういう風に生きるのが、自由な人間らしいあり方なのか?」がはっきりしない――それを敢えてはっきりさせないのが、「リベラル」の魅力だったのかもしれない。明確な哲学がないにもかかわらず、「ニュー・ディール」や「偉大な社会」というスローガンの下での〝弱者及び弱者に優しい人たち〟の取り込み戦略が一定の成功を収めたおかげで、勢力を伸ばしてきた「リベラル」であるが、それだけに、得意分野で「保守」とのはっきりした違いを見せられないとなると、求心力を失ってしまう。

ロールズの『正義論』は一九七一年に、そうした「リベラル」にとっての混迷状況の中で、**「リベラル」のための政治哲学**として登場してきたと言うことができる。無論、単なる〝リベラルだけのための哲学〟に留まるようなものであっては、「リベラル」に対する信用を取り戻すことはできない。「自由な憲法=国家体制」の下で発展してきたはずのアメリカ社会が、実は人種的・文化的マイノリティや、女性、同性愛者などに対する様々な不平等を構造的に抱えており、「アメリカ的自由」に敵対してくるように見える共産主義や民族解放などの「他者の思想」に対して不寛容であることが露呈した結果、国民は、軍事・経済的にだけでなく、思想・価値観的にも「アメリカ」に対する誇りを失いつつあった。**「アメリカ」を構成する市民としての政治的アイデンティティを再定義することのできる「リベラルな政治哲学」**でなければ意味がない。

「保守」陣営であれば、教会や地域共同体などによって育まれてきた〝伝統文化的な価値〟に訴えることで、アメリカに対する誇りを取り戻すという戦略を取ることができる——八〇年に共和党のロナルド・レーガン（一九一一—二〇〇四）の大統領選勝利を支えた保守は実際、そういう戦略を取った。他方、「リベラル」は伝統文化的価値に依拠する戦略を取ることはできない。アメリカには、人種や民族、宗教が異なっている人、新しく移民としてやって来た人など、必ずしもメインストリームの伝統文化を共有していない人も少なくなく、伝統文化を基盤にすれば、それらの人たちを排除することになりかねないからである。多民族国家であるアメリカの「リベラル」は、（文化的に）価値中立的な態度を取らざるを得ないわけである。「リベラル」が「アメリカ市民」の共通のアイデンティティの基盤として引き合いに出せる〝伝統〟は、「独立宣言」や「憲法」などの理念を中心に形成されてきた、自由、平等、民主的な意思決定プロセスなどを守っていこうとする憲法的な伝統だけである。

初期のロールズの問題意識は、アメリカの憲法原理の中から、ベトナム反戦や人種差別問題などでの対立をめぐって分断されつつあった**「アメリカ市民」の政治的アイデンティティを再統合できるような原理**を再発見することにあった。

規範倫理学とメタ倫理学

ロールズはもともと狭い意味での「哲学者」であり、第二次大戦での兵役の後、プリンストン大学での五年間の院生生活を経て、一九五〇年代の初めから自立した研究者として、「倫理学」の方法論の研究に従事するようになる。六二年にコーネル大学の正教授に就任し、六四年にハーヴァード大学に移動している。『正義論』に至るまでのロールズの思想的試行錯誤については、川本隆史(一九五一—)の『ロールズ』(講談社、一九九七)の二章、三章で詳しく紹介されているが、ここでは本講義のこれまでの文脈に関連した事項だけピックアップしながら、私なりの解釈をかなり加えたうえで簡単に説明しておく。

当時の英米圏の倫理学では、フレーゲ、ラッセル、ウィトゲンシュタインとともに「分析哲学」の創始者の一人とされ、ケインズにも思想的影響を与えたことで知られるイギリスの哲学者ジョージ・エドワード・ムーア(一八七三—一九五八)の『倫理学原理』(一九〇三)の影響によって、「メタ倫理学(分析倫理学)」と呼ばれる領域の研究が盛んで、「規範倫理学」にはマイナーな位置しか与えられていなかった。規範倫理学が、どういう具体的な行為あるいは属性が「善」あるいは「正義」とされるのかを直接的に探究するのに対し、メタ倫理学は「善」「正義」「徳」などの倫理的な概念、もしくはそれらを含んだ言明、判断がどのような意味を持っているか、どのように使用されるかを言語的に分析することに主眼を置く。いわば、倫理の領域における分析哲学である。

ロールズは、メタ倫理学中心の倫理学のあり方に不満を持ち、もう一度、社会的な「正義 justice」について実質的な議論をし、現実に応用できるようにすべきだと考えるようになった。現実社会に通じる実質的な「正義」を論じる以上、ドイツ観念論のようにいきなり形而上学的な前提から始まる議論――つまり、現実を離れたところで「善」や「正義」を定義する議論――では通用しない。かといって、ムーア以前に英米圏で主流になっていた「功利主義」的な議論の枠組みをそのまま復活させることも、ロールズには不適切だと思われた。「最大多数の最大幸福」を目指す功利主義の議論では、〝最大多数〟に含まれない人たちが蒙《こうむ》る可能性のある不正のことを十分に考慮に入れることができないからである。極端な言い方をすれば、最大多数の快楽のために、少数者の生命を犠牲にすることが正当化されてしまうかもしれない――こうした功利主義観があまりにも単純化されていることについては近年いろいろなところで指摘されており、ロールズ自身の功利主義批判もそれほど単純ではないが、煩瑣《はんさ》になるので、ここでは〝結論的な部分〟だけ取り出して記述することにする。

五〇年代から六〇年代にかけて、功利主義的な「正義」観の枠組みから抜け出すことを試みていたロールズは、**「正義 justice」を「公正さ fairness」として捉え直すことを試みる**ようになる。この発想が、『正義論』の原点になる。〈fairness〉の形容詞形である〈fair〉は、スポーツなどで「フェア・プレイ」と言う時の「フェア」である。つまり、ズルをしないで、きちんとゲームのルールに従ってプレイすることである。五〇年代になって、個々の行為が功利の原理（最大多数の最大幸福）に適っているかどうか（＝行為功利主義）ではなくて、一定のルールの体系を守ることが功利の原理に適っているかどうかを問題にするべきだとする**ルール功利主義**という功利主義の新たなヴァージョンが登場してきた。ロールズはいったんその議論の枠組みに乗ったうえで、焦点を「ルールがもたらす社会的利益」から**「ルールを守ることの哲学的意味」**へとシフトし、みんながある特定のルールを「フェア」なもの、つまり「正義」に適ったものと見なして受け入れることのできる条件を探究するようになる。

アメリカの「正義感覚」を再定義する

一九五八年に発表された論文「公正としての正義」でロールズは、みんながルールを正義に適ったものとして受け入れる前提を探究するに当たって、「社会契約説」的な見方を導入した。つまり、当該の社会的ルールが「フェア」であるとみんなが「合意」した(=社会契約が成立した)という根源的な事実がある、あるいはそういう事実があると見なせることが、そのルールが正義に適っている条件だと考えるわけである。ただし、単純にその都度多数決を取って〝ルール〟を決め、それをその時点での〝社会契約〟と見なすのであれば、従来の行為功利主義と実質的に同じことになってしまう。「ルール」はその時のみんなの気分次第で、融通無碍《ゆうずうむげ》に変えてよいものではないし、単純にそれが〝みんな〟にとって心地良いというような恣意的な理由で選ばれるべきものではない。

憲法や法律を〝人民の意思〟に基づいて制定する時がまさにそうであるように、「ルール」は、それが「正義」に適っている、つまり「公正」であるというみんなの**「正義感覚 sense of justice」**を適切に反映したものになっている必要がある。ロールズは、人間には、功利主義の前提になっている私利や便宜などの（個人的）効用を求める能力だけでなく、自／他の行動が「正義」に適っているか否かを判断し、それに基づいて自らに責務を課す「正義感覚」が備わっていると考える。社会的ルールについての合意を成立させるに当たっては、みんなの「正義感覚」をうまく擦り合わせる形で、みんなが納得して受け容れることができるような「正義の原理」を導き出さねばならない。

こうしてロールズは「公正としての正義」を、憲法や法律に具現されているはずの「正義」をめぐる問題に即して、法哲学的に考える方向に進んでいく。近代西欧諸国の憲法や法律は、少なくとも建前としては、主権者である人民が「自由意思」に基づいて合意した「正義の原理」から導き出されたという前提に立っている。法律家や法学者は、実定法を解釈するに際して、法律や判決などの法的文書を文字通り読むだけでなく、それらの背後にあるはずの「正義」の理念を再発見、再構成しようとする——英語の〈justice〉には「司法」「裁判」「裁判官」などの意味もあり、語源的・意味的に「法」と不可分の関係にある。

アメリカという国家を基礎付けている「憲法」の根底にある正義原理をはっきりと再定式化し、「憲法」についての〝我々〟の根源的な合意を再確認することができれば、統一性を失い、分裂しかかっている〝我々〟の共通の正義感覚を復活させることができるかもしれない。六三年の論文

「憲法上の自由と正義の概念」ではまさにそうした意味での**「正義の原理」の再発見**が試みられている。

ロールズ的な「正義」の射程

既に述べたように、アーレントは一九六三年に刊行された『革命について』で、人々が自由に活動しながら、公的討論を通してポリス（政治的共同体）全体にとっての「公的幸福」をともに追求することのできる「自由な空間」を創出するのに成功したという視点から、アメリカの「憲法=国家体制」を高く評価している。ロールズも違った角度からではあるが、（アメリカなどの立憲民主制の国々の）「憲法」が、諸個人の「自由」を与えるとともに、自由な諸個人の活動を制御する公正なゲームのルールを与えるものであることを重視している。両者の共通点を簡単にまとめてしまうと、異なった考え方、振る舞い方をする人たちが、一緒にプレイできるような基本的枠組みが「憲法=国家体制」として設定されていることが、「自由の条件」であることを重視している、ということになるだろう。考え方、振る舞い方が違っても、相互に尊重しながら、共通の理想（=共同体にとっての善）を追求していくという根源的な〝合意〟が重要なのである。

そのうえで両者の議論の構成の大きな違いを言うと、フランス革命的な「解放」と「自由」の区別を強調するアーレントが「経済的平等」のことは敢えて視野に入れず、もっぱら公的な討論に市民として参加するうえでの「政治的平等」だけを問題にしたのに対して、ロールズは**経済的な不平等（格差）についての問題も、「正義の原理」の射程に入る**と考える。彼は、各人が「自由であることに対する平等な権利」を有することを正義の第一原理とし、第二原理として、社会的・経済的不平等に関わる問題についての基本的な取り決めがあるはずだ、と主張する。

注意する必要があるのは、この第二原理は、あくまでもどのような性質の不平等であれば許容できるかについてのルールであって、「経済的に平等でなければならない」というようなはっきりと社会主義的な含意を持つものではないということである。詳しくは少し後で、『正義論』における第二原理を説明する際に述べるが、ロールズは社会主義、あるいは解放の政治のように社会的・経済的不平等の根絶を政治の最終目標とするわけではないが、不平等が原因でフェア・プレイではなくなることを避けるために、**許容できる不平等の範囲を予めルール（正義の原理）によって決めておくべきだ**と考える。

六七年の論文「配分における正義」でロールズは、第二原理を現実化するための政治過程、社会的共通資本、機会の均等、税制、企業行動の規制、雇用政策などについて簡単な見取り図を描くことを試みている。こうした考え方は、社会主義のような〝上からの画一的な平等化〟とは異なった形での、不平等是正のための政治的理念を求めるようになった六〇年代から七〇年代にかけての「リベラル」の問題意識と重なってくる。

「市民的不服従」正当化の論理

一九六〇年代のロールズの政治・法哲学的な仕事の中で、当時の政治的にアクチュアルな問題に最も直結していたのは、六六年にアメリカの政治学会大会で発表した後に三年を経て公刊した論考「市民的不服従の正当化」（一九六九）であろう。**「市民的不服従 civil disobedience」**というのは、憲法や普遍的人権思想などに具現される正義の原理に反するように見える法律や行政機関の命令に対して非暴力的な手段で抵抗し、それに対する不同意を公共の場でアピールすることを意味する。黒人の公民権運動で差別に対する抗議の意思表示として行なわれた、バスなどの公共交通機関で白人専用の座席に座る、白人専用のランチカウンターでシットインするなどの行為がこれに相当する。

「市民的不服従」を最初に思想的に根拠付けたのは、一九世紀の作家・詩人・思想家で、森に小屋を立てて自給自足の生活をしたことで有名なヘンリー・デイヴィド・ソロー（一八一七―六二）である。ソローは奴隷制度や、テキサス併合をめぐる対メキシコ戦争（一八四六―四八）に対する反対の意思表示として人頭税の支払いを拒否して、一八四六年に投獄されている。その体験を踏まえて一八四九年に発表した論文「市民的不服従」で、政府が一定の秩序を維持し、公共の利益に適った機能を果たしている以上、敢えて暴力革命によってそれを打倒しようとは思わないが、明らかに不正な悪法に服従するよりは、不服従によって罰せられることを望む、という態度を表明している。この考え方は、イギリスのインド支配に対する非暴力抵抗運動を指導したガンジー（一八六九―一九四八）や、キング牧師の公民権運動にも影響を与えたことが知られている。

六〇年代に入って公民権運動をめぐる対立が激化していく中で、法学者、政治学者、倫理学者たちの間で**「市民的不服従」を法的に正当化することができるか**が話題になった。弱者の権利擁護に理解を示し、平和を愛する「リベラル」としては、公民権運動を支持したいところだが、革命ではなくあくまでも市民社会的な秩序の下での〝平等〟を目指している以上、法律に反する行為はストレートには容認しにくい。ロールズも当初はなかなかはっきりした態度を取れないでいたが、「市民的不服従の正当化」では、「市民的不服従」は「憲法」の根拠になっている「正義」の原理に照らして、法理論的にも正当化し得るという立場を鮮明にしている。

既に述べたように、「社会契約説」的な発想をするロールズは、まず「正義の原理」が最初に採択される場面、即ち、人々の間でまだ共通のルールが確立されていない**「原初状態 original position」**にまで遡って考える――伝統的な社会契約説では、「自然状態 state of nature」が想定されるが、ロールズはそれが歴史的な始原状態ではなく、あくまでも仮説であり、かつ、そこに後で述べるような独自の想定を導入していることを強調するため「原初状態」という言い方をする。人々は「原初状態」において、各自の正義感覚を反映する形で、「正義」の諸原理を採択する。次いで、憲法会議でそれらの諸原理を満たす「憲法」を制定することになる。そのうえで、立法機関において正義の諸原理に適った憲法の制約と手続きに従って個々の法律を制定することになる。

そうした意味で、法律は憲法に、憲法は正義の原理に拘束される関係にある。
各市民にはそのようにして制定された法律に従う義務があるが、それらの法律が全面的に、当初合意した「正義」に適ったものであるという保証はない。憲法では通常、多数決によって法律を制定するに至るまでの手続きが定められているが、「手続き」は、討論の結論が〝正しい＝正義に適っている〟ものであることを確約するものではないからである。ここに市民たちが、法律に対する不服従の意思を表明する余地が生まれてくる。

立法権は決定が正しくなされることを保証するものではない。市民は、自己の行動において民主的権威の判断に服しこそすれ、自己の判断をそれに服させるわけではないのである。従ってもし、多数者の制定した法律が不正義の一定限度をこえていると判断した場合には、市民は市民的不服従を考慮しうるであろう。なぜなら、我々は多数者の行為を無条件に受け容れ、自分および他人の自由の否定に黙従することまでも要求されてはいないからである。
（平野仁彦訳「市民的不服従の正当化」：ジョン・ロールズ／田中成明編訳『公正としての正義』、木鐸社、一九七九年、二〇五頁）

ロールズは、単なる個人的利益あるいは集団的利益の追求ゆえの違法行為ではなく、立憲政治の根底にあるはずの多数者の「正義感覚」に対して――非暴力的かつ公共的に――訴えかける政治的行為としての「市民的不服従」は、一定の条件の下に正当化され得ると主張する。その条件とは、①通常の政治的異議申し立てをしているにもかかわらず、それが拒否され、相当期間にわたって不正義の状態に置かれていること、②その不正義が平等な市民の諸自由の明白な侵害であること、③同程度の不正義に苦しんでいる人たちが同様の形で異議申し立てすることを当の異議申し立て者が認める場合——の三つである。これらの条件を満たしていれば、通常の法的手続きを超えて、「正義感覚」に直接アピールすることも許容されるというのである。

これは、公民権運動やベトナム反戦運動などによって、アメリカ国民の政治的アイデンティティ、憲法観が分裂しかかっている危険な状況にあって、分裂を決定的にしかねない要因である「市民的不服従」を、正義感覚の再確認の契機にしようとする逆転の発想である。因みにアーレントも、これとほぼ同じ時期に発表された論文「市民的不服従」（一九七〇）で、自由な憲法に含意されているはずの「普遍的合意 consensus universalis」に違反する、あるいはそれを破壊してしまうような不正な州法などに対する不服従の意を表明する「市民的不服従」は、合意を再生するものであり、憲法の精神とも合致するものだと述べている。彼女の場合、個々の市民の不服従の行為が法的に正当化されるか否かではなく、「自発的な結社 voluntary association」によって不服従の行為が実行されているか否かに注目すべきだと主張するところが少し違っている。あくまでも「自由」と「複数性」の関係に拘《こだわ》るアーレントに言わせれば、市民が「自発的結社」を作って、公的幸福を追求するための討議を（再）活性化することは、（彼女が『革命について』で展開した）建国以来の「自由な憲法＝国家体制」の伝統に適っているというのである。

「正義」の二つの原理

ここまで述べてきたように、『正義論』は、リベラルな意味での「正義」の根源を求めてきた十数年間にわたるロールズの仕事の集大成になっている。彼の「公正としての正義」論の核になっている、**「原初状態における正義の二原理の採択」**という仮定を正当化する論理が体系的に展開される。「原初状態」、すなわち人々の間でまだ共通のルールが確立されていない状態において合意されるであろう正義の二原理はまず以下のように定義される。

第一原理　各人は、平等な基本的諸自由の最も広範な〔＝手広い生活領域をカバーでき、種類も豊富な〕制度的枠組みに対する対等な権利を保持すべきである。ただし最も広範な枠組みといっても〔無制限なものではなく〕他の人びとの諸自由の同様〔に広範〕な制度枠組みと両立可能なものでなければならない。

第二原理　社会的・経済的不平等は、次の二条件を充たすように編成されなければならない――(a)そうした不平等が各人の利益になると無理なく予期しうること、かつ(b)全員に開かれている地位や職務に付帯する〔ものだけに不平等をとどめるべ

き」こと。（川本隆史、福間聡、神島裕子訳『正義論　改訂版』、紀伊國屋書店、二〇一〇年、八四頁）

第一原理は多少抽象的な言い回しになっているが、政治的自由、言論および集会の自由、良心の自由、思想の自由、身体の自由、財産を保有する権利、恣意的な逮捕や押収からの自由といった基本的な自由のリストが規定されており、それらに対して各人が「平等な権利」を有するということである。これを「公正としての正義」の最も重要な原理にすることについては、近代市民社会に生きているほとんどの人が同意すると考えてさしつかえないだろう。この点では、ハイエク、フリードマンのような古典的自由主義者と、ローズヴェルトやジョンソンの政策を支持した「リベラル」の間の違いもほとんどないだろう。

第二原理は、**経済的・社会的不平等が許容されるための二つの条件**を与えるものである。古典的自由主義者は、経済的・社会的不平等をさほど気にしないので、第二原理を積極的には認めないかもしれないが、経済的・社会的平等を重視する「リベラル」にとっての「正義」という色彩は第一原理よりも強い。

条件(a)は具体的にどういうことを意味するのか、にわかにはイメージしにくいが、不平等（格差）の存在が、経済成長、技術革新、政治や文化の活性化などをもたらし、その社会を構成する「あらゆる人に有利になると合理的に期待でき」る根拠が本当にあるのであれば、（マルクス主義のような徹底した平等主義者を除いて）かなり多くの人が〝総論〟としては賛成するだろう、ということだ。〝各論〟、つまり自分自身が「格差」において劣位な側に置かれることになるのは受け容れられない人が多いだろうが、その劣位な側に置かれる可能性が、条件(b)のように、「全ての人に開かれている地位や職務に付随する」ものであれば、つまり誰でもそうした劣位な側になる可能性があるのであれば、一応「フェア」だと認めて受け容れるかもしれない。

格差原理——弱者の効用を最大化する

ロールズは、第二原理を多くの人が受け容れるであろうことを示すために、最初はわざと抽象的に定義している。その後で、(a)(b)二つの条件について、それぞれ大きくわけて二通りの解釈があることを示し、その組み合わせとして四通りの可能性を示し、その四つの中からどれを選ぶのが、最も人々の合意を得られるか、という方向で議論を組み立てていく。(a)には、①「**効率性原理 principle of efficiency**」と②「**格差原理 principle of difference**」、(b)には、①「**才能に対して開かれているキャリアとしての平等**」と②「**公正な機会均等としての平等**」の、それぞれ二通りがあるわけである。

この内、(b)の二通りは比較的理解しやすい。①の方が単純に、才能さえあれば、誰でもキャリアにおいてのし上がっていけるようなオープンな——しかし、親の財産やコネなどによって、最初の時点で差が付いているかもしれない——システムであるのに対し、②の方が、本人の選択や努力によらない社会的・自然的な偶然の要素をできるだけ取り除いて、スタート地点を平等にして、機会均等にすることである。政府からの経済活動をできるだけ排除して、自然のままに任せようとする古典的自由主義者は①を好むかもしれないが、彼らの中にも、教育や就職の機会での平等をまず達成できなければ、フェアな競争ではないと考える人も少なくないだろう。「リベラル」は当然、②を支持するだろう。

(a)の二通りを説明するに際して、ロールズは、公正かつ効率的な資源配分を探究する厚生経済学という分野で用いられる曲線図表などを援用してかなり複雑な議論をしているが、私なりにかなり単純化して説明すると、①の「効率性原理」は、他の人々に迷惑をかけないような仕方——言い換えれば、初期設定された既得権益を侵さないような仕方——で、社会の中の少なくとも一人にとっての効用（利益）を大幅に向上させることができるような資源再配分のやり方が何通りかあるとして、その内で**最大多数の最大幸福に繋がるもの、あるいは平均的効用を向上させるであろうものを採用する**ということである。いわゆる、古典的な功利主義の発想である。

それに対して②の「格差原理」の方は、不特定な誰か、あるいは平均的な市民が得をするか否かではなくて、**最も不遇な人たち（弱者）にとっての効用を最大限化するようなやり方を採用すべきである**という考え方である。裏を返して言えば、社会的に有利な立場にいる人間だけが得をして、社会的に最も不遇な人たちにとっては全然得にならず、不公平感を感じさせるだけのような

「格差」であれば、認められないので、平等に資源配分すべきということである。

ロールズは、これら2×2＝4選択肢がどういう格差構造を意味するか、グラフで図示しながら細かく説明したうえで、いずれの選択肢も②の方、つまり弱者により優しい方が合理的なものとして採用されるであろうし、採用されるべきであるとの「結論」に至っている。そうすると、第二原理は以下のような形になる。

社会的・経済的な不平等は次の二条件を充たすように編成されなければならない――(a)そうした不平等が最も不遇な人々の期待便益を最大に高めること、かつ(b)公正な機会の均等という条件のもとで全員に開かれている職務や地位に付随する〔ものだけに不平等を留めるべきこと。〕(同前、一一四頁)

ロールズはこれが実現された状態を「民主的平等」と呼ぶ。これはおおよそ以下のような状態だとイメージすることができる。まずあらゆる社会的職務や地位について、それを手に入れるための公正な機会均等が保障される。公正な機会均等の原理によって各人の社会的立ち位置を決めてそれをスタート地点として、各人が自分なりのやり方で自分の幸福を追求する。各人が幸福になるための資源は有限なので、どうしても自由競争の結果、格差が生じ、開いていく。その格差は、ロールズが既に「配分における正義」で示したような、価格システム、税制、公共サービス、所得補助（負の所得税）などの諸制度によって是正されていき、「格差原理」を充たすところに落ち着くように調整されるということになる。要は、競争力のある人間にできるだけ稼ぎ、社会を豊かにしてもらって、その利益が弱者に還元されるようなシステムを作るということである。

とにかく社会的・経済的に「平等」な状態にすることを目指す社会主義とは違って、**諸個人が自らの自由選択によって幸福を追求する余地を大きく残し、「平等」を「自由」（第一原理）と理論的に両立させようとする**ところに、ロールズの「正義論」の特徴がある。通常、「平等」と「自由」を〝両立〟させようとすると、どうしても折衷的で中途半端な制度構想になりがちだが、ロールズは、「最も不利な立場にある人の期待便益を最大化」するという「格差原理」を明確にすることで、正義の原理に適った制度構想に一貫性を与えようとしている。

「最も不利な立場にある人の期待便益を最大化」するという表現はやや抽象的であるが、ごく普通に考えれば、全面的な平等配分をすることによって能力がある者のやる気を殺《そ》ぐのは、弱者にとって得策でないのは明らかだろう——第一原理があるので、能力がある者を強制的に、より多く働かせることもできない。弱者にとっての便益が最も高まる財の配分・運用法を、それまでの経験などに基づいてよく考え、議論したうえで決定するしかないだろう。ロールズは、「格差原理」に見合った制度を構想することが、諸個人の自由な活動を枠付けるフェアなルールの確立に繋がると考えたわけである。

「無知のヴェール」の効力

しかし、ここで根本的な疑問が生じる。「最も不利な立場にある人の期待便益を最大化」するような仕方で資源を配分する制度ができたとしても、それにみんなが同意するとは考えにくい。自分が「最も不利な立場」に近いところにいると思っている人は同意するだろうが、そう思っていない人は自身の利益に反すると判断しそうだ。だとすると、「格差原理」についての合意を成立させるのは難しい。そこでロールズは、「格差原理」の導入に先立つ「原初状態」において、各人に対して**「無知のヴェール」**という仮想の思考実験装置が作用しているものと想像するよう提案する。

「無知のヴェール」とは、社会の中で自分が周囲の他者たちと比べて相対的に有利な立場にあるか不利な立場にあるかについての情報をいったん遮断する装置である。「まず、自分の社会における位置とか階級上の地位とか社会的身分（status）を誰も知らない。また、生来の資産や能力の分配に関する自分の運、つまり自分の知性や体力等々についても知らない。また、自分の善の概念とか、自分の合理的な人生計画に特有の事柄とか、危険回避度あるいは楽観論に陥りやすいかといったような自分の心理に独特の特徴でさえも、誰も知らない」（同前、一〇五―一〇六頁）。「無知のヴェール」の背後に置かれている各人は、もし正義の原理が採択されたら、自分たちの社会はどのような状態になるかについて政治・経済の一般的な法則は分かっているけれど、その中で自分がどのような位置を占めているか知らない。

ロールズは、この「無知のヴェール」を想定することを通して、言い換えると、**自分の現実の社会的・経済的立ち位置を瞬間的に忘れることで**、各人が（現在の）自分にとって都合の良い原理を選ぼうとするのではなく、公正なレフェリーの視点に立って、みんなが納得できる最適の原理を選ぶよう努力すべきだと示唆する。「無知のヴェール」がかかって自分の立ち位置が分からなくなった場合、各人は〝平均的な市民〟にとって有利な原理を選ぶのではないかという気もするが、ロールズは合理的な人間であれば、〝平均的な市民〟ではなく、「最も不利な立場にある人」の視点に立って、正義の原理を選ぼうとするはずであると主張する。**合理的人間であれば、最も不利な立場にある人が何とか生き残れるように配慮した資源配分の仕組み（格差原理）を公正と考える、**というのである。

このように言うと、ロールズの想定する合理的人間は、いくら「無知のヴェール」がかかっているとはいえ、その本性が〝あまりにも善人すぎる〟ようにも見えてしまう。しかし「無知のヴェール」の下での「格差原理」の選択を、「リスク回避」という現実的な視点から説明することもできないわけではない。自分が他人と比べて能力があるか否か、自分が他人と比べて稼ぎがいいか悪いか全く見当がつかないとしたら、ほとんどの人は不安になり、最悪の場合を考えるだろう。つまり、「私」自身が最も不利な者である場合を想定し、〝最も不利な者としての私〟の生き残りの可能性を確保しようとするわけである。ロールズの合理的人間は、最悪の事態を回避することを第一に考えるのである。そういう不安な状態にある人たちが、正義の原理を採択するとしたら、

〝最も不利な者としての私〟にとっての期待便益を最大化してくれる「格差原理」を望むと考えられる。「無知のヴェール」をかけられた合理的な人間は、**「最も不利な者としての私」を想像し**、そこを起点にして最適な原理を選ぼうとするのである。

「正義の原理」を定着させる戦略

当然のことながら、現実世界には「無知のヴェール」のような便利な装置はないし、仮にあったとしても、それによって各人の思考をコントロールするようなことをしたら、究極の自由の侵害になる。ただ、〝無知のヴェールがかかっているのに部分的に似た状態〟あるいは、そうした状態に対応する制度であれば、ないわけではない。保険や年金のような将来の「リスク回避」のための仕組みがそれに当たる。現在の「私」は決して社会的弱者ではないと思っていても、将来、病気や事故、災害などによって、他者から支えてもらう必要のある弱者の側に回る可能性があることは、合理的人間であれば認めざるを得ない。その可能性を想定し、確率計算的にはマイナスであることが分かっていても、保険に自主的に加入する人は少なくない。〝弱者の立場にあるかもしれない未来の私〟に投資するつもりで、「格差原理」に似た制度に合意しているのである。

「無知のヴェール」とは、こうした〝将来の私の不確実性に備えようとする気持ち〟を、「私」とともに社会を構成する他の市民たち（＝私たち）に対する配慮へと〝自然〟と移行させるための装置と考えられる。社会の中で不利な立場に置かれている〝弱者〟を、〝単なる不特定の他人〟としてではなく、〝将来の私の可能な姿〟と重ね合わせてイメージして、その立場で考えることができるようにすることがポイントだ。ロールズは、リスク回避しようとする合理的人間の自己中心的な思考を、弱者にとっての効用を基準とする社会的な正義の原理に対する合意へとできるだけ無理なく誘導するための戦略を提案しているわけである。日本語の諺《ことわざ》で言うところの「情けは人のためならず」を、客観的に理論化する試みだと考えれば、分かりやすいだろう。

各市民に対して、「自己チューをやめて、他人のために考えろ！　苦しんでいる同胞に共感するのは人として当然のことだ！」というような形で、真っ向から道徳に訴えて説教することなく、「正義の原理」へとソフトランディングさせようとするところが、ロールズのリベラルな正義論の特徴だ。ロールズは、二つの正義の原理を採用することによって、人々の自尊心と相互の尊敬に基づく社会的な協働が促進されると主張する。

　したがって、正義の構想の望ましい特徴は、それが人々に互いに払う尊敬（respect）を公共的に表明するはずのものだという点にある。このようにして、人びとは自分自身に価値があるという感覚を確実にする。（……）当事者たちはこの考えの倫理上の適宜性に心を動かされるなどと、私は言っているのではない。しかし、当事者たちがこの原理を受け入れる理由が存在する。なぜなら、互恵的な相対的利益のために不平等を調整し、平等な自由という枠組みの内部で自然的・社会的な情況の偶発事を搾取・利用するのを慎むことを通じて、まさに自分たちの社会の構成（constitution）に即して、人びとは互いに対する尊敬を表明するからである。このようにして、そうすることが自分たちにとって合理的であるがゆえに、人びとは自分たちの自尊心を確実なものにする。（同前、二四三頁、一部改訳）

正義の二つの原理が採用された社会では、人々はお互いを同じスタート地点に立つ対等で自由なプレイヤーとして尊重するとともに、誰も全面的に落ちこぼれることがないようセーフティネットを張りながら社会全体を豊かにしていく方向で協働することができる。各人は、社会が自分をメンバーとして——理念的にも現実的にも——尊重してくれると分かれば、その社会を守っていこうとするはずである。それは、市民たちが公共的に認めた正義を中心として、市民社会を再生することに繋がると考えられる。

ロールズは、正義の二原理を起点として良心の自由、寛容、民主的な参加の原理、公共的討議、世代間正義の視点から見た公正な貯蓄原理、市民的不服従など、リベラリズムにとっての重要なテーマを体系的に記述し、**正義の原理に根ざしたリベラルな社会**への見通しを与えている。彼が、諸個人の〝自由の意志に基づく合意〟に根ざした〝正義に適った社会〟への哲学的な道筋を示したことによって、アメリカの内外で様々な賛否の議論が巻き起こり、ロールズ的な「リベラリズム」を中心とした、一連の政治・法・社会哲学が展開することになった。

【間奏曲Ⅰ】 日本にとっての一九六〇年代

現実政治とアカデミズムのギャップ

アメリカで公民権運動とベトナム反戦運動を契機に政治文化が大きく変容した一九五〇年代半ばから七〇年代初頭にかけての時期は、日本の政治にとっても大きな変化の時期だった。その変化には、「アメリカ」が大きく関わっていた。

五一年九月に調印されたサンフランシスコ平和条約が五二年四月に発効したことで、占領状態は終わり、日本は主権を回復した。しかし、平和条約と同時に日米安保条約を調印し、アメリカが率いる西側自由主義陣営の一員としての道を歩み始める。五四年には、自衛隊が創設され、アメリカとの軍事的な連携を強めていく。五五年には、保守合同による自民党の結党と、左右社会党の統一と、共産党の平和主義路線への転換など、革新勢力の再編に伴って、いわゆる「五五年体制」が成立する。

五五年体制の下で、「保守」の立場を取る自民党政権がアメリカとの関係を軸に外交・安保政策を展開し、経済・社会制度のアメリカ化を推進しようとするのに対し、革新（左派）勢力が「アメリカ化＝資本主義化」と見なし、それにストップをかけようとする姿勢を取るという基本構図が生まれてきた。議会で一定の勢力を確保するようになった革新勢力が、社会主義政権樹立というイデオロギー的な目標をいったん棚上げし、九条護憲の立場から、日米安保体制や自衛隊に対する批判を前面に出すようになったこともあって、「アメリカ」との関係をどうするかが、日本における「左／右」の政治的な対立の中心的なテーマになった。

ただし、「左／右」の対立といっても、「左」の側にはマルクス＝レーニン主義を軸とする政治哲学が一応あったのに対して、〝右〟の側には、それに対応するものがなかったことに留意しておく必要がある。「保守」という意味での「右」は、数の上では全体的に「左」を遥かに上回っていたものの、反共・反ソを共通項にして、〝現体制〟を取りあえず維持しようとする勢力が集まっただけであり、明確な思想的機軸はなかった。

保守陣営の中には、戦前の伝統的な価値観を復活させようとする国粋主義的志向と、アメリカによってもたらされた「自由な文化」をさらに発展させていこうとするアメリカ志向が混在していた。文化的には復古を、経済的にはアメリカ化を目指すというような折衷的な立場もあった。社会的弱者の雇用対策のために「大きな政府」を志向するという意味で、アメリカの民主党政権のような〝リベラル〟な考え方をする人たちも、自民党・保守陣営の中に含まれていた。〝保守〟には、明確に「左」、つまり「反体制」ではない様々な思想潮流が含まれていたのである。

周知のように、現実政治レベルでは自民党が議会で安定した過半数を得ており、社共などの左派勢力は辛うじて改憲を阻止できる三分の一を占める程度であったが、大学などのアカデミズムにおける政治・社会思想、あるいはマスコミ・論壇のレベルではその逆に、七〇年代に入るまで圧倒的に左派優位であった。大学では、社会党（左派）系、共産党系、新左翼系のマルクス主義の諸潮流が全面的に展開し、学生の間で大きな影響力を発揮した。アカデミズムや論壇では、明確な思想を持っている側が流行るのはある意味当然のことかもしれないが、日本の場合、他の西欧諸国と比べて、（保守優位の）現実政治と（観念左派的な雰囲気が蔓延する）アカデミズム・論壇の間のギャップが特に顕著であった――これについては、拙著『集中講義！日本の現代思想』の第一講を参照。

リベラル系の「市民派」たち

アカデミズム・論壇における「左派」の全てが、マルクス主義者というわけではない。政治思想史家の丸山眞男、経済学者の都留重人（一九一二―二〇〇六）、哲学者の久野収（一九一〇―九九）や鶴見俊輔、社会学者の清水幾多郎などのように、自立した理性的な市民たちのネットワークとしての「市民社会」を育成しながら、戦後民主主義を守り、公権力の横暴に対抗しようとする、「市民派」と呼ばれた人たちもいた。既存の市民社会、現行の憲法体制の枠内で、平和愛好的で弱者に優しい政治を実現しようとする「市民派」は、アメリカの「リベラル」と思想的に近いと見ることもできる。

既に序で述べたように、アメリカ留学中にプラグマティズムの影響を受けた鶴見は、プラグマティズムを市民社会における政治的実践のための哲学として日本に導入することを試みていたし、やはりアメリカ留学経験のある都留は、ケインズ主義—リベラル系の経済理論を日本に積極的に紹介しており、ガルブレイスとは深い親交があった。彼らのようなアメリカ通の市民派は当然のことながら、アメリカ型の社会を全否定せず、むしろ自立した市民たちによる政治・社会運動が行なわれていることを肯定的に評価している。〔市民社会＝ブルジョワ社会〕と見なして、革命によって打倒しようとするマルクス主義者とは、思想の前提が異なる。しかし、共産党などのマルクス主義の主流派が革命を事実上棚上げして、一般市民の間への浸透を図るようになっていたので、両者の境界線ははっきりしないところもあった。

日米安保条約の延長問題をめぐって「左／右」が対決した六〇年安保では、マルクス派と市民派が渾然一体となって——しばしば左派同士での路線闘争を行ないながら——反対闘争を展開した。安保闘争を機に「護憲—反安保」が、日本の左派の共通のアイデンティティになったと言ってもよい。ただ、当然のことながら、「反安保」がそのまま文字通りの意味での「反米」を意味していたわけではない。安全保障・外交面では〝反米〟でも、アメリカの民主主義的な伝統や自由な文化は見習うべきだと考える左派は少なくなかった。特に「市民派」の中には、アメリカの「リベラル」系の市民運動の影響を受けて、日本でもアメリカ型の市民運動を活性化すべきだと考える人たちもいた。
鶴見や作家の小田実（一九三二―二〇〇七）が中心になって六五年に結成された「ベトナムに平和を！　市民連合」（ベ平連）は、まさにアメリカ型の市民運動のスタイルを取り入れて、アメリカ政府の帝国主義的な世界戦略に抵抗する運動であった。簡単に言えば、**「良きアメリカ」を参考にして、「悪しきアメリカ」を批判したわけである。**小田は五八年にアメリカに留学した際、公民権運動の広がりとそれが社会に与えたインパクトを目撃し、強く影響を受けたという。「普通の市民」の自由参加を基本とし、規約も会員名簿も作らず、あまり戦闘的でないデモや討論会などを中心にかなりルーズなやり方で進められたベ平連の運動は、軍隊式の集団行動を取ることを特徴とするマルクス主義系の運動とはかなり異なっていたと言われている。

ベ平連は、反戦フォーク集会など、カウンター・カルチャーと結び付いたアメリカの反戦運動のスタイルを取り入れたが、六八年から七〇年にかけて盛り上がった全共闘運動＋第二次安保闘争に参加した新左翼系の各種の運動体も、音楽や演劇などのカウンター・カルチャーを運動の拡大に利用するアメリカ的なスタイルを取った。六〇年代末には、アメリカ文化、あるいはアメリカ的な考え方が、大量消費時代に入っていた日本社会に既にあまりにも深く浸透していたので、「アメリカ」の政策を批判する左派の運動も、何らかの形で〝アメリカ的なもの〟に依拠せざるを得なくなっていたのかもしれない。

Ⅱ

リベラリズムの現代的展開

第三講

リバタリアニズムとコミュニタリアニズム――リベラルをめぐる三つ巴

功利主義からの反論

ロールズの『正義論』は当時の英米圏の倫理学者、法・政治哲学者、厚生経済学者に大きなインパクトを与え、現在に至るまで「現代リベラリズム」の最も重要な古典と見なされている。『正義論』が英米圏のアカデミズムで圧倒的な影響力を発揮し続けている理由を私なりに考えてみると、以下の三点に要約されるように思われる：①アリストテレスから社会契約論（ホッブズ、ロック、ルソーなど）、カントを経て功利主義に至るまでの「正義論」の歴史的系譜を踏まえて「公正としての正義」を再定義する体系的記述になっていること、②一九二〇年代にイギリスで誕生した比較的新しい分野である厚生経済学の議論を取り込みながら、その核にある「功利主義」の原理と対比する形で、自らが支持する「配分的正義」の原理としての「格差原理」を提示していること、③従来のメタ倫理的な議論の枠を超えて、格差是正、良心の自由、寛容、市民的不服従……といった現実的な問題に適用可能な、実質的な倫理を目指していること。

こうした広い射程を持つ議論だけに、賛成意見だけでなく、批判的な議論をも呼び起こした。学問的な議論にはよくあることだが、その趣旨について肯定的に受け止めながら、議論の進め方の細部について批判するという反応も多かった。そうした両義的な反応が目立ったのが、功利主義的な原理に基づく経済的な「正義論」を構想していた厚生経済学者たちである。彼らの考え方は、ロールズの『正義論』の中で〝真の正義〟に到達するために克服すべき対象として言及されていたわけであるから、彼らの側がロールズに対して批判的にコメントするのはある意味当然である。

五〇年代頃から、その社会のあるべき状態についての各人の**「選好 preference」**――分かりやすく言うと、どの選択肢をどの程度のウェートで好むかという価値観の問題――を合理的かつ公平な仕方で集計したうえで、社会全体にとって最適な政策のパッケージを導き出すことを試みる**「社会的選択理論」**という分野が、厚生経済学、計量政治学、倫理学の境界領域として開拓されつつあった。「最大多数の最大幸福」の意味するところを経済理論的に精密化したうえで、民主主義的意思決定のプロセスに反映できるような形へと調整することを試みるわけである。「功利主義」を基本原理としているところを除けば、ロールズの正義論とかなり近い問題関心に貫かれた研究領域だと言える。

この分野の第一人者として知られる、厚生経済学者でスタンフォード大学教授のケネス・アロー（一九二一―二〇一七）は、『ジャーナル・オブ・フィロソフィー』の七三年五月号に掲載された書評論文で、幸福追求のための基本的な財の配分における平等を体系的に追求した点ではロールズを高く評価している。その一方で、ロールズが「格差原理」として呈示した不確実性の下でのリスク回避という考え方――**「マクシミン・ルール maximin rule」**と呼ばれる――は、功利主義をベースにする厚生経済学において既に織り込み済みになっていることや、各人の選好を尊重する限り全員一致で社会的正義の概念を採択することは不可能であることなど、理論的な詰めの甘さを指摘した。

ハンガリー出身の厚生経済学者で、カリフォルニア大学バークレー校の教授のジョン・ハーサニ（一九二〇―二〇〇〇）は、「原初状態」の下での各人の選択を予想するところから合理的な社会的選択を導き出すことをロールズ以前に試みていたが、彼はむしろ**「平均的効用最大化原理」**、つまり「平均人」にとって最も効用のある原理が選択されるだろうと予測していた。彼は七五年に出した論文で、自らの理論に基づいて、原初状態で採用されるのは、「格差原理＝マクシミン・ルール」ではなく、平均的効用最大化原理であることを証明している――各人の正義感覚に根ざした「格差原理」と、リスク回避の方法である「マクシミン・ルール」を同一視して良いかについては、この方面の専門家の間で細かい議論があるが、本講義では立ち入らないことにする。

政治学・法学へのインパクト

数理的な厳密性を要求する経済学者たちのいくぶん距離を取った反応と比べると、政治学者や法学者の間では、『正義論』は、人々の価値観やライフスタイルが多様化して、社会を統合するのが困難になった二〇世紀後半において「正義」を再定義する大胆な試みとして、極めて高く評価された。多くのリベラルな法学者や政治学者が、ロールズの理論を、自らのフィールドに応用することを試みるようになった。抽象的な「正義」の原理から出発して、〝経済学的〟な視点を適宜取り入れながら、具体的な法・政治制度を構想することを試みるロールズの正義論は、法や政治に関連する哲学的な論議に応用しやすい——砕けた言い方をすると、論文のネタにしやすい。

現在でも、アメリカの代表的な政治・法・社会哲学者にはロールズの直接の弟子や、彼に理論的に強く依拠している人が少なくない。特に有力な人物として、ロールズの正義論の契約主義的な側面を発展させることを試みている政治哲学者のトマス・スキャンロン（一九四〇— ）、ロールズ的な配分的正義を憲法理論として展開している憲法学者のブルース・アッカマン（一九四三— ）、「心の哲学」をメインフィールドとしながら「税における公正」や「平等と党派性」などの政治哲学的テーマにもコミットしているネーゲル、カント的な義務倫理学を人格的アイデンティティをめぐる現代的な議論と絡めて再構成しようとしているクリスティン・コースガード（一九五二— ）、討議的民主主義論に取り組んでいるジョシュア・コーエン（一九五一— ）、ロールズの正義論をグローバルな正義論として展開し世界の貧困問題に応用しようとしているトマス・ポッゲ（一九五三―　）などを挙げることができる。

「反省的均衡」とは何か

法・政治哲学の領域におけるロールズの重要な理論的同盟者であり、彼と並んで現代リベラリズムの二大巨頭と見なされているのは、アメリカの法哲学者で一九六九年からイギリスのオクスフォード大学の教授も務めていたロナルド・ドゥウォーキン（一九三一―二〇一三）である。『シカゴ・ロー・レヴュー』に掲載された論文「正義と権利」（一九七三）でドゥウォーキンは、ロールズの議論を詳細に検討して高く評価したうえで、自らの法哲学の枠組みに取り込むことを試みている。

彼はまず、正義の二原理と、日常の具体的な状況における正／不正の判断との対応関係を示すためにロールズが用いた**「反省的均衡 reflective equilibrium」**という方法論に注目している。「反省的均衡」というのは、我々が日常において抱いている様々な倫理的信念から、それらの信念の背後にあると考えられる共通の正義感覚を抽出して一つの統合された〝理論〟にいったんまとめたうえで、それが本当に正義感覚を適切に反映し、かつ論理的に首尾一貫して説明する〝理論〟になっているのか、具体的な状況をイメージして反省的に検討しながら、個々の〝信念〟と〝理論〟の双方を適宜修正し、最終的な理論体系を獲得することを目指すやり方である。

このような言い方をすると、抽象的で分かりにくそうに聞こえるが、我々が日常生活の中で直面する各種の社会的問題やトラブルを、一つの基準に従って解決するための規則の体系を会議などでの審議を経て決定する際に、自明の理としてやっていることである。例えば、ある大学で、教員や学生が不正行為をした時に処罰するための、各条文ごとに厳密に規定された懲戒規則を教授会などの会議で決めるような場合を考えてみよう。最初に、これまでに実際に起こった様々なトラブルと、それに対して大学当局が取ってきた措置を思い起して、それらが正義に適っていたかどうかをみんなで考える。従来の措置が、会議の参加者たちの正義感覚に概ね適っているものであるとしたら、それらの措置を貫く統一的な原則のようなものを明文化する形で、採択すべき規則を仮に定式化することが試みられるだろう。逆に、従来の措置が正義に反していた、あるいは首尾一貫していなかったと多くの人が思っているとすれば、その欠陥を是正する新たな原則を打ち立てるような形で、ということになる。

当然、その仮に定式化された規則の体系がいきなり採択されるわけではない。このルールを実際に採択したとして、それを個々のケースに適用したら一体どういう具体的な措置を取ることになるのかを検討することになる。みんなが想像していたのと同じような結論になるのか、それとも大分イメージと違ってくるのか。違ってくる場合、問題があるのは〝仮に採択された規則の体系〟か、それともみんながそれまで漠然と抱いてきた信念か。漠然と抱いてきた信念が間違っていることになれば、みんなが自らの内面においてその信念の是非を問い直すことになるだろう。〝仮に採択された規則の体系〟の方が間違っていることになれば、その〝仮の体系〟を修正して定式化し直したうえで、再びそれが個別の状況での〝正しい判断〟に繋がるか検証することになる。

このように、〝抽象化された原則〟と〝想定される個別具体的な状況〟の間での往復を何回か繰り返し、みんなの意見が一つの〝妥当な結論〟へと収斂《しゅうれん》してきたところで、最終的に、体系化された規則が正式に採択されることになる。反省を通して、みんなの判断を均衡化させているわけである。いったん規則が正式に採択された後でも、その規則が拠って立つ原則にはどうしても当てはまらないような〝例外的なケース〟が生じてくると、それは本当に例外的な事態なのか、それともその原則自体に問題があるのか、今一度、反省的均衡化が試みられることになる。

これは立法や司法などの場で法的判断を行なうに際して、至極当然のこととして行なわれているプロセスである。法を現実に制定し、適用するに際しては、抽象的に理論化された道徳原理とか極度に理想化されたイデオロギーのようなものをそのまま現実化することはできない。現実化したらどうなるか、様々な具体的状況をシミュレーションし当てはめてみて、微調整を繰り返しながら、大多数の人が実際に納得してくれそうな実効性のある形へと練り上げておく必要がある。ロールズは『正義論』において、こうした「反省的均衡」を経ることによって、人々は正義の二原理の採択へと導かれるであろうと示唆している。法学者であり、独自の法解釈理論を展開していたドゥウォーキンは、ロールズの「反省的均衡」論に自らの問題意識と近いものを見出したのである。

「法」から「正義」へ――ドゥウォーキンの歩み

一九五〇年代から六〇年代にかけての英米圏の法哲学では、オクスフォード大学でのドゥウォーキンの前任者であり、ウィトゲンシュタインの影響を受けた分析哲学者でもあるハーバート・ハート（一九〇七―九二）の影響で、ルールの体系としての法を、道徳と切り離して考える**「法実証主義」の理論**――簡単に言うと、個別のケースに適用されるべきルールとしての法は既に定まっているはずであり、法律家はそれを見出せばいいのであって、自らの政治的あるいは道徳的判断を持ち込む余地はないという考え方――が支配的になっていた。

それに対してドゥウォーキンは、これまで想定されていなかった事案、あるいは判例が確定しておらず判断が難しくなる事案（ハード・ケース）では法律家が、その事案に関連していそうな法規範や類似しているように見える判例などを渉猟《しょうりょう》して、それらの中から自らが依拠すべき法的な**「原理 principle」**を（再）構成しなければならず、そこには不可避的に政治的・道徳的判断が伴うはずであるという立場を取っていた。

その場合の「原理」とは、「正義や公正その他の道徳的要因が要請するがゆえに遵守されるべき基準」を意味する。簡単に言えば、**「法」を支えている道徳的な基準**である。それはスポーツやゲームの「ルール」のように、具体的な状況に対して、いかなる解釈も加えずに一義的・機械的に適用できるものではない。ハード・ケースで判決を下すにあたって裁判官は、無数に存在し得る諸「原理」の中から、自分が依拠しようとするものを選び、それを適用することを先例などとの関係で法の論理として正当化しなければならない。これは通常は、「裁判官の裁量」と呼ばれるもの――法実証主義でもそう呼ばれている――に相当するが、ドゥウォーキンはそれを単なる〝裁量〟と見なさず、道徳的な正義に適った判断をしなければならない重要な場面と見るわけである。

「原理」を重視するドゥウォーキンは、司法・裁判所は、社会の変化などに伴って生じてくる新たな状況の中で主張される諸権利を、憲法的な「原理」に照らして確認／否認していくような形で、法的正義の創造に積極的役割を果たすべきだと主張していた。そうした彼の立場からしてみれば、「反省的均衡」という極めて法学的な――しかも構成主義的な――方法によって、憲法の根底にあるはずの「正義の原理」を再発見し、それに基づいて法・政治制度を再構築しようとするロールズのリベラルな倫理学・政治哲学は、自らのリベラルな法哲学と同じところを目指しているように見えたわけである。法哲学者であるドゥウォーキンが**「法」から「正義」に**向かったのに対して、倫理学者であるロールズは**「正義」から「法」に**向かっていって、ほぼ同じようなところに着地することになったと見ることができる。リベラルな社会において、市民たちが合意することのできる憲法的な「正義」の原理を再定式化しようと試みた点で、両者の議論は通底している。

全ての基本は「平等への権利」

論文「正義と権利」の中でドゥウォーキンはさらに、『正義論』において、「平等」の問題が哲学的に掘り下げられていることにも注目している。既に見たように、正義の第二原理である格差原理は、財の配分における「平等」を要請しているわけだが、ドゥウォーキンは、ロールズがそれよりもさらに根源的な意味での「平等」、すなわち**各人の基本的な政治的権利としての「平等」**に言及していることを重視している。『正義論』の七七節「平等の基礎」の記述によれば、「第一種の平等は、社会的協働が効率的で公正であるように組織と分配上の取り分の構造を規制する正義の第二原理によって規定される。しかし、第二種の平等こそが基底的である。それは正義の第一原理によって、そして相互尊重（mutual respect）の義務のような自然的な義務によって規定される。それは道徳的人格としての人間に由来するのである」（前掲『正義論』、六六九頁：一部改訳）。

ドゥウォーキンは、この第一原理によって規定される「平等」を、政治制度の構想や運用に際して、個々人が**「平等の配慮と尊重 equal concern and respect」**への権利を有することを意味するものとして、少し掘り下げて解釈している。言い換えれば、政治制度を具体的に構想する時に、各人を自立した人格として、あるいは権利主体として同等に尊重し、配慮した制度になるよう考慮しなければならないということである。「法の下での平等」を社会制度全般に拡張した考え方と言ってもいいだろう。無論、「平等」に扱うと言っても、それを職業活動などの機会均等という意味で理解する人も、所得や身分の絶対的平等という社会主義的意味で理解する人も、ロールズの格差原理のような意味で理解する人もいるだろう。

ドゥウォーキンは「平等の配慮と尊重」というのが、抽象的であるがゆえに解釈の余地があまりにも大きいことは認めるが、それでも、そうした抽象的な権利が、原初状態における社会契約の前提になるべき各人の「自然権」として想定されていることが重要だと主張する。ロールズ自身は、原初状態での合意を通して「自由に対する平等な権利」が創出されるのか、それとも合意が成立するためには、そういう権利が既に〝存在〟していて、合意の前提になっているのかはっきりさせていないが、ドゥウォーキンは意図的に後者の理解をしている。これは一見すると、哲学的な細かい違いのようにも思えるが、必ずしもそうとは言い切れない。最も基本的な権利と思われるこの権利が社会契約によって生み出されたものだとすると、社会契約によって再び取り消すことも可能になる。法学者として基本的な人権を重視するドゥウォーキンは、そういう可能性を認めることはできない。

社会的正義を構想するうえで、各人に自然に備わっている基本的な「権利」の存在を前提に考えるドゥウォーキンは、「最大多数の最大幸福」を標語とする功利主義は、基本的な「権利」を否定する可能性があると考え、あくまでも権利をベースに据えるべきことを強調する。彼のように

「権利」を議論の出発点とするリベラルな正義論は、**「権利基底的リベラリズム」**と呼ばれる。権利基底的な理論を志向するドゥウォーキンは、原初的合意が成立する〝以前〟から各人がもともと持っているはずの「平等に対する基本的権利」を具体化する形で社会制度を構想すべきであると考え、ロールズの正義論も同じ前提に立っていると見たわけである。

ドゥウォーキンは、「正義と権利」の八年後の一九八一年に――彼は七五年以降、ニューヨーク大学教授を兼任していた――発表した論文「資源の平等」では、各人が自らの人生において、自分で選んだ幸福を追求するうえで必要と思われる「資源」を――障害などのハンディキャップのことを考慮に入れたうえで――平等に配分するための方法を追求すべきであって、ロールズの格差原理では不十分であるとの立場を表明し、ロールズから若干距離を取っている。ドゥウォーキンに言わせれば、ロールズの「無知のヴェール」の下で採択される格差原理というのは、「最も不利な立場にある」人々という不特定の集合に焦点を当てたものであって、各個人の「平等への権利」が十分に考慮されていないし、ロールズが容認している「格差」が、〝有利な立場の人々〟と〝不利な立場の人々〟の間で「資源」が「平等」に配分されたとしても不可避的に生じる「格差」かどうか不明確だという。

この意味でドゥウォーキンは、**「平等」をより実質化する方向**に進んでいる――生産財の公有化などは問題にしていないので、社会主義に近づいているというわけではない。彼の代案では、各人は人生のスタート地点で、その社会に存在する基本的な財を得るための仮想通貨的なものを同じ額だけ与えられ、自分の将来に必要と思う財——スポーツ選手になりたいなら練習場、音楽家になりたいなら楽器、自然科学者になりたいなら実験器具を使用する権利——をお互いの間のオークションで入手するというやり方を提案する。それによって、各自の自己決定の尊重と「資源の平等」を両立させるわけである。

このようにドゥウォーキンは、「無知のヴェール」の効果を限定して、平等をより可視化する方向で考えているが、一方で、ロールズの正義論が意図するところは、最終的には自分の「資源の平等」論と重なってくるかもしれないと示唆しており、肝心のところでは、両者の見解はそれほど異なっていないように思われる。この二人の理論的交わりを通して、「社会契約的な合意に基づく正義」と、「各人が自然権として有する平等に対する基本的権利」の間の緊張関係を軸として、現代的なリベラリズムの諸理論が展開していくことになる。

リバタリアンのリベラル批判

ロールズ—ドゥウォーキン的な主流派「リベラリズム」に対して、もう一つの〝自由〟観を掲げて対抗するようになったのが、「**リバタリアン**（**自由至上主義者**）」と呼ばれる人たちである。「リバタリアン」というのは、**あくまで「自由」それ自体を重視し、平等や正義といった別の要素を〝自由主義〟に持ち込むべきではないとする立場**である。この名称は一九五〇年代から六〇年代にかけて、政治的には民主党左派、経済的にはケインズ主義的な立場の人たちが「リベラル」という呼称を独占するようになるにつれて、反リベラルの古典的な意味での〝自由主義者〟たちが、自分たちの立場を鮮明にするために用いるようになったものである。

当初、代表的な「リバタリアン」とされていたのは、ハイエクやフリードマン、それにハイエクのオーストリア時代の師で四五年からニューヨーク大学で教鞭をとっていたルートヴィヒ・フォン・ミーゼス（一八八一―一九七三）などの古典的自由主義者たちである。彼らは四七年にハイエクを中心にして、スイスのモンペルランで（古典的）自由主義擁護のための国際的学術交流団体モンペルラン協会を創設して、設計主義・計画経済に反対する啓蒙活動にも従事している。

また、ロシア生まれのユダヤ人で、二六年にソ連からアメリカに移住した作家・脚本家のアイン・ランド（一九〇五―八二）も、リバタリアンの論客と見なされることが多い。彼女の代表的な小説でベストセラーになった『肩をすくめるアトラス』（一九五七）は、全体の福祉という名目で資源や人材を公的に管理する政府の下で、才能ある人たちがその創造性を搾取されている近未来社会において、そのシステムを打倒して新世界を築こうとする主人公たちの闘いを描いた作品である。

ランドは、自分を取り巻く客観的な現実を理性によって正しく認識しながら、常により高い価値を目指して努力する姿勢を、人間として備えるべき美徳であるとし、そういう美徳を称揚する自らの思想を**「客観主義 objectivism」**と呼んでいる。「客観主義」は、他者からの干渉を受けることなく、自己の利益の実現のために生産的・理性的に振る舞う**「合理的エゴイズム」**を推奨する。国家の役割は、そうした活動に従事する個人を、現実的な危険から守ることに限定される。彼女が熱狂的なファンを持つベストセラー作家だったこともあって、彼女の読者を中心に「客観主義」を広める運動も組織された。

ハイエク、フリードマン、ランドなどはそれぞれ社会的にかなりの影響力を持っていたが、いずれも専門的な哲学者ではなかったこともあって、哲学的な核心部分が粗くなって、人々の「自由」についての直観に情感的に訴えかけているところがあるのは否めない。人間本性との関係で問題にすべき「自由」を厳密に定義したうえで、それを守っていくための公正な制度を首尾一貫した論理で体系的に構築していくような議論にはなっていない。しかし、ロールズの正義論のように、分析哲学的な厳密さを備えた「リベラルな哲学」が登場したことで、リバタリアンの陣営にもそれに対抗できる厳密な哲学体系を呈示する必要が生じてきた。その役割を担ったのが、ハーヴァード大学哲学科のロールズの同僚で、彼と同様に分析哲学的な知的背景を持つロバート・ノージック(一九三八―二〇〇二)である。

「最小国家」の役割

『正義論』から三年後の一九七四年にノージックは、体系的なリバタリアン哲学の書である『アナーキー・国家・ユートピア』を上梓している。彼はまずロックなどの伝統的な社会契約論と同様に、**「自然状態」を想定して、「国家」の存在はそもそも必要か**という問いを立て、そこから議論を始めている。

この設定自体が、ロールズの議論と似ているようでかなり対照的である。ロールズの場合、国家に相当するようなまとまった政治共同体が存在し、その中で人々が一定の連帯的な関係を築き、正義感覚をある程度共有していることが前提になっている。そのためロールズは「自然状態」ではなく、「原初状態」という言い方をしている。また、ロールズにおいては、正義の二原理が採択された後、それが国家的な組織によって制度化されることが最初から前提になっている。それに対してノージックはまさに古典的な意味での「自然状態」を想定して、そもそも国家の存在は正当化されるのか、**アナーキー（無政府状態）ではどうしていけないのか**という極めて原理的な問いから議論を始めている。

「自然状態」においては、いったん人々の財産や生命をめぐって対立が生じると、争いが際限なく続く可能性がある。自らの権利が侵害されたと考える個人が、相手に対して自主的に報復すると、その相手が過剰な報復を受けたと感じて、さらに報復する可能性があるからである。そこでまず、複数の個人が集まって、メンバーの誰かが権利の侵害を受けた時に、全員でそれに対処することを約束した「相互保護協会」を自主的に結成することになるのではないかとノージックは示唆する。

しかし、単純な仕組みの「保護協会」だと、すぐに問題が生じてくる。加盟している全員が、権利侵害の問題を抱えているとすると、一度に全てに全員で対処することが不可能になるし、自分の理不尽な要求のために、他のメンバーを利用するような不埒《ふらち》な者が出てくる恐れがあるからである。メンバー同士がお互いを訴えている場合の解決は、さらに困難になる。保護協会の中には、権利侵害をめぐるトラブルの解決と、合意された解決策の執行に専念する者を雇用するところが出てくるだろう。それはむしろ保護会社に近いものになるかもしれない。ただ、複数の保護協会ないしは保護会社がメンバーに対する保護サービス提供において競合するようになると、今度は、それらの団体相互でトラブルが起こった時に、どうやって解決するかという問題が出てくる。団体同士が争うと、なおいっそうトラブルは大きくなる。

そこでノージックは、同一地域内での保護協会・会社の間で争いが起こって、強いものが弱いものを解体して、そのメンバーを吸収するか、協会・会社の間で協定が結ばれてより大きな協会が作られるような形で、地域における保護サービスを独占する「支配的な保護協会」が生まれる、と推測する。それがさらに、その地域に居住する全ての人の権利問題について裁定し、執行に対して最終的に責任を負う**「最小国家 minimal state」**へと進んでいくことになるだろう、と言う。「支配的な保護協会」と「最小国家」はそれほど違わないようにも思えるが、ノージックによると前者は、①そのメンバーに協会によらない自力救済を認める可能性がある、②加盟していない人は保護しないので、地域に居住する者全員を保護するとは限らない——という二点において、後者と異なる。この二点を備えた「最小国家」によって、人々が求める権利保護が確実になる。「支配的な保護協会」と「最小国家」の間には、緊急の実力行使の場合を除いて実力行使する力は独占しているものの、保護・執行のサービスは、そのための保護執行証券を購入した者のみに提供するという「超最小国家 ultraminimal state」というべきものが一応考えられる。ノージックは、各人の権利保護に至上の地位を与えるという立場から「支配的な保護協会」以上のものを求めるのであるとすれば、ある人の権利は守って、他の人の権利を守らないということは正当化できないとして、「最小国家」の方を良しとする。

ノージックは、この「アナーキー」から始まって「最小国家」に至るまでの流れは、自然な市場的プロセスとして説明できると主張する。彼はそのことを、社会全体として最適の選択を導くために経済学やゲーム理論などで用いられる「囚人のジレンマ」論法などで論証する。逆に言うと、「最小国家」を超えた財の「(再)配分」機能を備えた拡張国家は、かえって個人の権利を侵害することになるので認められない。その視点から、ノージックは「配分的正義」を前面に出すロールズなどの正義論を批判する。彼は保有物に関する正義は基本的に、①それまで誰にも保有されていない物の保有に関する獲得の正義、②ある人から別の人への保有物の移転に関する移転(譲渡)の正義、③①と②について不正が発生した時にそれを正す匡正《きょうせい》の正義——の三つに限定されるはずだとし、この三つの論理的な組み合わせから導き出せないものは、正義に反するとして斥《しりぞ》ける。

「自然状態において、個々の物を自由に処分するもともとの資格＝権原（entitlement）を持っているのは誰か？」というシンプルな問いから出発して、（必要最小限の）正義の原理を展開するこの論法をノージックは、**「権原理論」**と呼んでいる。権原理論に立つ限り、ロールズの正義の二原理、特に格差原理のような配分的正義の原理は導き出され得ない。それは、三つの保有の正義を保障する「最小国家」を超える拡張国家は正当化され得ないということでもある。ノージックに言わせれば、ロールズの正義論が想定しているような拡張国家ではなく、「最小国家」によってこそ、個々人が自らの責任と判断力によって自由に生きる人格として尊重されるユートピアが実現されるという。

最小国家は我々を、侵すことのできない個人、他人が手段、道具、方便、資源、として一定のやり方で使うことのできないもの、として扱う。それは我々を、個人としての諸権利をもちこのことから生じる尊厳を伴う人格として扱う。我々の権利を尊重することで我々を尊敬をもって扱うことによって、それは我々が、個人としてまたは自分の選ぶ人々とともに、同じ尊厳をもつ他の個人達の自発的協力に援助されて、自分の生を選び、（自分にできる限り）自分の目的と自分自身について抱く観念とを実現してゆくこと、を可能にしてくれるのである。どんな国家や個人のグループも、どうしてこれ以上のことをあえてするのか。また、どうしてこれ以下しかしないのか。（嶋津格訳『アナーキー・国家・ユートピア』、木鐸社、一九九四

年、五四〇頁）

「守護国家」と「生産国家」

ノージックの『アナーキー・国家・ユートピア』公刊の翌年に当たる一九七五年には、経済学者のジェイムズ・ブキャナン（一九一九―二〇一三）が、やはり「自然状態」から出発して、リバタリアンな国家の成立に至るまでのプロセスを記述する『自由の限界』を出している。彼もまた、アナーキーな「自然状態」から出発して、人々が財の獲得・保護にかかるコストを削減するため相互武装解除して、「立憲契約 constitutional contract」を結ぶに至るという社会契約論的な理論構成で、国家の誕生の仕組みとその役割を説明する。「立憲契約」によって個人の「財産権」が確定され、それに伴って人々の間の自由な取引が促進され、各人の生活水準は向上することになる。

ブキャナンの場合、国家は、こうした各人の所有権を守る**「守護国家 protective state」**の役割だけでなく、「公共財」の調達・提供という**「生産国家 productive state」**としての役割も合わせ持っている。「守護国家」としての役割は司法に、「生産国家」としての役割は立法に対応する。立法プロセスを通しての公共財の創出を認めるのであれば、ロールズなどの「リベラル」が擁護する配分的な正義を追求する国家、いわゆる福祉国家とそれほど違わないのではないかとも思えるが、ブキャナンに言わせれば、これはあくまでも各人の所有権として分割することが不可能もしくは不合理な公共財を提供し、それによって個人間の取引を促進するためであって、福祉国家的な財の再配分のためではない。

「公共財」創出という「生産国家」としての役割は、「立憲契約」によって原理的に規定・制約されているはずであるが、現代の国家は、その役割を逸脱して、私的な経済部門に介入して公共部門を肥大させ、個人の自由な活動を侵害しているという。肥大化した官僚機構やケインズ主義的な経済思想がその傾向を助長している。ブキャナンは、再配分的機能を不当に拡大した福祉国家を、本来の「生産国家」に引き戻すには、「立憲契約」にまで立ち返り、必要であれば立憲構造自体を——一八世紀の古典的な経済思想を復活させるような形で——改革しながら、公共財創出のための民主主義的なルールを再確立し、具体的な政策の選択（公共選択）に際して「効率性」を重視すべきだと主張する。これは、**「公共選択論」**と呼ばれる新しい分野の開拓者であるブキャナンとしては、当然の議論であろう。「公共選択論」とは、社会的選択理論の隣接分野であり、官僚制と民主主義を前提として、公共部門での合理的な政策決定を経済学的な手法で探究する分野である。

アナルコ・キャピタリズムの発想

ノージック、ブキャナンの議論が「自然状態」にまで遡って「国家」を原理的に批判しながら、結局はその存在自体は〝必要悪〟として容認する、ある程度穏健な性質なものであるのに対し、リバタリアンの中には、「国家」の存在を認めず、アナーキーなユートピアを目指すというラディカルな——ある意味、革命的な——主張をする者たちもいる。これを**アナルコ・キャピタリズム（無政府資本主義）**という。代表的な論者は、ミーゼスの下で学んだ経済学者で、一九七一年にリバタリアン党が結成された際の創設メンバーの一人になったマリー・ロスバード（一九二六—一九九五）と、ミルトン・フリードマンの息子で、「法と経済」を専門にするデイヴィッド・フリードマン（一九四五— ）である。

D・フリードマンは『自由のためのメカニズム』（一九七三）で、私有財産権を基本的な人権として最も重視するという立場から、多くのものを公有財産として独占的に支配し、人々の経済活動に様々な規制をかける「国家」の存在を否定する。彼は、古典的自由主義においても不可欠な政府の機能とされてきた警察、裁判所、国防でさえも、民間のアレンジメント（取り決め）によって取って替えることができると主張し、それを証明することを試みている。

現在でも、多くの企業の間での契約をめぐる紛争が裁判所ではなく、民間の仲裁制度によって解決されている。無論、仲裁人は政府の強制力のようなものを持たないので、不利な判断を受けそうな側はそれを拒否することはできるが、いつもそれをやっていると評判を失う。また、仲裁人を特定したうえで契約を結ぶような慣習ができると、仲裁を受け入れないような企業は、契約を結べなくなる。そのようにして、紛争仲介というサービスを提供する民間の裁判所システムが複数存在し、互いに顧客を満足させるため競争するようになる。いわば、市場が「法」を生み出すようになるわけである。

刑事事件に相当する事柄については、各種の民間警備会社がその役割を代行する。精巧な鍵や警報機を取り付けるといった受動的な防御に徹する会社、あるいは、その逆に全く予防的措置を取らないで、顧客に対して罪を犯した者を追い詰める会社など、いくつかの異なった役割のものが考えられる。顧客の損害に保険をかけるものも出てくるだろう。警備会社同士で紛争が生じて物理的な衝突に至る可能性があるかもしれないが、それを回避するために、警備会社同士がそれぞれの顧客を満足させるような仲裁人＝民間裁判所と予め契約を結んでおくことが考えられる。

国防については、それと同じような市場原理がなかなか働かないのではないかと思えるが、方法が全くないわけではない。地域ごとに結成される防衛組織が、警備会社の場合と同様に顧客を防衛する契約を複数の保険会社との間で結んだり、慈善事業による寄付金を受けたり、（本来は公共財であるはずの）そのサービスの一部を特定の個人あるいは集団に売る、といったやり方を組み合わせたりすることで、課税しないでも資金を調達することができるのではないかと考えられる。

D・フリードマンは、アイン・ランドをはじめ「リバタリアン」と呼ばれている人たちの多くが、民間ではうまくいかない「公共財」という視点から立憲政府を支持していることを認めたうえで、自分はそれでも敢えて、無政府主義の立場を取ると明言している。

彼に言わせれば、民間ではうまくいかない「公共財」とは何かを決めているのは実際には政府である。政治家や役人たちが、何が「公共財」であるか否かを決め、それを強制的に取り立てた税金で賄《まかな》い、膨大な費用をかけてそれを管理し続けている。有権者としての市民たちは、それが自分にどれだけの利益をもたらすのか分からない「法律」という商品を無理やり〝買わされる〟形になっている。市民たちが自らの自由で、自分にとって利益のある「法律」を買えるようにした方が合理的であるというのである。無論、その買物で「良い法律」を買うには、情報収集のためにコストが高くつくが、買物による利益は自分のものになる。彼は、アナルコ・キャピタリズムの下では、〝公共財〟についての人々の認識自体が変化するはずだと主張する。

国家は犯罪者集団である！

自分自身の身体に対する「自己所有権」と、自分の身体を使って労働した結果、得たものに対する「財産権」の不可侵性を主張するロスバードは、『自由の倫理学』（一九八二）で、経済と社会に対する独占的支配を強制によって獲得し、課税という窃盗で得た収入によって存続する**「国家」は社会で最大の犯罪者集団である**、というD・フリードマン以上に過激な主張を展開している。

国家は強制的に取りたてた国庫収入を、本来のサーヴィスを大衆に非効率的な仕方で独占的に供給するために用いるだけでなく、搾取され苦しめられている被治者の犠牲の上に自らの権力を築きあげるためにも用いる。すなわち、大衆から得た所得と富を自らとその同盟者に再分配し、その領土内の住民を統制し、命令し、強制する。従って、真に自由な社会、すなわち身体と財産への個人的権利が守られている社会においては、国家は必然的に存在しなくなるだろう。従って、国家が行っている無数の侵害的で攻撃的な活動は、すなわち身体と財産への権利の夥しい強奪は、消滅するだろう。（森村進・森村たまき・鳥澤円訳『自由の倫理学』、勁草書房、二〇〇三年、二〇五頁）

ロスバードはさらに、無政府状態の社会におけるリバタリアンの法の原則として、刑事裁判においても被告の身体に強制を加えて良いのは裁判で有罪が確定した後であるとか、刑罰によって犯罪者の人格の矯正や犯罪の抑止などを目指すべきではなく、犯罪者が被害者に対する損害賠償のような形で処罰からの逃げ道を買い取ることを認めるべきであるとか、親は子供に対して侵害を与える権利がない代わり子供を養育する責任もない、といった世間の常識にかなり反する主張を展開している。また、契約に際してのゆすり（blackmail）も自由であるし、名誉毀損やプライヴァシーの侵害などもあり得ないという。なぜなら、ロスバードの自己所有権と財産権というのは、あくまでも個人の身体と具体的な物としての財産に限定されるからである。自己所有権と財産権を不当に拡張して、自分の身体や所有物について他人が有する知識・情報を制限しようとするのは、かえってその相手の自由の侵害になるというわけだ。

D・フリードマン、ロスバードに限らず、一九七〇年代半ば以降に登場してきた新しいタイプのリバタリアンたちの議論には、ドラッグの使用や臓器売買の自由化など、多くの人の道徳的な直観に真っ向から反するものが少なくない。主流派の「リベラル」が〝善良な市民〟の〝健全な正義感〟に訴えかけて「自由と平等」の両立を図るソフトな路線を取っているので、〝リベラルな常識〟に揺さぶりをかけるために、反発されると分かっていながらわざと挑発的な議論をしているという面もあるだろう。

原則的に全てを市場に委ねることを主張する「リバタリアン」は、社会主義的な平等を志向する左派からは「右」と思われがちだが、暴力的な強制機構としての「国家」を正義に反するものとして原理的に否定するアナルコ・キャピタリズム系の議論を見る限り、かなり「左」の側面もある。ロスバードは、一九世紀のアメリカの個人主義的なアナーキスト、ライサンダー・スプーナー（一八〇八―八七）やベンジャミン・タッカー（一八五四―一九三九）から思想的な影響を受けている。

なお、リバタリアンの影響が広がるにつれて、リバタリアンの主張の内、自己所有権に基づく自己決定の徹底に関する部分だけ保持して、財産権についてはむしろ社会主義的な平等を主張する**「左派リバタリアン」**と呼ばれる人たちも登場してきたが、他のリバタリアンからは、「リバタリアニズム」の定義に反しているとして、「リバタリアン」と認められていない。

コミュニタリアンのリベラル批判

一九七〇年代半ばに台頭してきた、ノージックやD・フリードマンといった新しいタイプの「リバタリアン」たちは、「リベラル」が〝自由〟に徹しておらず、国家による再配分を前提にしていることを批判したわけだが、八〇年代になると、今度はその逆に、「リベラル」が〝自由〟すぎることを批判する**「コミュニタリアン（共同体主義者）」**と呼ばれる人たちが台頭してくる。

「コミュニタリアン」は、その名の通り、**様々なレベルの文化的な「共同体」の中で培《つちか》われる諸個人の価値観を重視する立場**であり、共同体ごとに培われる価値観を度外視して、正義の原理を普遍的に探究することができるかのような議論をする「リベラル」を批判する。

次講で述べるように、「コミュニタリアン」が台頭してきた八〇年代前半は、レーガンの大統領就任に伴って、キリスト教原理主義などの右派が勢いを増し、「リベラル」派が政治の表舞台で一方的な退潮に追い込まれた時期であるだけに、「コミュニタリアン」も保守派と思われやすい。しかし、「コミュニタリアン」を名乗る哲学者や社会学者たちは、近代の市民社会の自由主義的な法・政治・経済制度を、特定の文化共同体や宗教の伝統的な価値観の名の下に否定したりはせず、むしろ前提にしている。広い意味での「自由主義」と考えてよい。

「コミュニタリアン」が問題にするのは、主として自由主義的な政治や経済を支えている哲学あるいは人間観である。彼らは、人間はリベラルやリバタリアンが想定しているほど〝自由〟に振る舞うことができるわけではなく、**共同体的な価値観によって拘束されている面が不可避的に大きいので**、それを踏まえた政治・社会哲学が必要だと主張する。

「リバタリアン／リベラル／コミュニタリアン」の三者関係を理解するうえで少し注意がいるのは、「リバタリアン vs. リベラル」の関係で問題になる〝自由〟と、「リベラル vs. コミュニタリアン」の関係で問題になる〝自由〟が、微妙にズレているということだ。前者が主として個人の個々の行動における選択の幅に関わる**制度的な「自由」**であるのに対して、後者は主として個人の生き方や価値観の多様性に関わる**哲学的な「自由」**である。かなり大雑把に言うと、**短期的な選択の自由と、長期的な選択の自由の違い**ということになるかもしれない。

この意味のズレがあるため、純粋理論的には、コミュニタリアンでありかつリバタリアンであることも可能である。例えば、無政府資本主義社会において、価値観を共有する者たちだけで集まって、保護協会あるいは警備・保険会社を設立し自治を行なうことを求めるというような可能性だ。個々のリバタリアンやコミュニタリアンの議論を見ていると、そういう方向を目指しているのではないかと取れるような論調もないわけではないが、少なくとも表向きには、両者は主流派である「リベラル」に対する批判を共有しているだけで、具体的にリベラルを飛び越えて相互接近するという戦略は取っていない。

「共通善」の喪失

「コミュニタリアン」陣営形成の先陣を切ったとされるのは、スコットランド生まれの哲学者で、一九六九年からアメリカの各地の大学で教鞭をとっていたアラスデア・マッキンタイア（一九二九― ）である。アリストテレスやトマス・アクィナス（一二二五頃―七四）にまで遡る西欧の倫理思想史の研究に携わっていたマッキンタイアは、八一年に出した『美徳なき時代』で、理性によって道徳に合理的な基礎を与え、正当化しようとした啓蒙主義のプロジェクトが失敗した結果、現代社会において道徳の統一した基準が失われ混沌《こんとん》とした状態に陥っているという一般的な状況認識を示したうえで、ドゥウォーキンやロールズなどに代表される近代の「自由主義」の問題点を指摘する。

ドゥウォーキンたち近代自由主義者は、「人間にとっての善き生」や人生の諸目的といった――アリストテレス的な――問いは公共的な視点からは解決不可能であるとの立場を取る。彼らは、法や道徳の規則を、善や人生の目的といったより根本的な概念から導き出したり、そうした概念によって正当化しようとはしない。そのため、「規則」こそが彼らにとっての道徳生活の第一概念になっており、その「規則」に従って生きることを道徳的な徳性と見なしている。マッキンタイアに言わせれば、こうした評価は転倒しており、目的抜きで規則だけ追求していても、道徳生活に統一性をもたらすことはできない。彼は近代啓蒙主義が生み出した道徳をめぐる混乱から脱出するために、アリストテレス的な目的論を再考するよう提案する。

アリストテレスの倫理学においては、人間にとっての最高の「善（アガトン）」は「エウダイモニア」と呼ばれる。ギリシア語の「エウダイモニア」は「至福」「幸福」「繁栄」などと訳すことができる。簡単に言えば、十分に恵まれていて善い行為をすることができる状態である。「エウダイモニア」という目的を追求するために必要とされる特質が「徳」である。「徳」を鍛えることによって、各人は自らの情動や欲望を秩序付け、正しい場所で正しい仕方で判断して、善い行ないをすることができる。アリストテレスは、そうした意味での**「徳」というのは個人の生活の内にだけではなく、「共同体」としてのポリスの生活の中に見出される**と主張する。「共同体」は、人々が「共通の善」として認知したものを、共通の事業によって達成するために創設される。古代世界においては、宗教祭儀、遠征、都市の創設・運営などがそうした共通事業として行なわれていた。その共同体の事業に大きく貢献する「徳」が、共同体にとっての「正義の徳」である。

マッキンタイアの認識では、ギリシア、ルネサンス、中世の社会には、共同体の共通事業として**「共通善」**を追求し、その事業の中で「徳」を育む伝統があったが、自由主義と個人主義の傾向が強くなった近代市民社会では、「共通善」という概念自体が理解されにくくなっている。「共通善」という目的が消失しているので、どういう「徳」を培うべきかという合意が形成されない。ロールズとノージックの正義論は一見するとはっきりと対照を成すように見えるが、マッキンタイアから見れば、道徳的・社会的な絆の構築に〝先立つ〟形で、諸個人の利害は既に同定されていて、「共通善」を追求する「共同体」という要素が考慮に入れられていない点は共通する。マッキンタイアは、礼節と知的・道徳的生活を内から支える地域的共同体を建設すべきことを提唱する。

「負荷なき自己」批判

一九八二年に出されたマイケル・サンデル（一九五三―　）の『自由主義と正義の限界』は、ロールズの正義論と、それと密接に結び付いた近代的な「自我」観を徹底的に批判することを通して、「共通善」の問題を復活させようとするコミュニタリアニズム的な立場を鮮明にすることを試みた著作である。サンデルも、ロールズやノージックと同様にハーヴァード大学の教授であり、政治哲学を担当している。

彼はカントとロールズを結ぶ近代自由主義の特徴として、「正義」の「善 the good」に対する優位を指摘する――カントは「善」を、アリストテレスの「善＝幸福」とはかなり異なる形而上学的な意味で使っているが、本題ではないので立ち入らないことにする。この場合の「正義」というのは、もっぱら道徳法則として客観的に「正しい right」こととして妥当するということであって、各人が生の目的として追求する「善」とは独立である。この意味での〈right〉に、（個人の）「権利」という意味での〈right〉を合わせた「正 the right」が、「善」に対して優位に立っていると言うこともできる。

個人主義を基本とする近代自由主義においては、共同体の共通目的としての「共通善」は設定されておらず、各人がそれぞれ、自らの人生における「善」あるいは幸福を〝自由〟に、つまり他者から邪魔されることなく追求することが想定されている。各人の「善」の追求の営みが相互に尊重され妨害されないことが「権利」であり、それを体系化して全員が守るべき規則を決めたのが「正義」であるということになる。こうした**「正」の「善」に対する優位**は、自らの意志をはっきり持ち、自分の生の目的を設定して、それを合理的に追求する「自我」の存在についての想定と結び付いている。各人が自らの目的を決めて一貫して追求し、自らの人生における「善」の構想を実現する能力を持っているとすれば、外から目的としての〝善〟を与える必要がないからである。

ただし原初状態における正義の二原理の選択を提唱するロールズは、自我の自律性を強調するカントよりも、アリストテレス的な意味での「善」の理論の方向に少しだけ回帰している。社会を構成する全員が自らの人生における「善」を追求するうえで共通に必要としているものを「正義」の枠内で設定し、それを協同で追求しようとしているからである。アリストテレスの配分的正義に通じる「格差原理」は、純粋な「公正（なルール）としての正義」というよりは、社会の構成員全体にとっての「善」の中身にある程度踏み込んでいる。全員を強く拘束する「共通善」ではなく、そのニーズが広く共有されると思われるもの（＝善）を薄く設定しているので、ロールズ自身はそれを**「善の希薄理論 thin theory of the good」**と呼ぶ。

サンデルはロールズが「善」の理論に部分回帰していること自体は評価しているものの、社会の構成員たちが相互の関係についての情報を遮断された「無知のヴェール」という想定の下では、人々が〝共通の善〟の実現のために「正義の原理」について合意することに向けての動機付けを説明できないとしている。「正義の原理」の採択と、各人が自らの人生における「善」を追求することとの間の繋がりが、ロールズの「善の希薄理論」では弱いということである。

サンデルに言わせれば、各個人がロールズの言う「善く秩序付けられた社会」を志向するように動機付けられることを説明するためには、**各人格を自己完結したものとして捉えるのではなく、その個人が属する「共同体」との関係において捉える**コミュニタリアニズム（共同体主義）的な視点が不可欠である。家族、部族、都市、階級、人民、国民（ネーション）などの、**各種の「共同体」の中で培われる暗黙の慣習や相互了解が、各人の自己理解の基盤を提供しているのである。**各人が自己理解を深めようとすれば、「共同体」に立ち返り、共同体にとっての「共通善」について考えざるを得ない。サンデルは、通常の自由主義が想定する自己完結的なアイデンティティを有する**「負荷なき自己 unencumbered self」**に、共同体との繋がりを自覚したコミュニタリアン的な**「状況付けられた自己 situated self」**を対置する。「負荷なき自己」批判と、「正」と「善」の再結合は、コミュニタリアニズムの対リベラル戦略のカギになる。

ウォルツァーの多元論的前提

サンデルは、ノージックとは違って、ロールズやドゥウォーキンのいうような配分的な正義を全面的に否定しているわけではない。彼が主張しているのは、個人の権利をある程度制約する形で、社会の公共的な目的を設定し、財を（再）配分することを正当化したいのであれば、共同体的な共通善に訴えなければならないはずである、ということだ。ロールズらは個人主義的なリベラリズムを建前としているので、曖昧な議論になっているというのである。実際彼は、公共善に対する意識を高め、市民的な「徳」を培うことに繋がるという理由から、富の再配分や福祉を支持している――現在の日本における、右派的な立場からの格差社会反対論と構造的に似ている。しかし、近代的な個人主義を批判し「共同体」的な価値の見直しを提唱する彼のような議論は、価値中立性を重んじる「リベラル」の立場からは、どうしても〝保守反動〟を生み出す危険があると見られがちである。

〝コミュニタリアン〟の中には、むしろ「共同体」的なものを批判的に見る論者もいる。つまり、各人の自己理解が「共同体」的なものによって拘束されていることの不可避性を認識しながらも、それを必ずしも善いこととは考えず、批判的に距離を取ろうとする立場である。**「コミュニタリアン左派」**とでも言うべきものである。ある意味、ネオ・マルクス主義的左派による「〈共同幻想＝イデオロギー〉批判」に近いところがあるが、マルクス主義者と違って、「コミュニタリアン左派」は「共同体」的なものを幻想として解体しようとしたりはせず、**「共同体」的なものから批判的に距離を取ろうとする。**

その代表格が、サンデルの『自由主義と正義の限界』の翌八三年に『正義の領分』を出したマイケル・ウォルツァー（一九三五― ）である。彼はハーヴァード大学の政治学教授を経て、八〇年にプリンストン大学の高等研究所の教授に就任している。「正義の（諸）領分 Spheres of Justice」というタイトル自体が示しているように、ウォルツァーは、配分的正義（＝平等）と一口に言っても、知識、富、身体的安全、仕事と余暇、報酬と罰、メンバーシップ（成員資格）……など各領域（領分）ごとに異なった「正義」の基準があるはずだし、その配分の仕方が決定される場所も異なるはずである、という多元論的な前提に立つ。そういう意味で、配分的正義をめぐる哲学的な問いに単一の答えはなく、一定の幅があり、そこに文化的多様性や政治的選択を入れる余地があるという。

ウォルツァーは、ロールズ的な配分的正義が意味するところを、（哲学的な視点ではなく）歴史的な視点から見つめ直すところから議論を始める。つまり、権力、富、名誉など、各種の財が特定の者たちによって独占されている状態を打破しようとする人々の歴史的な闘争から、配分的正義という概念が次第に形成されてきたと見るわけである。歴史的プロセスを考えるに際して、ウォルツァーは個々の財についての「独占」とともに、財相互の「優越」関係も視野に入れる。「優越」というのは、どの財を持っている者がより優位に立てるか、例えば、貨幣を持っている人間と、学歴を持っている人間と、名声のある人間ではいずれが一番優位に立てるかという問題である。

近代の配分をめぐっての闘争は、貴族制による土地、公職、名誉の単独支配に対する戦いとして始まった。これは生まれと血筋によるのであるから、とりわけ有害な独占であるように思える。それらは富、権力、教育以上に個人となんら関係ないものであり、そのどれ一つとして——少なくとも原理上は——働いて手に入れることのできないものである。すべての者が生まれと血筋の領域でいわば小自作農のようなものになれば、一つの重要な勝利を得たことになる。長子相続権は優越した財であることをやめる。今後はそれで何かを得ることはほとんどできない。富と権力と教育が前面に出てくる。しかし、これら三つの財については単一平等はまったく維持できない、あるいは今述べた変化に従ってしか維持できない。それら三つは、一般に理解されているように、それら自身の領域で、固有の独占を生み出す傾向がある。そして、その独占は国家権力自体が優越している場合にのみ、抑制されうるし、またその抑制に従事する公職者によって国家権力が独占されている場合にのみ、抑制されうる。
(山口晃訳『正義の領分』而立書房、一九九九年、三九—四〇頁)

複雑な議論をしているようだが、ポイントは意外とシンプルである。ある側面から〝平等〟を達成したように見えても、それとは別のところで、それまで予想しなかったような形での優越や独占が生じてくるということである。貴族が支配する封建社会を打倒したことによって〝平等〟を達成したと思ったら、今度は資本主義社会の中で、富、権力、教育が優越的な財になって、それらの独占をめぐる問題が出てきたし、資本主義の下での〝不平等〟を是正するために革命を起こしたら、今度は国家独占の問題が生じてくる。マルクス主義者であれば、共産主義社会に到達することによって、こうした全ての矛盾は解消されると主張するところだが、ウォルツァーはそれは不可能だと考える。彼は、単一の原理に基づく究極の平等を目指すのではなく、**それぞれの社会の政治的・文化的特性を前提にして、各領域の間でバランスを取った複合的な平等を構想すべきだ**と主張する。

ウォルツァーは、通常、配分的正義の俎上《そじょう》に載せられやすい貨幣や公職、教育、労働などだけでなく、愛情、家族関係、宗教、人格としての相互承認といった私的領域に属する事柄や、政治権力それ自体についても「平等」を考える。彼に言わせれば、「正義」は私たちの共同生活を構成している社会的意味と関係性によって決まってくるのであって、共同体的な文脈を完全に超越した〝普遍的正義〟を考えても仕方がない。彼は、（各領域ごとの）「平等」を目指して闘争することの重要性は強調するし、そうした闘争を通して共同体的枠組み自体が変化するものであるという認識を持っている点で左派的であるが、共同体的なものは常に形を変えて登場してくるという認識を持っている点ではコミュニタリアンなのである。

多文化主義的コミュニタリアニズム

ウォルツァーとともにコミュニタリアンの中で左派的なところにいると見なされるのが、カナダの哲学者で、マギル大学の政治哲学教授だったチャールズ・テイラー（一九三一－　）である。テイラーはオクスフォード大学で教鞭をとっていた時期もあるが、その間に、サンデルが学生として彼の下で学んでいる。テイラー自身がオクスフォードで学生として学んだ時には、「積極的自由／消極的自由」の区分論で有名なバーリンと、ウィトゲンシュタインの弟子で彼の仕事の解説者として知られる分析哲学者のエリザベス・アンスコム（一九一九－二〇〇一）の指導を受けている。政治的には、一九六〇年代の初頭に、カナダの二大政党制の枠から外れた社会民主主義系の独立左派政党「ケベック新民主党」の結党に参加し、同党から三回連邦下院議員選挙に立候補している――いずれも落選。

七〇年代末から九〇年代初頭にかけて公刊された、近代の中での「自己」のあり方をめぐる一連の思想史的な著作でテイラーは、伝統を解体して強力に「平等化」を推し進める近代化の過程で産出されてきた〝自律した自由な主体〟たちが、合理的・官僚的に組織化された産業社会の中で機械の部品のように働いている内に、「自己」のアイデンティティを形づくっている様々な価値の源泉との繋がりを見失い、自己疎外状況に陥っていることを指摘する。そしてテイラーは、そのような疎外状況から離脱するために、**身体的存在、共同体的存在としての「自己」を見直すべきこと**を主張している。近代の個人主義の限界を克服するために、各人の内的道徳の源泉になっている「共通善」を再発見する必要があるという議論の立て方は、マッキンタイアやサンデルと同様だが、テイラーはその「共通善」を単一的・実体的に描くことを回避し、ウォルツァーのように**多元性を強調する方向**に向かっている。

多元性を志向するテイラーのスタンスは、彼が、フランス語系住民による分離独立運動の問題を抱えるケベック州のモントリオール出身であるということと深く関わっている。ケベック問題があるため、カナダでは七〇年代初頭からエスニック・マイノリティに配慮した多文化主義的な法制度改革が行なわれ、八二年に大幅に改正されたカナダの憲法では、ケベックを念頭に置いた言語に関する権利、少数派の言語教育権、先住民の権利などが盛り込まれた。八〇年に行なわれた独立の是非をめぐるケベックの住民投票に際して、テイラーは独立には反対して、ケベックのアイデンティティの独自性とカナダという国家としてのアイデンティティを両立させていく道を模索すべきだと主張した。第五講でまた述べるように、九〇年代に入ってから、**多文化主義的なコミュニタリアニズム**の立場に立つテイラーの議論は、近代自由主義（リベラリズム）と文化的多元性の関わりをめぐる重要な問題提起として注目されるようになる。

フランス語系の住民がマイノリティとは言えないほどの大きな割合を占めるカナダの国民であるテイラー自身が、国家の枠内での文化共同体ごとの自治を重視する多文化主義の立場を取るのはある意味当然のことだが、黒人やネイティヴ・アメリカン、ヒスパニック系住民などエスニックなマイノリティをめぐる多様で根深い問題を多く抱えるアメリカの文脈から見れば、テイラーのような多文化主義的な議論の存在は、「コミュニタリアニズム」がメインストリームの文化だけを擁護することによって「共通善」を一元的に強化しようとする排他的・超保守的なものではないことを示していると言える。ただしテイラーは、マッキンタイアやサンデル以上に「共同体」と「個人」の関係についてかなり哲学的に抽象化して語っているので、具体的にどのような社会・文化構想を提起しようとしているのか分かりにくいところもある。

テイラーやサンデルなどの哲学的な「共同体」論とは別に、社会科学的な知見に基づいて「共同体」の効用を説く議論もある。『徳川時代の宗教』（一九五七）で日本でもよく知られている宗教社会学者のロバート・ベラー（一九二七―二〇一三）や組織論を専門とするアミタイ・エツィオーニ（一九二九―二〇二三）などの社会学系のコミュニタリアンは、家族、学校、教会を中心とする地域共同体など、小さなコミュニティの役割についての実証的研究の成果を、ネーション（国民）や国家などのより大きな共同体にとっての「善」の問題へと応用する形の議論をすることが多い。こうした社会学的・実践的なコミュニタリアンの議論は、「リベラル vs. コミュニタリアン」の論争図式の枠を超えて、かなり広範に注目を集めている。

第四講
共同体かアイデンティティか——文化をめぐる左右の戦争

カーター政権の「人権」外交

一九七〇年代半ばから八〇年代前半にかけての「リバタリアニズム」や「コミュニタリアニズム」との論争を通して、政治哲学としての「リベラリズム」の影響は拡大していった。しかし現実政治における「リベラル派」にとってはそうではなかった。七〇年代後半に「リベラル」が盛り返しているように見える時期もあったが、八〇年代になって一気に形勢逆転され、守勢に追い込まれることになったのである。

ウォーターゲート事件の発覚で七四年にニクソンが辞任し、副大統領だったジェラルド・フォード（一九一三—二〇〇六）が大統領に昇格した。この翌年に当たる七五年四月に南ベトナムの首都サイゴンが陥落し、アメリカの敗北でベトナム戦争は終わった。これと前後してカンボジアでも、共産党（ポルポト派）を中心とする左派勢力が首都プノンペンを制圧し、実権を掌握した。世界の警察であったはずのアメリカの軍事的威信の低下は決定的になった。七六年の大統領選挙では、民主党のジミー・カーター（一九二四─　）が僅差でフォードを敗って当選した。

この当時、ベトナム戦争の影響もあって、第三世界の各地で軍事独裁政権に抵抗し、人権の尊重を求める民衆の声が強まっていた。自由や民主主義を説きながら、陰ではそれらの政権を支持するアメリカに対する不満も強まっていた。カーターはそうした状況を逆手に取って、**「人権」をアメリカ外交の中心的な理念に据え**、アメリカのリーダーシップを回復しようとした。具体的には、それらの政権に対して政治犯を釈放し、少数派への弾圧をやめるよう働きかけ、言うことを聞かない場合は援助を打ち切るといった形で圧力をかけるわけである。ニクソン─フォード政権で安全保障担当大統領補佐官・国務長官を務めたヘンリー・キッシンジャー（一九二三─二〇二三）が「人権」を各国の内政問題と見なし、内政干渉することによってアメリカの国益を損なうことを慎重に回避する現実主義路線を取っていたのと対照的である。

外交・軍事の専門家の間には、「人権」を強調することが、左派的な解放戦線を勢いづけることになるのではないかと懸念する声も少なくなかったが、典型的なリベラルであったカーターは、「人権外交」に活路を見出そうとした。彼はまた、朝鮮半島の緊張緩和のために、韓国からの核兵器の撤去と在韓米軍の大幅削減などの軍縮政策も打ち出した──在韓米軍の撤退は現実的な理由からあまり進展しなかった。

人権と軍縮・平和に重きを置くカーターの外交は一定の成果を収めた。七七年九月にパナマとの間で、九九年までにパナマ運河を全面返還することを約束した新パナマ条約に調印し、同国との関係を正常化した。パナマでは、運河とその周辺の地帯を支配し、同国の主権に制限を加えているアメリカに対する不満が六四年一月の騒乱以降高まり、一時期国交を断絶していたことさえあった。またカーターは七八年九月にキャンプ・デイヴィドにエジプトのアンワル・サダト大統領（一九一八—八一）とイスラエルのメナヘム・ベギン首相（一九一三—九二）を招いて、中東戦争で対立していた両国の和解に向けて仲介し、翌七九年三月には、ワシントンでの両国の和平条約にまで漕ぎ着けた。

しかし、第三世界の解放勢力に優しいカーター外交は、アメリカの世界戦略にとって負の帰結を多くもたらすことになった。中米のニカラグアでは、三六年以来一族による独裁支配を続けていたアナスタシオ・ソモサ・デバイレ大統領（一九二五—八〇）の政権と、キューバの支援を受けたサンディニスタ民族解放戦線（ＦＳＬＮ）の間で対立が続いていた。人権問題でカーターに見限られ、援助を打ち切られたためソモサは七九年に国外亡命し、ＦＳＬＮを中心とする反米・親ソ的な左派政権が成立することになった。

また同年一月には、イランでイスラム革命が起こり、親米的なパーレビ国王（一九一九—八〇）の政権が崩壊した。これによってアメリカはペルシア湾岸の拠点を失った。革命が進行していく中で、イスラム主義運動や共産党を弾圧していたパーレビの政権を支援していたアメリカに対する怒りが民衆の間で強まっていき、この年の一一月には、数百人の大学生が首都テヘランのアメリカ大使館を占拠し、大使館員や海兵隊員を人質に取る事件が起こった。ただでさえ低下していたアメリカの威信は決定的に傷付いた。さらに一二月には、左派政権が成立していたアフガニスタンで政権内の内紛が起こったのに乗じて、ソ連が大規模な軍事介入を行ない、同国を軍事的支配下に置いた。イランなど、中東に近いアフガニスタンをソ連が直接的に支配するのは、アメリカの中東戦略にとって大きな脅威になる。

カーターはこれを機に対ソ強硬路線に転じ、国防予算を大幅に増額したが、ソ連や第三世界の解放勢力に対して優しい政治でアメリカの威信をさらに低下させてしまったことに対する国民の不信感を払拭することはできず、八〇年の大統領選挙では、「強いアメリカ」の復活を掲げ、「保守派」の強い支持を受けたレーガンに惨敗した。

レーガン政権の「反動」政策

レーガンは一九八三年の議会での一般教書演説でソ連を「悪の帝国 Evil Empire」と呼んだことに象徴されるように、四〇年代後半から五〇年代にかけての冷戦最盛期のような善悪二項対立的なレトリックを用いて、社会主義陣営との対決ムードを演出し、自由主義陣営の同盟諸国に再結集を呼びかけた。彼はベトナムやニカラグアなど、第三世界で次々と左派政権が成立したのは、米ソの間で暗黙の合意が成立していたはずのデタントをソ連が一方的に裏切り、解放戦線を支援していたからだと見なし、積極的な巻き返しを図るようになった。八三年一〇月にカリブ海のグレナダの左派政権の内部でクーデターが起こった際、レーガンは他のカリブ海諸国の要請を受ける形で軍事介入し、親米的な政権を樹立させた。ベトナム戦争の後遺症から地域紛争への介入に消極的になっていたそれまでの政権の方針からの大きな転換だった。ニカラグアでも、FSLNと対立していた反共ゲリラ「コントラ」を本格的に支援した。内戦が続いていたエルサルバドルでも、親米的な軍事独裁政権側に肩入れした。

直接的な対ソ連対策としては、増大するソ連の核軍事力に対抗すべく、財政赤字が深刻化していたにもかかわらず、国防予算をカーター政権末期よりもさらに大幅増額した。八三年三月には、宇宙空間の軍事衛星と地上の迎撃ミサイルをシステム的に統合して、ICBMを無力化する「戦略防衛構想（SDI）」、通称「スター・ウォーズ」を打ち上げた。これによってソ連に圧力をかけながら、ジュネーヴで進行中の戦略兵器削減交渉で譲歩を引き出す二段構えの路線を取ったのである。

経済政策について言えば、レーガンは、七九年の総選挙で勝利して政権に就いていたイギリスのマーガレット・サッチャー首相（一九二五―　）とともに、市場への政府の干渉を抑制し、規制緩和を推進する「新自由主義」の旗手の役割を担った。サッチャーもレーガンも、〝自律した強い個人〟を培う場としての市場の重要性を強調するハイエクの経済思想の影響を強く受けたことが知られている。レーガンはアメリカ経済の活性化のために、①規制緩和の推進、②（国防予算を除く）政府の財政支出の大幅削減、③大幅減税による民間投資の活性化、④金融政策によるインフレ率の低下、の四つの基本方針を組み合わせた**「レーガノミックス Reaganomics」**と呼ばれる政策を追求した。これによって金融業を中心にアメリカの景気は回復に向かったが、減税の恩恵をあまり受けられない貧困層は、社会保障給付を削減されてかえって困窮し、貧富の格差が拡大することになった。

ネオコンから宗教右派まで——保守派の台頭

この側面だけ見れば、一九八〇年代のアメリカの経済政策は、〝リバタリアン的な方向〟に向かったように思われる。ただし、既に見たように、七〇年代半ば以降に台頭してきた狭義の哲学的な「リバタリアン」やリバタリアン党は、国防を含めて国家機能の拡大に徹底的に反対する立場を取っているので、レーガンの政治が全面的にリバタリアン的だったと言うことはできない。

レーガンを支えた「保守派」には、様々の異なった潮流が含まれている——これらの潮流について詳しくは、佐々木毅『現代アメリカの保守主義』（岩波書店、一九九三）参照。主なものとして、反共路線を強調し、福祉国家に反対したバリー・ゴールドウォーター上院議員（一九〇九―九八）やレーガン自身を中心とする共和党最右派の**「オールド・ライト」**、共和党のリベラルとの妥協に反発し、党とは別に草の根的な大衆運動組織を作り上げた「ニュー・ライト」、新左翼やリベラルの無力さに失望して右に転向することになった、アーヴィング・クリストル（一九二〇―二〇〇九）やネイサン・グレイザー（一九二四―二〇一九）などの「新保守主義者 Neo-Conservatives」――日本のマスコミでの略称「ネオコン」――と呼ばれる学者・知識人グループなどがある。

それらの中でも最も強力で、アメリカの政治文化に大きな変化をもたらしたのは、八〇年代に「キリスト教原理主義 Christian fundamentalism」と呼ばれていた「宗教右派」である。彼らの多くは、聖書に書かれている救いの言葉（＝福音）を文字通りの意味で信じ、各人が「生まれ変わり（回心）」を体験しなければならないと主張し、その教えを人々に広めるべく実践することから、「福音主義 Evangelicalism」とも呼ばれる――「福音主義」は信仰面での特徴であり、「キリスト教原理主義」はそれと結び付いた政治運動であるので、両者は全面的に重なっているわけではない。彼らは、中絶、同性愛などに反対し、公立学校など公的な場で祈禱《きとう》を行なうなど政教分離の原則を緩和すること、家族を中心とした価値観を復活させるべきことを主張する。

七〇年代になってから「宗教右派」の影響が拡大した背景として、ジェリー・フォルウェル（一九三三―二〇〇七）、パット・ロバートソン（一九三〇―二〇二三）といった福音主義の牧師が、「テレビ伝道師」として日曜日の午前のテレビ番組に登場し、政治から文化まで幅広い話題にわたる説教で人々を引きつけたことを挙げることができる。フォルウェルは、アメリカ社会で道徳が衰退した原因は、神抜きで地上に楽園を作ろうとする世俗的「ヒューマニズム」にあると見なし、その元凶としてリベラルやフェミニストたちを攻撃する。彼は七九年にヴァージニア州を拠点として、憲法の男女平等修正条項への反対や反家庭的な内容のテレビ番組に対する規制などを目標として掲げる政治組織「モラル・マジョリティ」を立ち上げ、大統領選挙に大きな影響を与えた。この前年の七八年には、政治家の道徳性を採点し、福音主義の有権者に選挙人登録を呼びかける「クリスチャン・ヴォイス」が創設されている。

「価値中立性」というジレンマ

アメリカの伝統的な価値の復活を主張する、「宗教右派」をはじめとする「保守派」の主張は、政治哲学としての「リベラリズム」に対しても厄介な問題を突き付けた。まさに「価値観」の問題だからである。男女平等、中絶や同性愛などをめぐる個別の問題であれば、社会的に立場の弱い人たちの「自由」を大幅に制約することになる「保守派」の主張に対しては、社会的弱者に優しいことを売りにする「リベラル」の立場から批判しやすい。しかし、家族、学校、教会、地域共同体を中心に培われてきた伝統的な価値観を大事にすべきであるという保守派の主張の核心部分は、なかなか批判しにくい。個人の「信仰の自由」あるいは「内心の自由」に関わる問題だからである。

マッキンタイアやサンデルの批判を通して明らかになったように、価値中立性を建前にしてきた近代的な「自由主義」の系譜を引く、ロールズやドゥウォーキンの「リベラリズム」の哲学は、**価値観やアイデンティティの問題を正面から論ずることを回避する傾向がある。**西欧近代の市民社会においては、価値観の問題は、他人が干渉すべきでないし、そもそも干渉のしようがない個人の「内面」の問題であると見なされ、政治の場での公共的な議論の俎上にできるだけ載せないようにすることが基本的な原則であった。政教分離の原則が、その原点である。近代の「自由主義」は、内面には干渉せず、政治活動の自由や経済活動の自由の問題などの公共的な問題にだけ焦点を当てて、諸個人の自由が相互に衝突しないですむためのルールを作ることに専念してきた。この傾向は、後で述べるように、「公／私」二分論の問題とも関連する。

ロールズも、内面における価値観の問題にはなるべく触れない形で、社会的な正義の原理を基礎付けるために、「善の希薄理論」を志向したわけである。「無知のヴェール」は、各人のアイデンティティや価値観（＝「何を善と見なすか」）の違いに関わる問題を捨象して、数量的・形式的に比較しやすく、公共的な議論・決定の俎上に載せることが容易な問題に絞って、「公正としての正義」についての合意を成立させるための装置だと見ることもできる。

近代的な「自由主義」に従って（個人の）価値観をめぐる問題に対して極めて禁欲的な態度を取る「リベラル」あるいは哲学的「リベラリズム」に対して、「保守派」、特に「宗教右派」はかなり露骨な形で、政教分離の原則に挑戦し、伝統的な価値観を復活させることを主張する。それは彼らと価値観を共有しない人によっては抑圧的に聞こえるが、彼らにもそういう風に考える〝内心の自由〟はあるはずである。「リベラル」の側が、価値中立性の立場からの〝内面不干渉〟の原則を保持し続けようとする限り、「保守派」の主張の核心部分に対して、有効な批判を加えることはできない。それが「リベラル」にとっての大きなジレンマである。「保守派」は自らの価値観・世界観に基づいて、「リベラル」の〝価値中立的〟な――保守派に言わせれば、〝価値中立的〟と見せかけながら、実は〝反伝統文化的〟な――態度を批判しやすいが、〝価値中立性〟を建前とする「リベラル」は、何らかの特定の価値観・世界観に基づいて、相手の価値観・世界観それ自体のおかしさを批判するということをやりにくい。そういう哲学的対立図式を作ったら、〝リベラリズム〟が特定の価値観・世界観になってしまうからである。

主流派の危機意識

公民権運動やベトナム反戦運動、フェミニズムが盛んになった一九六〇年代までは、ワスプ（WASP：White Anglo-Saxon Protestant）と呼ばれる、アングロサクソン系の白人であるプロテスタントの（男性を中心とする）文化が圧倒的な多数派であることが、〝揺るぎない現実〟であるように見えていた。そのため、「リベラル」派の人たちとしても、マイノリティや弱者に対して寛容となり、彼らにも彼らなりの「自由」を保障することを、大義として掲げやすかった。

しかし七〇年代に入って、〝リベラルな価値観〟がアメリカ社会に浸透しすぎた結果、伝統文化が掘り崩され、自分たちが継承してきた価値観やアイデンティティが危機に瀕していると感じ、文化防衛論的な議論を展開する人たちが、マジョリティであったはずの人々の間に出てきたわけである。「モラル・マジョリティ」というようなわざとらしい自称は、自分たちが価値観における〝マジョリティ〟から転落しかかっている危機意識を反映していると思われる。因みに、プロテスタント教会の主流派（メインライン）は、聖書無謬説《むびゅうせつ》を取らず、近代の科学的世界観を受け入れており、教会の儀礼にカウンター・カルチャー的なものを取り込むことにも寛大な、リベラルなスタンスを示している。そうした意味で福音主義や原理主義は、プロテスタント内の〝マジョリティ〟ではない――こうした関係について詳しくは、田上雅徳《たのうえまさなる》「救済・霊・預言――現代アメリカにおける福音派と政治」：萩原能久編『ポスト・ウォー・シティズンシップの思想的基盤』（慶應義塾大学出版会、二〇〇八）を参照。

八〇年代になってから「コミュニタリアン」たちが、「共通善」や共同体の中で形成される自己のアイデンティティをめぐる問題の重要性を指摘し、狭義の「リベラリズム」の陣営と距離を置くようになった背景には、アメリカ社会の中における〝共同体〟同士の対立図式が次第に際立ち、無視できなくなったということがあると思われる。無論、「共通善」という視点から財の再配分を正当化し、場合によってはアファーマティヴ・アクションをも擁護する哲学的な「コミュニタリアン」の立場は、従来の主流派の優位を防衛しようとする姿勢を露骨に示す「保守派」とはかなり異なるが、「自由主義（リベラリズム）」が看過してきた、**（伝統的な）価値観やアイデンティティを**

めぐる問題、「アメリカ人とは何者か？」という問題を正面から論じなければならなくなったという意識は、左派的なスタンスを取るテイラーやウォルツァーも含めて共有していると思われる。

保守派による「リベラルな専制」批判

「宗教右派」は、個人主義的な価値観を蔓延《まんえん》させ、家族を解体に追い込んでいる元凶として〝リベラル〟を非難するが、哲学としてのリベラリズムを直接的に批判するような細かい議論はしない。しかし、その多くが学者である「新保守主義」系の人々は、専門的な哲学・思想史的な議論をすることが多く、ロールズらを名指しで批判することもある。

保守系の社会学者で、コロンビア大学教授を退官（一九七八）した後、新保守主義系のシンクタンク「アメリカン・エンタープライズ研究所」で八年間仕事をしたロバート・ニスベット（一九一三―一九六）は、論文「新しい専制主義」（一九七五）で、現代社会では、個々人の間の差異を平準化しようとする平等主義と結び付いた新しい専制主義が蔓延していると主張する。現代の平等主義は、機会の平等ではなく、「結果の平等」を志向するので、ソ連のような巨大な中央集権的権力機構を生み出すことになりがちだ。そうした考え方を広めた元凶はルソーの社会契約論であり、その現代版がロールズの『正義論』だというのである。

ロールズの議論は、一見すると「自由」（第一原理）が「平等」（第二原理）よりも優先されるかのような構成になっているが、実際には、そうではない。「原初状態」や「無知のヴェール」といった道具立てによって、人々の間に自然に存在する差異を除去していく方向に議論が進んでいく。結局のところ、現在の社会の中で様々な仕方で分布しているはずの人々の経済的、政治的、文化的、心理的特性などを、「基本財の平等」の名の下に平準化することを目指しているという。そうした「結果の平等」の原理を実現するには、巨大な国家機構が必要になるはずだ、とニスベットは指摘する。

現代の専制権力は、かつてのように、露骨に物理的な暴力を行使することは少なくなったが、その代わり、平等や福祉などの人当たりのいい名目を掲げながら、組織、テクノロジー、ソーシャル・ワーク、心理学など様々な手段を使って、人々の内面に影響を及ぼしてコントロールしようとする**「ソフト化」された権力**になっている。ソフト化された専制権力は、人々の意識を内側から操って、支配されていると気付かせないので、露骨な暴力を行使する権力よりも強力である。ニスベットは次のように言う。「プラトンからルソーに至るまでの主要な政治理論家たちは、最大の権力は、個人の行為だけではなく、その行為の背後にある心までも形作る権力であることを言明している。テクノロジーあるいは他の手段を使って、文化、社会生活の小さな単位、そして心それ自体の奥底にまで浸透できる権力は、身体にしか到達できないような種類の権力よりも、その物理的な残虐さのことを考えてみても、遥かに危険なのは明らかである」（*Twilight of Authority*, Liberty Fund, 1975, p.207）。

ソフト化された権力は、一見すると、文化的な領域において様々な規制を緩めて自由を拡大しているように見えるが、それはもっぱらポルノとか猥褻《わいせつ》物の頒布《はんぷ》、身体の露出のようなものに限られ、「自由」のより本質的な部分である経済的・政治的自由の余地はむしろ大幅に削減されている。

このように、「ソフト化された権力」を個人の「自由」に対する本質的な脅威として危険視するニスベットの議論は、人々に社会批判的な意識を抱かせないように作用するイデオロギーを批判する新左翼の議論や、人々の身体を「内」からコントロールするミクロな権力構造を批判するミシェル・フーコー（一九二六―八四）らのポストモダン左派的な議論の右ヴァージョンのような構成になっている。各人の「内面」で起こっていることに焦点を当て、それに影響を及ぼしている「外部の力」を問題にし始めると、右でも左でも同じような論理になってしまうのは当然のことかもしれない。

八六年に出した『保守主義』でニスベットは、フランス革命を批判したバークから、トクヴィルなどを経て、クリストルを中心とする「新保守主義」に至るまでの「保守主義」の系譜を歴史的に総括して、**「保守主義」の反国家権力的な性格を強調している**。「保守主義」は、自由と民主主義を掲げて出発したはずの近代国家がその理想とは反対に、平等の名の下の専制を行なっている現実に抗議して、「家族、血縁、近隣、共同体」などの絆を守ることを主張する思想であるという。彼はまた、「リベラルな福祉国家」の権力の増大に反対して、〝善き共同体〟のモデルを「過去」

に求める発想法を、「保守主義」と「マルクス主義的社会主義」が共有していることも認めている。

「伝統的教養」擁護論

一九八〇年代に入ってからの保守派の文化防衛論として社会的に最も大きなインパクトを与えたのは、プラトンやルソーなどの古典的政治哲学を専門とするコーネル大学教授アラン・ブルーム(一九三〇—九二)による、『アメリカン・マインドの終焉』(一九八七)である。四〇〇頁近い大著であるにもかかわらず、各種のベストセラー・ランキングで一位になり、社会的な話題になった。著者のブルームは、シカゴ大学で学んだ際に、この大学で教鞭をとっていたユダヤ系ドイツ人でナチス期にアメリカに亡命した政治哲学者レオ・シュトラウス(一八九九—一九七三)の影響を強く受けたことが知られている。シュトラウスは、プラトン、アリストテレス、ホッブズ、スピノザ(一六三二—七七)などについてユニークな読解を行ないながら、個人の自由に重きを置く近代の個人主義的な自由主義に対して、人間としての卓越性や政治的徳を重視した古代の政治哲学を見直すべきことを示唆して、「新保守主義者」たちに強い影響を与えたとされている。

『アメリカン・マインドの終焉』自体は、アメリカの大学で人文主義的な一般教養教育の伝統が衰退していることを嘆いて、自分自身の受けた教育や自分の教育実践のことも振り返りながら、近代西欧における「教養」の盛衰と、そのアメリカにおける帰結について論じた本である。簡単に言えば、「教養」擁護論である。それだけなら、よくありそうな話であるが、ブルームは、西欧諸国の中でも特に**アメリカにおいて「教養」が軽んじられていることの背景に、リベラリズムの浸透があるという**独特の見解を示している。

この本の序論でブルームは、アメリカの教育制度の道徳的目標であったはずの「民主的人間」の教育が掘り崩されていることを指摘する。「民主的人間」像は、アメリカという「民主主義政体＝共和国」にとってどのような人間が最善であるかということと関わっている。当初は、法を守り、家族に献身し、理性的でよく働き、諸権利の体系を具現する「憲法」に対して愛着を持つような人間が善しとされていた。アメリカの起源には、人間の自然権を認めて、各人の協調と同等性のための基礎を見出そうとする建国の理念があった。しかし、近年の進歩主義的（リベラル）で、あらゆるイデオロギーに対してオープンであることを売りにする教育は、アメリカの歴史的起源に対して関心を払わなくなった。そうしたオープンさを認めない人間、つまり伝統に拘る人間は敵視されるようになり、「共通善」という目標あるいはヴィジョンは共有されなくなった。

それどころか、〝伝統に拘るべきではないということ〟に拘るあまり、建国の父たちが人種差別主義者であるとか、インディアン（ネイティヴ・アメリカン）の殺害者であるとか、階級的利害の代表者であるとかいった批判がなされるようになり、建国以来育まれてきた「市民文化 civic culture」の様々な徳目は無視されるようになった。「自民族中心主義」に起因する偏見を克服するためには、そうした「文化相対主義」的で批判的な視点が求められたのである。「我々」は自分たちが他者よりも優れていると考えてはならないのだ。

ブルームに言わせれば、ロールズの『正義論』は、そうした傾向のパロディである。誰も侮蔑しないように、つまり差別しないように強制する統治の概要を提案する本だからだ。この本では、人間の本性に即した「善」を探し求めても賞賛してもいけないということが主張されている（とブルームは解釈する）。社会全体にとっての「善」を求めることは、その「善」に当てはまらないもの、すなわちマイノリティを「悪」として排除することになるからである。

ブルームは、マイノリティに対する過度の配慮によって、マジョリティ（WASP）の文化を攻撃することがトレンドになるという倒錯した状況を作り出した「リベラル」の思想を批判する。そのうえで、共通善に適った人間像を探究したソクラテス、プラトン、アリストテレス、マキャヴェリ、ロック、モンテスキュー、ルソーらの古典的なテクストをしっかり学ぶ「人文諸科学 humanities」——「人文 humanities」というのはもともと人間性（humanity）についての学ということである——の「教養」が、今再び必要とされていることを強調する。彼の議論は、当然、リベラル派からは人種主義的であると激しい批判を受けたが、「新保守主義」の主要メンバーであるノーマン・ポドレッツ（一九三〇—　）からは、「リベラル派」の抱える矛盾を描き出した著作として高く評価された。

「保守主義」vs.「差異の政治」

先に述べたように、『アメリカン・マインドの終焉』のメインテーマは大学における学問論であるが、あまりにもオープンであるがゆえに道徳的な基盤を失っていった「リベラル」な教育・文化論全般に対する批判の論理として、「保守派」によって特に**教育における「多文化主義」批判の文脈で**援用されるようになった。

「多文化主義」と「保守／リベラル」の関係については少し複雑な事情があるので、ここで少し説明しておこう。一九六〇年代に本格化した黒人の公民権運動を軸とする、左派の側からの反人種主義・反差別を標榜する文化闘争の文脈では、人種間の差別をなくし、市民として「平等」に扱うべきこと、学校などにおいては「統合」すべきことが強調された。しかし、ある程度の形式的な平等が達成された七〇年代に入ると、ラディカルな黒人解放運動やラディカル・フェミニズムのように、むしろメインストリームである「白人男性」との違いを強調し、「社会の中で違ったあり方をする権利」を主張する文化的な運動が台頭してきた。黒人らしく生きる権利、女性らしく生きる権利、同性愛者として生きる権利などである。こうした運動は、メインストリームとは違う自分たちのアイデンティティを主張するという意味で**「アイデンティティ・ポリティクス（同一性の政治）」**あるいは、**「差異の政治」**と呼ばれる。

黒人のアイデンティティについて言えば、ＷＡＳＰなどの白人とは異なる文化的アイデンティティティを有する「エスニック・グループ」であるとの文化相対主義的な認識が広まり、彼らの「エスニシティ（ethnicity：民族性）」が強調されるようになった。黒人だけでなく、ヒスパニック系やネイティヴ・アメリカン、中国系などのアジア系、アイルランド系やユダヤ系などの白人マイノリティの間でも、自らの文化的ルーツを掘り起こして、固有の「エスニシティ」を主張する運動が登場してきた。大学・アカデミズムのレベルでは、「エスニシティ」についての文化人類学の知見や、均質的に形成されているように見える近代的な「主体」たちの中に含まれるアイデンティティの多様性を強調するフーコーやデリダらのフランスのポストモダン思想の影響もあって、**「エスニック・スタディーズ」**と呼ばれるものが次第にディシプリン化（学問のジャンルとして正統化）され、普及するようになる。

これと連動する形で、学校でも、七〇年代以降、歴史教育で黒人などのマイノリティの歴史に多くの時間を割くというような変化が起こっていたが、八〇年代後半になると、今度は大学での「黒人研究 Black Studies」の影響を受けて「アフリカ中心主義教育 Afrocentric Education」と呼ばれる、かなりラディカルなカリキュラムが登場してくる。これは、それまで奴隷としてアメリカ大陸に連れてこられて、差別される弱者としてしか見られなかった黒人の（アフリカ大陸にまで遡る）独自の歴史や文化について学ぶことを中心に据えたカリキュラムであり、黒人だけでなく、白人やその他のマイノリティの子供もこれに参加する形を取ることによって、他者の立場に立って物事を見ることができる多文化主義的なまなざしを培うことが目標とされた。それまで自明の理とされてきたＷＡＳＰ中心の教育のアンチテーゼが登場してきたわけである。

それだけに留まらず、多文化主義教育の推進者やエスニック・スタディーズ系の学者の間で、従来の大学・学校の教育はあまりにも白人中心であるので見直すべきだという声が強まり、大学や各地の教育委員会にもそれに応じるところが出てきた――こうした学校・大学教育をめぐる状況について詳しくは、松尾知明『アメリカ多文化教育の再構築』（明石書店、二〇〇七）などを参照。

ブルームが、『アメリカン・マインドの終焉』を書いた背景には、大学の教養教育の理念を崩してしまうほどの多文化主義の隆盛に対する、ヨーロッパ中心的な人文主義的教養を持つ知識人たちの反発があったわけである。人文主義的な教養の伝統の中で育ってきた知識人たちからしてみれば、「差異の政治」派は、「ポリティカル・コレクトネス（ＰＣ：政治的な正しさ）」という錦の御旗を振りかざし、アメリカの（メインストリームの）歴史や文化を表現する標準的な用語やフレーズに含まれる細かな〝差別的性格〟を執拗に問題にし、足を引っ張って、教育制度全体をダメにしているようにしか見えなかったわけである。六〇年代にはケネディの補佐官を務め、リベラルな歴史学者として知られていたアーサー・Ｍ・シュレジンジャー（一九一七―二〇〇七）は、八〇年代以降「多文化主義」に対して批判的になり、九一年に出した『アメリカの分裂』では、多文化主義のＰＣ的な傾向を指摘して、対決姿勢を鮮明にしている。

多文化主義をさらに進めようとする「差異の政治」派と、その勢いを押し返して、アメリカの建国の理念を中心とした伝統的な教育の理念を擁護しようとする「保守派」のせめぎ合いは、冷戦が終わった九〇年代に入ってからもさらにヒートアップしていき、**「文化戦争 Culture War」**と呼ばれるようになった。エスニック・スタディーズの一つの部門として、それまでアメリカ人にとっての〝ごく普通の考え方、振る舞い方〟として自明視される傾向にあった〝白人に固有の考え方、振る舞い方〟を問い直し、学校・大学のカリキュラムを根底から変革することを目指す「白人性研究 Whiteness Studies」と呼ばれるものも登場してきた。

九二年の大統領選挙の共和党予備選で、ジョージ・ブッシュ（父）大統領（一九二四―二〇一八）の対抗馬になった、保守派のコラムニストとして著名なパトリック・ブキャナン（一九三八― ）は共和党全国大会で、こうした状況にあって「文化戦争」に本格的に取り組む必要性をアピールした。自由主義／社会主義という対立軸が事実上消失したことによって、文化共同体同士の対立がなおさら際立つようになったのかもしれない。

「文化戦争」はまさに、**共同体的価値観とアイデンティティが正面からぶつかり合う闘い**であるので、価値中立性を保とうとする狭義の哲学的な「リベラリズム」には、なかなか口を出しにくいところがある。

第五講
ポストモダンとの遭遇
――リベラルは価値中立から脱却できるか

「市民社会の論理」を拒絶する

既に述べたように、社会的弱者の自己主張のための新たな論理を提示しようとする、「差異の政治」と呼ばれる思想・社会運動の潮流は、フーコーやデリダなどのフランスの思想家の名前と結び付いた「ポストモダン」の影響を受けたことが知られている。一九六〇年代の公民権運動やフェミニズムは、主として近代市民社会の枠内で「市民」としての「平等」と「自由」を獲得することを目標としていた。その意味では、「自由」と「平等」とを両立させる法・政治・社会哲学の構築を目指していたロールズらの哲学的「リベラリズム」の問題意識に対応していた。しかし七〇年代以降に台頭し、八〇年代後半から保守派との間で文化戦争を繰り広げるようになった「差異の政治」は、「市民社会」自体が、白人男性中心の文化の歴史的所産であり、「マイノリティ」

や「社会的弱者」として扱われてきた人たちがその中に〝統合〟されたとしても〝市民〟として幸福になれないという認識から出発する。

「市民社会」の枠内での「平等」を志向してきたリベラル的な方向性を拒絶する「差異の政治」は、これまで「市民社会」的な枠組みによって規定されてきた――言い換えれば、白人男性中心の文化によって〝上〟から与えられてきた――自己の「アイデンティティ」を問い直し、再構成することを試みる。「差異の政治」派にとっては、市民社会的な「権利」や「正義」は大きな意味を持たない。「権利」それ自体は、市民社会が市民たちを統治しやすくするために発明した権力装置にすぎないので、平等や自由に対する「権利」を形式的に付与されても、その背後にある権力関係を変化させない限り、市民社会から排除されてきた者たち（＝「他者」）にとって実質的な〝正義〟がもたらされることはない。

「リベラリズム」の前提になっている「近代市民社会」の論理を拒絶する「差異の政治」は、近代的な「主体性」を、権力性を伴った社会的言説の連関によって構成されたものと見なして「解体」あるいは「脱構築」しようとするフーコーやデリダのポストモダン的な哲学と相性が良いように思われる。精神病院や監獄が制度的に成立する過程の分析を通して、（近代的）理性にとっての「他者」を排除することによって〝理性的な主体〟が構成されてきたことを明らかにするフーコーのテクストや、同一性（アイデンティティ）を押し付けてくる西欧中心主義（男根ロゴス中心主義）の形而上学に完全に取り込まれることなく残存し続ける「他者」や「差異」に焦点を当てるデリダのテクストは、「差異の政治」の正当性を裏付けているようにさえ見える。

ポストモダン左派の隆盛

無論、フーコーやデリダのテクスト自体はかなり難解で結論が見えにくく、そのまま政治的な実践に繋げられるようなものではない。特にデリダの初期から中期（一九六〇年代半ばから八〇年代）にかけてのテクストは、文体がかなり複雑で、構造主義／ポスト構造主義に詳しくない哲学・文学の専門家が読んでも何がテーマなのかさえなかなか把握できないくらい難解である。そのため彼らに代表される「ポストモダン思想」の受容はアメリカでも当初、日本の場合と同様に、文芸批評、精神分析、文化人類学、哲学の間の学際的な（狭い）領域で仕事をする一部の知識人のサークルに限定されていた。

しかし七六年に、後に「ポストコロニアル・スタディーズ」の旗手として知られることになるインド出身の比較文学者スピヴァクが、デリダの初期の主要著作『グラマトロジーについて』（一九六七）を、かなり長い訳者序文付きで英訳した頃から、「ポストモダン」が政治的に受容されるようになる。

この著作は、デリダが一貫して中心的なテーマとしている「音声中心主義批判」をメインにしたものであり、ルソーや構造主義文化人類学者クロード・レヴィ＝ストロース（一九〇八―二〇〇九）のテクストについて言語哲学的・文芸批評的にかなりひねった解釈を加えており、読みやすくはない。ただ、近代的な「文明」によって汚染されていない（ように見える）「野生人」あるいは「未開人」の〝純粋さ〟を称揚する西欧人のまなざしが、その根底においては、「理性の他者」を名指しして排除し、「彼ら」との対比で「理性的な主体」としての「自己」のアイデンティティを確定しようとする西欧的形而上学と共犯にあることを問題にしていることだけは何とか理解できる。一見、〝素朴な人たち〟に憧れてしまう〝自然な気持ち〟の発露に見えるようなものが、実は、西欧人の男根ロゴス中心主義的な思考を規定してきたエクリチュール——〝文字通り〟の意味としては、「書かれたもの」ということであるが、デリダ用語としては、人々の〝生きた言葉〟を根底において規定している規則化された言説体系というような意味で使われる——によって深いところで汚染されているわけである。

スピヴァクは、こうしたデリダのテクスト分析の手法を、イギリスによって植民地化されたインドにあって、男性中心の文化の中で二重に抑圧されてきた女性、特にカースト制度の外で、自分たち（のアイデンティティ）を語る言葉を持たなかった「サバルタン（subaltern：被従属民）」の女性たちの物語をめぐる自らの研究テーマに結び付ける。パレスチナ出身の比較文学者サイードが、フリードリヒ・ニーチェ（一八四四—一九〇〇）やマルクスも含めて西欧の代表的な知識人のテクストにおいて、「西欧文明の他者」としての「東洋」が一面的かつ均一的に表象されていることを問題にした『オリエンタリズム』を七八年に出したこともあって、西欧近代の知における「他者」

の表象のされ方をテーマ化し、これまで歪んだ形で理解されてきた文化的「差異」を再発見するという政治的文脈で、ポストモダン思想を援用することがトレンドになっていく。

こうした政治的受容の回路が一度形成されると、白人男性中心の（アメリカ）社会の中で歪められてきた黒人などのエスニック・マイノリティや、女性、性的マイノリティなどについての社会的表象をいったん解体して、新しい表象の可能性を探究する「差異の政治」と非常に結び付きやすくなる。「差異の政治」を軸として、**「ポストモダン左派」**とも言うべき潮流が、日本と比べて比較的早い時期、八〇年代に入った頃から大学のアカデミズムの中に定着するようになる。

その理由としては、反体制的な左派思想としてのマルクス主義の勢力がアカデミズムの中で依然として強く、「ポストモダン」系の割って入る余地が少なかった日本と比べて、アメリカでは下部構造（経済）決定論的な発想をする正統派のマルクス主義の影響がかなり限定的であり、なおかつ公民権運動やフェミニズムなどの問題提起に対応する形で、七〇年頃から「エスニック・スタディーズ」や「ウィメンズ・スタディーズ（女性研究）」「ジェンダーズ・スタディーズ」などの「差異の政治」系の講座が各大学で設置されていたことが、「ポストモダン左派」的な研究を展開していくうえで制度的に有利であった、ということが考えられる。因みに、スピヴァクもサイードもコロンビア大学の比較文学担当の教授である。

「ポストモダン思想」とはかなり遠いところにあると思われる法学の領域でも、公民権運動やベトナム反戦運動の影響で、近代市民社会の「法」の限界を意識し、「法」の背後にある社会的・政治的権力関係を暴き出すことに主眼を置く**「批判法学 Critical Legal Studies」**と呼ばれるグループが形成されており、これがデリダやフーコーの理論を法学に応用する「ポストモダン法学」の受け皿になった。「批判法学」の「批判」は、ドイツのフランクフルト学派の「批判理論」からの影響を念頭に置いてのネーミングだとされているが、近代批判という側面では、フランクフルト学派とフランスのポストモダン思想はかなり問題意識を共有しているので、「批判理論」に通じる「批判法学」は、ポストモダン的な議論を受け入れやすかったと思われる。ジャック・バルキン（一九五六―　）、ドゥルシラ・コーネル（一九五〇―二〇二二）などがこの領域の開拓者として知られている。

「差異の政治」と「コミュニタリアニズム」の相違点

「ポストモダン」の影響を受けた「差異の政治」あるいは「アイデンティティ・ポリティクス」は、文化的・社会的に形成される「アイデンティティ」を問題にするという点で、哲学的な「コミュニタリアニズム」と問題意識が重なっている。特に、「善」を共有する文化共同体ごとの自治の重要性を強調するテイラーの「多文化主義的コミュニタリアニズム」の議論は、多文化主義的な文化・教育政策をラディカルに推し進めようとする「差異の政治」派と〝同じところ〟を目指しているようにも見える。実際、ヘーゲル研究の専門家であり、近代思想史のかなり広範な分野をカバーしているテイラーは、フーコー、デリダなどのフランスのポストモダン思想にもそれなりに言及しているし、「差異の政治」派の人たちも、広義の「リベラリズム」陣営の注目すべき議論としてテイラーを参照することがしばしばある。

ただし当然のことながら、両者の立場には、大きく二つの点で違いがある。一つは、カナダの多文化主義的な憲法＝国家体制をモデルにするテイラーの議論が、様々な異なったタイプの「共同体」の共存を志向しているのに対して、アメリカの「差異の政治」派は多くの場合、「共同体」同士で常に文化的な（階級）闘争が行なわれているという前提に立っているので、〝共存〟を示唆するような議論はあまりしない。〝共存〟を口にすると、多数派の支配を容認することになりかねないからである。

もう一つは、コミュニタリアンであるテイラーの議論が、「共同体」によって規定される「アイデンティティ」を固定的なものとして捉える傾向があるのに対して、「差異の政治」派は、多数派が支配する文化の中で形成されてきたマイノリティの〝アイデンティティ〟にはこれまで受けてきた抑圧ゆえの歪みが含まれていると考えて、そのままの形で肯定しようとはせず、〝より本来的な形〟へと変容させることを試みる。「差異の政治」は、各人のアイデンティティの母体としての〝共同体〟を必ずしも実体的には捉えない――〝共同体〟を持たないマイノリティを想定することもある。

フーコーをめぐる論争

テイラーと「差異の政治」の間の直接的な接点になったのは、ポストモダン的な視点から「アイデンティティ」の問題を重視する、政治哲学者でジョンズ・ホプキンス大学教授のウィリアム・コノリー（一九三八—　）との間の論争である。

コノリーも、近代の西欧思想史を全般的に振り返りながら、近代人の「自己」の在り方（＝アイデンティティ）についてこれまで提起されてきた諸問題を掘り下げていくような形での思想史的な議論を得意とする。革命による政権転覆のようなことを目指すのではなく、近代の自由主義の枠内で「自己」「正義」「共通善」についての理論を構築すべきと考える姿勢も、テイラーと共通している。ただし、コノリーは、既成の「共通善」によって様々な「差異」が抑圧され、不可視化されてきたことを問題視し、差異のための抵抗の場を確保すべく、**自由主義自体をラディカル化させていく必要性**を強調している。その意味では、コノリーの考え方はポストモダン左派的であり、「共同体」の役割を重視するテイラーとは、その点ではっきり異なっている。

その両者が、一九八四年から八五年にかけてフーコーの［権力—主体］論の理解をめぐって議論を闘わせた。フーコーは『監獄の誕生』（一九七五）や『性の歴史・知への意志』（一九七六）などの著作で、近代の「権力」は、露骨な暴力を振るうことなく、監視装置や医療制度、教育などの様々な「生のテクノロジー」を用いて、正常＝規範化（normalize）された「主体」を構成し、そのる。

「主体」を〝内側〟からコントロールし、躾《しつ》けているという権力論を展開している。啓蒙主義によってもたらされた近代的な「知」は、そうした不可視の権力によるコントロールと不可分の関係にある。「専門」「学問のジャンル」を意味する〈ディシプリンdiscipline〉の原義は「躾《しつけ》」である。

テイラーは、近代市民社会の諸制度には、フーコーの言うような不可視の権力によるコントロールという側面があることも認めるものの、フーコーの［権力―主体］批判は一面的であり、市民社会的な「自由」のメリットを実際に各「主体」が享受している面があること、つまり**近代の「解放」的な側面を認めるべきである**と主張する。また近代的な「主体subject」としてのアイデンティティが付与されることを、権力の内面化、「臣民（従属）化subejectivation」――英語の〈subject〉あるいはフランス語の〈sujet〉には、「臣民」「従う者」という意味もある――としてのみ捉えるのではなく、（共同体の中での生活を通して獲得されていく）真の「自己」のアイデンティティに至る一つのステップとして肯定的に見ることもできると示唆する。

コノリーも、近代的な「主体性」がなければ、民主主義的なシティズンシップ（市民性）や道徳的な責任などを保持することができないことは認める。しかし、近代的な「主体」であり続けようとすれば不可避的に、権力によって各人の「主体性」に課されている制約に服さなければならず、それと異なったあり方をすること、他者性が排除されているというのが、フーコーの議論の主旨であり、そのことを無視して、〝主体の自由〟を肯定的に評価するわけにはいかない。**これま**

で自明の理とされてきた「自由」「秩序」「人格的アイデンティティ」などの基本概念を、フーコーの批判に耐えられるようなものへと練り直す必要があるという。

闘争か承認か——コノリーとテイラー

フーコー理解をめぐる論争を通じて、テイラーとコノリーの立場の違いはかなりはっきりした。これ以降コノリーは、「共同体」の中での〝真なる自己〟の再発見という方向に議論を進めていくテイラーとははっきり一線を画し、近代市民社会の中での「主体」としてのアイデンティティに含まれる矛盾を暴き出し、変容させることを試みるラディカルな「差異の政治」を志向するようになる。

主著である『アイデンティティ／差異』(一九九一)でコノリーは、現代のリベラリズムは、多数派／少数派の力関係によって構成される「アイデンティティ(同一性)／差異」の問題を看過し、抽象的な正義の原理に基づいて福祉のプログラムなどを実行しようとするので、かえって少数派の人たちのアイデンティティを傷付けてしまうことがあると指摘する。例えば、アファーマティヴ・アクションのような弱者に優しい措置を取ることで、「彼ら」を〝能力の低いくせに保護されている者たち〟として蔑視する多数派の偏見が強化されてしまうような場合である。

コノリーに言わせれば、リベラリズムは、「正常な個人」を前提にしているので、「差異」を隠蔽してしまう。コミュニタリアニズムは、個人のアイデンティティの問題に切り込もうとしているのでその点は評価できるが、最終的に、（様々な小共同体を包摂する）大きな「共同体」の「共通善」の下での「予定調和」に対する〝信仰〟のようなものによって問題を解決しようとするので、その〝信仰〟を共有できない者に対する排除や抑圧を助長することになりやすい。いかなる形であれ、「共同体」の構成員としての「アイデンティティ」を同定したうえで、それに基づいて**画一的に「正義」を実行することは、不可避的に新たな抑圧や排除を生むことになる**。その逆説を直視して、絶えず「差異」を政治化し、「アイデンティティ」を固定化させない**戦闘的なリベラリズムが必要である**というのがコノリーの主張である。

一方、「共同体」の中に「自己」の源泉を見出そうとするテイラーは、『〈ほんもの〉という倫理』（一九九一）で、**「自己のアイデンティティ」を確定するには、他者からの「承認 recognition」が必要である**という議論を展開している。この場合の「承認」とは、一人の人格として認められるということである。コミュニタリアンであるテイラーは、各人の人格的アイデンティティは自分自身の内でだけ自己完結的に成立するものではなく、社会的関係のネットワーク、共同体的文脈の中で形成されるものであるという前提に立っている。周囲の他者たち、特に親密な関係にある他者たちとの間での相互承認を通して、各人のアイデンティティが形成され、安定すると見るわけである。簡単に言えば、周囲の人たちから一人前と認められて初めて、自分の〝居場所〟を見つけることができるということだ。

一九九二年に出された論文「承認のための政治」では、この承認論を多文化主義をめぐる状況に応用することを試みている。我々のアイデンティティは、他者による承認、その不在、あるいは「歪んだ承認」(misrecognition)によって形成されている——「歪んだ承認」とは、差別を受けるなど、負の評価を付与されることである。不承認や歪んだ承認の割合が大きくなると、その人は害を受け、抑圧されることになる。市民社会の公的領域においては、通常、各人の平等な承認が求められるが、文化的少数派の問題については、むしろ彼らが異なっていることについての承認が求められている。彼は「差異の政治」派の問題提起の重要性は認めるが、「差異」の問題を権力関係をめぐる闘争と見なし、差別や偽善を糾弾しているだけでは相互承認に至らないとして、「差異の政治」の戦略的な誤りを指摘する。〝違う〟ことだけ強調すれば、かえって少数派が二級市民扱いされることや、多数派の側の自民族中心主義を呼び起こすことになりかねない。

テイラーに言わせれば、各人の尊厳の平等な承認を、画一的なアイデンティティの押し付けを意味するものとして否定的に理解すべき必然性はない。それは本来的には、各人が普遍的に有しているはずの「自らのアイデンティティを形成し、定義する潜在能力」を尊重することを意味しており、文化間関係においては、他の文化に属する人々にも自分たちと同じ文化形成能力があることを認め、彼らの文化を自分たちのそれと同等に尊重することに通じている。テイラーは、一八世紀のドイツの哲学者で牧師でもあったヨハン・ゴットフリート・ヘルダー(一七四四—一八〇三）による、文化の多様性を「同一の神の無限の現れ」と見なす〝原多文化主義〟とでも言うべき議論に依拠しながら、**諸文化の間の多様性の認識を、人類の普遍性の認識に繋げていく道**を模索している。

アメリカ人であるとはどういうことか

やはりコミュニタリアンであるウォルツァーは、テイラーほど予定調和的ではないものの、移民の国であるアメリカのように多元主義的な伝統を持つ国家であれば、多少の摩擦を伴いながらも、異なる文化的アイデンティティを有する諸集団が、共存できる可能性があることを示唆している。

『アメリカ人であるとはどういうことか』（一九九二、九六）でウォルツァーは、ヨーロッパ的な「国民国家」の場合とは違って、様々な民族、人種、宗教の連合体である「アメリカ」においては、イギリス系、ドイツ系、ロシア系、日系などの特定のエスニック集団に属することと、「アメリカ人」としてのシティズンシップを有することが矛盾することなく両立してきたことを改めて確認している。言い換えれば、〈Irish-American（アイルランド系アメリカ人）〉〈Jewish-American（ユダヤ系アメリカ人）〉……といった各種の**「ハイフン付きアメリカ人」としてのアイデンティティ**が既に形成されている。

しかも、それらのハイフン付きのアイデンティティは固定化しているわけではなく、歴史の中で変容してきたし、ハイフンのどちらの側に重点をおいて精神生活を送るか——主としてエスニック集団の一員として生きるか、それとも「アメリカ人」として生きるか——は集団ごと、個人ごとにバラつきがある。自らをハイフンなしの「アメリカ人」として同定している人たちもいる。自分とは異なる「(ハイフン付き)アメリカ人」と共存できることが、「アメリカ人」であることの証明になっていると言ってもよい。ウォルツァーに言わせれば、「差異の政治」の追求は、そうした「アメリカ人」のアイデンティティの本来的な多様性を再発見することに繋がるのであって、(もともと単一的なものであったことなどない)「アメリカ人」としてのアイデンティティを解体することにはならないのである。アメリカという国家の価値中立性を前提としたうえで、多文化共存の可能性を強調するウォルツァーの議論は、**「リベラリズム」を補完する性格**を持っている。

既に述べたように、「アイデンティティ」や内面的な価値(善)をめぐる問題では、コミュニタリアンと「差異の政治」派の議論が先行しがちで、狭義の哲学的「リベラル」は取り残されがちであったが、一九八〇年代末から九〇年代にかけて、**「リベラルな多文化主義」**と呼ばれるものが登場してくる。

テイラーと同様にカナダの政治哲学者であるウィル・キムリッカ(一九六二—)は、『リベラリズム、共同体、文化』(一九八九)、『多文化時代の市民権』(一九九五)などの著作で、自由主義の価値中立性の原則を守りながら、文化的メンバーシップを各人の幸福追求のための「基本財」と位置付けたうえで、文化や言語の問題を権利問題として扱うことを試みている。具体的には、エスニック・グループに一定の政治的権限を付与する「自治権」、固有の文化の維持を支援する「エスニック文化権」などの集団別権利を提案している――リベラルな多文化主義について詳しくは、松元雅和『リベラルな多文化主義』（慶應義塾大学出版会、二〇〇七）などを参照。

「公／私」二分論とリベラリズム

基本的に価値中立性の立場を取る「リベラリズム」が、価値観やアイデンティティなど個人の内面性に関わる事柄に介入しにくいという問題は、近代市民社会における**「公／私」二分論**の問題と不可分の関係にあるとされている。「公／私」二分論というのは、市民社会を構成する全ての市民に関わる事柄について公共的な討論を行ない、法や政治によって問題解決を図る「公的領域」と、公的な共同決定・処理になじまない個人的な事柄、身内だけに関わる事柄を私（秘）的に処理する「私的領域」を分け、後者には法や政治ができるだけ関与しないようにすべきという考え方である。

既に見たように、近代市民社会における「公／私」区分は、アーレントがモデルにしていた古代のポリスの「公／私」の場合とは違って、市場を中心とする経済活動のかなりの部分が「公的領域」に属する。ロールズの格差原理やドゥウォーキンの「資源の平等」は、まさに「経済」についての公共的な正義の確立を目指す議論であると見ることができる。「経済」という現象は、近代において、不特定多数の人々が参入してくる「市場」での取引を中心に営まれ、数的・客観的な基準によって実態を把握したうえで政策的に介入・操作することも可能になったが、それゆえ公共性が高いと考えられるようになった。

近代市民社会における「私的領域」というのは、主として「家」を中心とした親密な関係の人たちだけから成る、〝公共性が低い〟と見なされる領域である。基本的に公的な領域の営みである「法」や「政治」は、契約や財産の分割・相続などの経済に関わりの深い問題を除いては、〝公共性が低い〟「家」に介入しないことが原則である。実際、近代法は、家や親族、恋愛、友人関係などについては、原則として当事者の自治に任せてきた。「宗教」などの内面的価値の問題、エスニック・アイデンティティやジェンダー・アイデンティティなどのアイデンティティ問題も、私的領域に属する私事として扱われてきた。

近代の自由主義は、そうした公／私二分論は、「個人の自由」な活動の余地を確保するうえで重要な制度的枠組みであると見なし、自らの拠って立つべき前提としてきた。公的事柄だということで、「法」や「政治」という形での共同決定に委ねる事柄が多いと、自分だけの判断で文字通りの意味で〝自由〟に振る舞える余地が小さくなるので、公権力が介入しないで良い「私的領域」を確保しておくことが重要になるわけである。逆に言うと、「公的領域」では、お互いの自由を侵害しないように、正義の原理に基づいたルールを定めて、それを遵守することが求められる。

功利主義の哲学者として知られるジョン・スチュアート・ミル（一八〇六―七三）は、『自由論』（一八五九）で、他人に危害を加える恐れが少ない私事については各人の自己決定に委ねるべきだとする「他者危害原則」を定式化しており、これが自由主義的な視点から公／私二分論を正当化する際の標準的な論拠とされてきた。「現代リベラリズム」も、この意味での公／私二分論自体を基本的に継承しているとされている。

「私的なものは政治的である」――ラディカル・フェミニズム

こうした「リベラル」の前提になっている公／私二分論的な思考に対して、一貫して攻撃を仕掛けているのが、一九七〇年代初めに台頭してきた**ラディカル・フェミニズム**である。ラディカル・フェミニストたちに言わせれば、「私的領域」である「家」の不可侵性という論理は、夫の妻に対する、あるいは家長の他の家族の成員に対する暴力的な支配を正当化するために用いられてきた。ラディカル・フェミニズム運動のバイブル的な書になった『性の政治学』（一九七〇）でケイト・ミレット（一九三四―二〇一七）は、「性」を中心に構成される「家」という場には、家父長的な権力関係が作用していることを暴露した。ラディカル・フェミニストたちは、「私的なものは政治的である the private is political」という標語を掲げるようになった。「私的なもの」と「公的なもの」の境界線は、これまで支配者である成人男性に都合のいいように「政治的」に決められてきたので、この境界線をめぐる権力関係を明るみに出したうえで、「公／私」の問題を改めて「政治」の組上に載せるということである。

「公／私」の境界線を問題にし始めたことによって、ラディカル・フェミニズムと、「私的領域」に対する国家の不介入を前提とするリベラル・フェミニズムは分岐することになる。当然、ラディカル・フェミニズムは、「私的領域における自治」を、市民的な「自由」の基礎と考える「リベラリズム」そのものとも対立する。七〇年代前半の男女平等修正条項、中絶権など、女性共通の利益が問題になっていた時期には、ラディカル・フェミニズムとリベラル・フェミニズムの違いはそれほど際立っていなかったが、七〇年代後半から八〇年代にかけて、ラディカル・フェミニズムが、ラディカルなエスニック系の運動や、同性愛者の運動と同様に、「差異の政治」としての性格を強めていくに伴って、両者の違いが際立つようになった。

リベラル・フェミニズムが、公／私の境界線自体には触れないで、公的領域における職業生活などにおける差別撤廃と、機会均等という意味でのジェンダー間の平等を目指すのに対して、ラディカル・フェミニズムは、男性中心の経済を支えてきた近代的な核家族制度と正常＝規範化された性の在り方を解体し、社会構造全体を変容させることを通して、**新たなジェンダー・アイデンティティを産出すること**を目指す。前者から見れば後者は、具体的な展望も着地点も見えないまま、徒《いたず》らにラディカルで抽象的な主張を掲げて、女性の具体的な社会進出を妨げている。後者から見れば、前者は男性中心社会に同化し、「彼ら」の基準に順応することによって女性の社会的ステータスを上昇させようとしており、結果的に、男性中心の社会を永続させることに貢献している。

噛み合わない議論

ポストモダンの影響を強く受けたラディカル・フェミニズムの議論の多くは、近代市民社会の中での女性のアイデンティティ形成や「表象 representation」のされ方を、記号学、言説分析、精神分析、文化人類学などの知見を動員しながら脱構築的に――つまり、どういう結論に収束していくのか分からないような文体・論理展開で――分析する。そうした議論に慣れていない者にとっては、社会の根深いところにある〝男性(男根)中心主義〟が問題にされていることが分かるくらいで、具体的に何が求められているのかピンと来にくい。文学畑のラディカル・フェミニストの中には、弱者や女性がこれまで政治的自己主張のため用いてきた「権利」や「正義」といった概念自体が、男性中心主義的な市民社会の産物であり、その言語を使うこと自体が男性の論理に搦《から》め取られてしまうことであると見なし、「権利」「正義」「平等」「自由」などの法的言語を使って「差異の政治」を展開することを拒絶する者も少なくない。

そのため「権利」や「正義」などの基本概念を、市民社会の現実に合わせて厳密に定式化することによって、〝正義〟を実質化させていこうとする「リベラリズム」の哲学と、ラディカル・フエミニズムの間では議論のレベルが嚙み合わず、お互いに違う世界の住民であるかのように接点がないことが多い。

第六講で見るように、一九八〇年代以降のロールズは、基本的な価値観や世界観が異なる相手との間でいかにして「正義の原理」についての「合意」を成立させるかについて、哲学的に洗練された議論を展開しているが、男性中心主義をいかにして解体するのか、といった文化政治的な問題には触れていない。彼の「正義」論は、エスニック・アイデンティティやジェンダーの違いも含めて社会的立場の違う人々が、立場の違いを超えて無理なく合意できる「正義」の基準を求めるものであるから、その〝違い〟そのものを解体・再編しようとする議論とは嚙み合いようがないとも言える。ドゥウォーキンは、中絶問題をめぐって、女性の自己決定権――英語圏の法律用語としては、通常、〈right of privacy〈プライヴァシー権〉〉に分類される――と「生命の尊厳」の間でどのようにバランスを取るべきかというような個別の問題は論じているが、「ジェンダー」に由来する男女の見方の違いなど、人格的アイデンティティの本質に関わる問題には踏み込んでいない。

ポルノグラフィをめぐるすれ違い

しかし、一九七〇年代後半から八〇年代にかけて「セクシュアル・ハラスメント」や「ドメスティック・ヴァイオレンス（DV）」などの、これまで「法」の俎上に載せられなかった私的領域での親密な人間関係における権力・暴力の問題が、法的正義の基準によって判定されるべき問題として浮上してきたことで、状況は次第に変わってきた。例えば、「セクハラ」問題で、性的な意味合いを帯びた行動について、双方に本当の合意があったのかが裁判で争われる場合、加害者として訴えられている男性と、被害者として訴えている女性の間で、同じ行動や事実についての解釈が根本的に異なっていることが多い。英米法では、不法行為の訴訟において双方の解釈が異なる行為の合法性／違法性を判定するに際して、**「通常人＝合理的人間 reasonable man」の基準**というものが採用されるが、ジェンダーやエスニシティが異なると、〝通常人〟のイメージ自体が異なってくる。

「セクハラ」裁判などで、男性が多数を占める裁判官の想定する「合理的人間」の振る舞いと、女性の常識的感覚が著しく異なるようなケースが出てくると、フェミニスト系の法学者、法律家の間で、近代「法」自体が（白人）「男性 man」中心に構成されてきたのではないかという「差異の政治」的あるいは「ラディカル・フェミニズム」的な問題意識が共有されるようになった――こうした問題意識の広がりについては、若林翼『フェミニストの法』（勁草書房、二〇〇八）を参照。この方面の議論の急先鋒になったのは、ミシガン大学ロースクール教授のキャサリン・マッキノン（一九四六―　）である。

彼女は最初の著作『セクシャル・ハラスメント・オブ・ワーキング・ウィメン』（一九七九）で、

セクハラというのは、個々の女性に対する差別であるだけではなく、男性と女性の間の根本的な不平等を再確認・強化する行為でもあるとするジェンダー理論的な批判を展開している。「ポルノグラフィ」についても、猥褻性の問題としてではなく、女性に対する男性の暴力的な支配を、表象的に再確認する行為として位置付け、ラディカル・フェミニズムの活動家・ジャーナリストであるアンドレア・ドゥウォーキン（一九四六―二〇〇五）らとともに、人種、宗教、性による差別禁止を定めた「公民権法」に基づいて「ポルノ」を実質的に非合法化していく運動を展開している。彼女たちに言わせれば、「ポルノグラフィ」は、従属する性としての女性のステレオタイプなイメージを広め、性暴力を増加させる役割を果たしているのである。マッキノンのようなラディカル・フェミニズム系の法学者たちは、性暴力と結び付いたジェンダー間の構造的な不平等を是正するための武器として、（もともと男性中心に形成されてきたはずの）**「法」を、利用できるだけ利用し切る戦略**を追求する。

なお、「ポルノグラフィ」の問題をめぐっては、これを全面禁止し、検閲さえも正当化しようとするマッキノンに対して、ロナルド・ドゥウォーキンが言論の自由の視点からこれを批判し、九一年から九五年にかけて両者の間でちょっとした論争が起こっている。リベラルな法哲学者であるR・ドゥウォーキンにしてみれば、ジェンダー的な不平等を是正すべくその原因としての「ポルノグラフィ」を廃絶しようとするマッキノンの努力の重要性は認めるものの、そのためにアメリカ憲法修正第一項で保障されている「言論の自由」に大きな制約をかけるのは本末転倒である。

「言論の自由」は、女性や黒人、その他の社会的弱者が自己の権利を主張するのを助けてきたのであり、マッキノンが真に「平等」を実現しようとするのであれば、「言論の自由」を軽視すべきでない、と言う。

これに対してマッキノンは、ドゥウォーキンは「ポルノグラフィ」が女性に対する性暴力を引き起こしている現実を看過し、「表現の自由」の範疇に入れて擁護しようとしていると非難している。マッキノンに言わせれば、「ポルノグラフィ」は〝単なる表現〟ではなく、実際に作品の中で女性に暴力を加えているし、それを見た男性たちを性暴力へと呼びかけている具体的な差別、攻撃なのである。

このすれ違いは、私的領域を含めて社会の中の現実の権力関係をめぐる問題に、「法」によって積極的に介入し、実質的な平等を達成していこうとする「差異の政治」系の発想と、価値観やアイデンティティの(集団ごとの)「自由」な形成を保障することをより重視し、これらの問題に対する「法」の直接的な介入をできるだけ避けようとする、典型的な「リベラリズム」の発想の違いを象徴的に示しているように思われる。

私的領域における「正義」

主流派の「リベラリズム」が、社会的な権力関係や文化的に構造化された不平等に起因するジェンダー・アイデンティティや表象の歪みをめぐる問題になかなか踏み込もうとしないのに対して、フェミニストの陣営の中には、ロールズたちが用意した「リベラリズム」の土俵に乗って**「ジェンダー的正義」**を構想しようとする人たちも出てくるようになった。

代表的な「リベラル・フェミニスト」の論客と見なされているスーザン・モラー・オーキン（一九四六―二〇〇四）は、『正義、ジェンダー、家族』（一九八九）で、ジェンダーや家族の問題を看過して〝ジェンダー中立性〟を装ってきた――リバタリアニズムやコミュニタリアニズムを含む――広義の「リベラリズム」と、〝正義〟や〝権利〟は男性中心主義の産物であるとして拒絶してきた「ラディカル・フェミニズム」の双方の態度を批判し、「家庭内の労働の分業」についての「ジェンダー的平等」を論じるべきことを提唱している。

オーキンは家庭内の不平等を、「賃金労働／非賃金労働」の配分という視点から論じている。現在のジェンダー化された社会においては、女性が職場での賃金労働によって得られる収入は男性に比べて低くなると予想されるので、多くの女性は、結婚して、自分は家事を中心とする非賃金労働を引き受け、賃金労働については男性に依拠するという選択をする。家庭という単位を構成している男女の間で、家計を維持するために必要な「賃金労働／非賃金労働」を分担していると考えれば、別にそれほど大きな問題ではないと考える人もいるだろう。しかし、この〝分担〟を〝自由意志に基づく選択〟と見なすと、女性の蒙《こうむ》っている不平等が見えにくくなる。女性が主として担当する非賃金労働は、直接的に金銭に換算されないので、金銭収入の稼ぎ手である夫が主導権を握り、主婦である女性の社会的な地位は、夫のそれに対応するものとして評価されることが多い。このことは、家庭内での暴力の原因にもなっている。女性は離婚したくても、離婚後、賃金労働によって得られる見込みのある収入が少ないので、男性の横暴に耐えることになる。

彼女は、こうした実質的なジェンダー間の不平等を是正する方法論として、「原初状態」における「無知のヴェール」の下で正義の原理が選択されることを提唱したロールズの議論と、領域ごとに異なる〝正義〟の相互関係を視野に入れた「複合的平等 complex equality」を考えるべきだとするウォルツァーの議論を組み合わせたアプローチが有効ではないかと指摘する。もし「原初状態」にある〝私〟が、「無知のヴェール」によって自分がどちらのジェンダーに属するか分からない状態にあるとすれば決して同意しないであろうと想像される家族制度は、「正義」に適っておらず不正である。そして、その家族制度における不正が職業生活や教育など他の領域における不正と結び付き、相互に補強し合っているとすれば、二重、三重……の意味での不正であるので、それを「プライヴァシー」の名の下に放置することはできない。そこで、一つの領域だけに照準を合わせた平等ではなく、領域間の相関関係を視野に入れた「複合的平等」が求められるわけである。

オーキンは、男性と女性の間の「労働の配分」と婚姻契約を中心に構成される「家族制度」についても、ロールズ＝ウォルツァー的な「正義」の基準を適用して、格差を是正していくことで、ジェンダーレスな社会を目指すべきだと主張する。ただし彼女は、公／私の区分を撤廃すべきだと考えているわけではなく、人々が公的領域における役割や立場からくる緊張から一時的にでも解放され、身近な他者たちとの間で親密な関係を築くための領域、**「親密圏」としての「私的領域」の重要性**を認めている。問題なのは、公的領域での職業活動における不平等と結び付いた家庭内の不平等のせいで、親密な関係の構築も阻害されていることである。

「公／私」境界線の再編に向けて

「家」を中心とする「私的領域」における〝正義〟と、公的領域での職業・経済活動における「正義」を複合的に考えるアプローチは、オーキンの議論とほぼ同時期に、アメリカ・フランクフルト学派（批判理論）に属するフェミニストたちによっても開拓されつつあった。ここでアメリカの社会・政治・法哲学にも少なからぬ影響を与えたフランクフルト学派のことを改めて説明しておこう。

大戦中にアメリカに亡命し、戦後ドイツに戻ってフランクフルト大学に、批判的な社会科学の殿堂とも言うべき「社会研究所」を再建したテオドール・W・アドルノ（一九〇三—六九）、マックス・ホルクハイマー（一八九五—一九七三）を創始者とするフランクフルト学派は、当初は、近代合理主義・理性中心主義批判を基調とする社会理論を追求していた。フロムとマルクーゼも、戦前の社会研究所のメンバーであった。フロムはアドルノらと仲違いして、戦後はドイツの学派と距離を置くようになったが、マルクーゼは学派との緊密な関係を維持している。近代市民社会に生きる「理性的な主体」のアイデンティティ形成の画一性や、人々に現実を見えなくさせているイデオロギー（虚偽意識）の生成をめぐる問題を、ネオ・マルクス主義的な視点から探究する初期フランクフルト学派の総合的な社会理論は、ポストモダン左派や「差異の政治」派にも大きな影響を与えた。

しかしアドルノ、ホルクハイマーの後を継いで学派の指導者となったハーバマスは、「近代的な『理性』を克服するための批判的理性をいかに獲得するか？」をめぐって堂々巡りを続けた師たちの議論を不毛と見なし、市民社会の中での権利主張を通して、諸個人の自由を確保するための積極的な戦略を模索するようになった。彼は、アーレントの公共性論を取り入れて、市民的公共圏における民主的な意志形成のための条件を探究する**コミュニケーション的行為論・正義論**を展開するようになる。そうした彼の問題意識は、自由な主体たちの間で正義の原理について合意が成立する可能性を探究するロールズ的なリベラリズムの問題意識とかなり重なってくる。アメリカのフランクフルト学派でも、一九八〇年代に入って、アドルノやマルクーゼよりもハーバマスの影響をより強く受けた世代が台頭してきたのに伴って、哲学的な「リベラリズム」との違いがそれほど目立たなくなってくる。

その代表的な論客であるトーマス・マッカーシー（一九四〇―　）、セイラ・ベンハビブ（一九五〇―　）、ナンシー・フレイザー（一九四七―　）らは、八〇年代末から九〇年代にかけて、自由な市民たちの理性的コミュニケーションを通して形成されてきた市民的公共圏のさらなる発展に期待を寄せるハーバマスの議論は、市民社会の主流であるブルジョワ階級の（白人）男性たちのコミュニケーションから排除されている人たちの存在を軽視する傾向にあると指摘し、ハーバマス理論から若干距離を取るようになった。そうしたアメリカ・フランクフルト学派独自の問題意識は、多文化社会や文化戦争といったアメリカ社会の急激な変容と密接に結び付いている。

その中でも、公／私二分論の問題に強くコミットしているのはフレイザーである。彼女は、アメリカの歴史の中で、黒人などのエスニック・マイノリティや女性たちの間で、白人男性たちのそれとは別の（対抗）公共圏が形成され、それなりに機能していた時期もあったことを指摘したうえで、ハーバマスのように単一的な公共圏をイメージするのではなく、各種の文化的あるいはジェンダー的なサブ公共圏を含んだ、**緩やかなネットワークとしての多元的な公共圏**を考えるべきだと提案する。

フレイザーによれば、各種のサブ公共圏があることによって、主流派の公共圏では「プライヴェート」な事柄扱いされ、「共通善」をめぐる市民的コミュニケーションの俎上に載せられていなかった問題に、公共の光が当てられることがある。例えば、女性たちのサブ公共圏において、家庭内の夫による暴力が〝公的問題〟として論じられたことをきっかけとして、DVは市民社会全体が公的に対処すべき問題になった。フレイザーは、サブ公共圏の間での「公／私」の境界線のズレを利用し、私的領域の闇の中に閉じこめられていた問題を、公共的コミュニケーションの回路に載せていくためのフェミニズムの戦略を模索するようになる。

彼女の議論もまた、オーキンと同様に、公／私の境界線の撤廃を目指すものではない。フレイザーにとって重要なのは、何が公共的に論じられるべきかを絶えず問い直し、**境界線を流動化させること**である。境界線を流動化させることを通して、財の公正な（再）配分や職業における機会均等を実現するだけでなく、それまで自立した人格として認められず、蔑《ないがし》ろにされてきた人たちが、（公／私双方の領域で）承認されるための道を開くわけである。

フレイザーやオーキンのような、公／私の境界線を再編することを視野に入れた「正義論」が登場してきたことで、「リベラリズム」という議論の土俵は大きく変容した。**「リベラリズム」が、アイデンティティ、価値観などに関わる問題に介入しないということはもはや全くの自明の理ではなくなった。**アイデンティティや価値観の違いゆえの文化的差別・非承認を放置しておけば、それが職業における機会均等を損ない、経済的不平等にも通じることが明らかになった以上、「リベラリズム」とは関係ない問題としてすませることはできなくなったのである。

【間奏曲Ⅱ】 日本のポストモダン思想

ポストモダン受容の背景

日本においても、一九七〇年代後半から八〇年代前半にかけて、レヴィ＝ストロース、ジャック・ラカン（一九〇一―八一）、フーコー、デリダなど、フランスの構造主義／ポスト構造主義が紹介されるようになり、八三年に浅田彰（一九五七―　）の『構造と力』が出版されたことをきっかけに、「ポストモダン」が思想的なブームになる。哲学、文化人類学、精神分析、記号学、文芸批評、社会学など多分野にわたって、「西欧近代」を相対化する議論を学際的に展開するポストモダン思想は、それまでのアカデミズムになかった新しい知のスタイルを生み出した。

ただし、アメリカの「ポストモダン思想」が比較的早い時期から、ポストコロニアル・スタディーズ、エスニック・スタディーズ、ジェンダー・スタディーズなどの「文化闘争」的な意味合いを強く帯びた研究と結び付いて、「差異の政治」の一翼を担うようになったのに対して、**日本の「ポストモダン思想」は少なくとも九〇年代半ばくらいまでは、非政治的なものと見なされた点はかなり異なる。**この背景には、日本とアメリカの社会構造と政治文化の違い、特に七〇年代から八〇年代にかけての左派的な政治文化の変化の仕方の違いがあると思われる。

本講義でここまで述べてきたように、アメリカでは六〇年代の公民権運動やフェミニズム、ベトナム反戦運動の盛り上がりの結果、政治が〝リベラル〟化し、社会・文化面での構造的な変化が起こった。この変化に対応して、アメリカの憲法理念を再確認すべく、リベラリズム、リバタリアニズム、コミュニタリアニズムの三つの潮流から成る「リベラリズム」の哲学が形成されることになったのである。八〇年代になって、この変化をさらに推し進めていこうとする「差異の政治」派と、伝統的な文化に回帰しようとする保守派の間での政治的対立が激化した。「アメリカ国民であるとはどういうことか？」という――日本人からすれば――一見かなり抽象的に見える問いが、アクチュアルな意味を持つことになった。「市民」としてのアイデンティティが拡散・分裂していく、ある意味極めて〝ポストモダン的〟な状況は、近代的な「主体」の成り立ちを多面的に疑問に付す「ポストモダン思想」の社会批判的な側面に対応していたわけである。

日本では、周知のように、六〇年代末の全共闘運動の終焉以降、政治におけるイデオロギー対立は急速に縮小していった。七〇年代前半には、大都市圏を中心に革新自治体が増えたが、連合赤軍など一部の新左翼セクトの観念的に過激化した行動が学生や知識人の反発を買ったこともあって、左派の中心的な哲学であったマルクス主義自体は次第に衰退していった。八〇年代に入るまでマルクス主義主導の日本の左派運動は、あくまでも「資本主義批判」を中心に据えており、部落差別、女性差別、在日朝鮮人差別などの差別問題や、福祉や公害・原発問題なども、階級闘争の一環として位置付けられることが多かった。そのため〝本体〟であるマルクス主義の影響力が後退すると、**個別の問題を横断して、社会的正義の原理を追求する社会・政治哲学が不在になった。**

マルクス主義の影響があまり広がらなかったアメリカでは、リベラル左派を中心に、「自由」「平等」「権利」「正義」といった抽象的な概念の本質をめぐる哲学的な論争が七〇年代から盛んになり、それが社会・政治哲学的な論議のフォーラムになっていた。そうした主流の議論が穏健・現状維持的で満足できないと考える人たちが、フランスのポストモダン思想やドイツのフランクフルト学派の影響を受けた「差異の政治」に引き寄せられたり、その逆に、バークやハイエクなどに依拠する「(新)保守主義」に向かったわけである。

それに比べて日本では、非マルクス主義的な左派(市民派)も含めて、マルクス主義的な階級闘争論、価値論、資本論、帝国主義論、イデオロギー論、疎外論、共同幻想論などに依拠しながら議論を組み立てる慣習が定着していたので、〝本体〟の理論的権威が落ちると、新たな議論が出てきにくくなったということがある。左派の側にポスト・マルクス主義的な哲学が現れてこなかったせいで、それに対抗すべき右派の側にも目新しいものは出てこなかった。

また、アメリカにとっては、「ベトナム」は国家のアイデンティティをめぐる深刻な問題であり、七五年のベトナム戦争終結後も長く尾を引くことになったが、戦争の直接の当事者でなかった日本にとっては、それだけの意味は持ち得なかった。日米安保体制の下で、日本が自衛隊を持ちながら、海外での軍事紛争には関わらないという事態が長く続いたせいで、左派が掲げる反戦・平和・護憲運動の〝高邁《こうまい》な理念〟は、次第に国民にとってのアクチュアルな関心ではなくなり、〝純粋に道徳的な理念〟としての性格を強めていった。国民的なアイデンティティの危機というべきものがなかったのである。そのため、六〇年代後半から七〇年代にかけて、日本論・日本人論について多くの著作が出されたが、「日本国民であるとはどういうことか？」という問いがリアリティを持つことはなかった。

所詮は「高尚すぎる理念」なのか

本格的な政治・社会哲学が不在であり、国民的アイデンティティを本格的に問い直す必要性も感じられていなかった一九八〇年代的な状況において、近代批判あるいは脱近代の言説としての「ポストモダン（現代思想）」が導入されても、それが具体的な政治・社会問題と結び付きにくかったのは極めて当然のことだろう。そのため、「ポストモダン」はもっぱら、資本主義の「消費」を中心にした新たな発展形態に対応する、ライフスタイル・価値観・アイデンティティの〝自然〟な多様化・流動化という**消費文化論的な文脈で受容されるようになった**。文化的・政治的闘争などの激化によって、アイデンティティが拡散するという話ではないのである。浅田彰の著作『逃走論』（一九八四）のタイトルがそのことを象徴している。

八二年一一月に自民党内のタカ派として知られる中曾根康弘（一九一八―二〇一八）が首相に就任し、「戦後政治の総決算」を掲げて、国鉄の民営化などの新自由主義的な改革や防衛力強化などを追求するようになり、現実政治の保守化が進んだことに注目して、それとレーガン政権下でのアメリカの変化がパラレルな関係にあるという見方をすることができないわけではない。しかし、レーガンがベトナム敗戦のショックから立ち直り、「強いアメリカ」としての威信を取り戻すために、対ソ強硬路線を追求するようになったのに比べると、アメリカとの同盟関係をより緊密にすることで、国際社会での日本の発言権を増そうとした中曾根の路線は今から見れば、かなり受け身的である。

また、レーガンを支持した宗教右派を中心とする保守勢力が、中絶反対や学校での祈禱の実現などをスローガンに掲げて、大規模な社会運動を展開し、「差異の政治」派との間で「文化戦争」を繰り広げるようになったのに比べると、日本では、社会を大きく変動させるような保守系の運動は起こっていない。高度消費社会化が急速に進み、家族や地域共同体などに対する帰属意識はますます弱まっていったにもかかわらず、それに抗する本格的な共同体復興運動も、コミュニタリアニズムのような「共同体」重視の哲学も登場しなかった。『諸君！』や『正論』などの保守系メディアの影響力が拡大したにすぎない。

マルクス主義的な左派の凋落《ちょうらく》が決定的になった九〇年代に入ってから、ポストモダンの旗手の一人であった柄谷行人（一九四一―　）、デリダの研究者として著名な高橋哲哉（一九五六―　）など、ポストモダンの主立ったメンバーが左派的な態度を鮮明にし、スピヴァクなどのアメリカのポストモダン左派の議論を受容するようになった。ただし、日本では今に至るまでアメリカのような本格的な「文化戦争」は起こっておらず、教科書問題や靖国問題のような部分的争点しかないということもあって、日本の現状に即した政治・社会哲学を包括的に展開するには至っていない。

日本のポストモダン左派は、「国民国家」――と、その構成員としての「日本人」のアイデンティティ――の虚構性を批判的に論ずる文脈で、比較政治学者でコーネル大学教授のベネディクト・アンダーソン（一九三六―二〇一五）の『想像の共同体』（一九八三、日本語訳一九八七）をしきりと参照するが、植民地統治下にあって「一つの国民」としてのアイデンティティが構築されてきたインドネシアなどの第三世界諸国をモデルにするアンダーソンの研究を、（沖縄とアイヌ民族居住地を除いて）近代化以前から国土とその住民の大部分が国としての一定のまとまりを持っていた日本に当てはめることには無理がある。かつてのマルクス主義がそうであったように、アメリカ産の「差異の政治」やイギリス産のカルチュラル・スタディーズも、日本にとって〝高尚すぎる理念〟になっているきらいがある。

Ⅲ

ポスト冷戦期のリベラリズム

第六講

政治的リベラリズムへの戦略転換——流動化する「自由」

ローティの挑戦

文化的アイデンティティや公／私二分論をめぐる問題の浮上によって「自由主義」の存立基盤が問い直されるようになった一九八〇年代末から九〇年代にかけて、哲学的な「リベラリズム」論議に新たに参入し、新たな方向での議論をリードするようになったのが、言語哲学者・比較文学者のローティである。

第一次大戦以降の現代哲学においては、主体の意識の内部における対象（客体）の再構成のされ方を問題にしてきた従来の「認識論」的な枠組みから、主体相互の関係を規定している言語体系の中で対象が構成され、意味付与される仕組みを問題にする「言語論」的な枠組みへのパラダイム転換が起こっており、そのことを一般的に**「言語論的転回 linguistic turn」**と言うが、この名称を使い出したのはローティである。

ローティは元々「分析哲学」の系譜に属する哲学研究者であったが、クワインやウィルフリド・セラーズ（一九一二―八九）らの影響を受けて**「ネオ・プラグマティズム」**的な立場を取っていた。この場合の「ネオ・プラグマティズム」というのを、私なりにごく簡単に要約すると、一応「分析哲学」の議論の文脈に身を置きながら、人間の思考を規定している主要な「概念」や「命題」を厳密に分析し定義することによって、「真理」を一義的に確定できるはずと考える分析哲学の主流派の立場には必ずしも与せず、「プラグマティズム」のように、「概念」や「命題」を、世界を把握するための道具として緩《ゆる》やかに捉えようとする立場ということになるだろう。ローティはまた、言語は、世界の真の姿（＝真理）を映し出す透明で中立な媒体ではなく、人々の間の社会的ゲームの規則にすぎないとする後期ウィトゲンシュタインの言語ゲーム論の影響も受けており、究極的な「真理」の探究に拘る分析哲学の主流派にはかなり批判的である。

彼をアメリカの哲学界で有名にした『哲学と自然の鏡』（一九七九）では、デカルト以降の近代の認識論的哲学が、人間の「心」（＝主体）をまるで「自然」（＝客体）を正しく映し出す「鏡」であるかのようにイメージし、その「鏡」をいかに正確に再現するかにのみ専念してきたと指摘され、そうした基本的発想自体が不毛だと批判されている。「心」は、「鏡」のように世界を正確に映し出すわけではないからである。主体の内面から「言語」へと焦点をシフトした現代の言語哲学も、「言語」を世界の正しい姿（＝真理）を映し出す「鏡」として扱っている点で、認識論的哲学と基本的に同じ図式に依拠している。ローティは、「鏡」としての「心」あるいは「言語」を知識の絶対的な源泉と見なし、その「鏡」の反射のメカニズムを探究することで、全ての知を基礎付けようとする哲学の態度を**「基礎付け主義 foundationalism」**と呼び、これに固執することを不毛と見なす。

ローティは、哲学者相互の会話としての「哲学」という営みには、共同で真理を探究し、異論の余地のない最終的真理に到達することを目的とする**「認識論 epistemology」的なタイプ**のものと、会話者同士の合意を目指しながらも、意見の不一致もさらなる対話のための生産的な刺激と見なす**「解釈学 hermeneutics」的なタイプ**のものがあると指摘する。

前者の哲学観は「知」を「基礎付ける」者としての職業的な哲学者を特権化する傾向があるのに対して、後者は「知」をめぐる会話の文脈を広げ、多様化させていく傾向がある。人間の「知」は、各人の置かれている社会的な立場、歴史や文化などの偶然的な要素によって規定されている部分が大きい。〝同じもの〟に対する見方が立場によって異なってくるので、どういう文脈でなされている「会話」かに関係なく、誰にとっても常に通用する〝真理〟を求めても仕方ない。ローティに言わせれば、お互いの依拠する文脈を理解し合いながら、視野を広げていく**「解釈学」的な会話の方が生産的である。**

ローティは「解釈学」的な哲学理解として、デューイ、ジェイムズ、パースらのプラグマティスト、近代の形而上学を徹底的に批判したハイデガー、後期ウィトゲンシュタイン、哲学的な解釈学の意義を現代において再定式化したドイツの哲学者ハンス＝ゲオルク・ガダマー（一九〇〇―二〇〇二）などを挙げている。彼は、近代の「基礎付け主義」的な哲学観を解体しようとする自らの関心が、(分析哲学とは全く異質な存在と思われてきた) フーコーやデリダらのそれと通底していることを認めている。八〇年代の彼は、分析哲学の中の［後期ウィトゲンシュタイン＋クワイン］的な流れを、ハイデガー、フーコー、デリダらのポストモダン系の思想や、アメリカ固有の哲学としてのプラグマティズムと繋ぐことを通して、**分析哲学の内部改革を目指す哲学者**として次第に知られるようになった。

重なり合う合意

そのローティが「リベラリズム」をめぐる論議に参入するきっかけになったのが、一九八八年の論文「哲学に対する民主主義の優位」である。この論文で彼は『哲学と自然の鏡』の［認識論 vs. 解釈学］図式と同じような論法で、自由主義的な社会理論には二つのタイプがあると指摘している。一つは、「人権」を非歴史的で絶対的なものと見なすものであり、そしてもう一つは、特定の共同体、文化の中の合意の産物でしかないと見なすものである。前者の代表としてドゥウォーキンを、後者の代表としてデューイやロールズを挙げ、後者を支持する。リベラリズム哲学主流派の二大巨頭であるドゥウォーキンとロールズを分けて、ロールズを自分やプラグマティズムの側に分類しているところがポイントである。

ローティによれば、アメリカ建国の父の一人であるジェファソンが宗教など個人的価値観の問題と、「政治」とを切り離して、同じ価値観を持たなくても民主社会は成立することを強調した。公的領域における「政治」と、何を〝真理〟と信じるかに関わる個人の（私的な）宗教的信念を分けて考えていたわけである。これは、一般的に宗教的寛容論として理解される。ロールズも『正義論』において、正義に適った国家における、「寛容」の問題に言及しており、ジェファソン的な精神を受け継いでいると見ることができる。ローティはこの視点から、ロールズの八五年の論文「公正としての正義：形而上学的ではなく政治的な」に注目する。後でまた触れるように、この論文は後期のロールズを前期と分かつ分岐点としてしばしば言及される。

この論文でのロールズの議論の特徴を簡単に言うと、「公正としての正義」の原理について合意するのに、道徳的な信念を共有する必要はないことを強調している、ということになるだろう。マッキンタイアやサンデルらのコミュニタリアンの批判からも分かるように、ロールズの『正義論』は、政治共同体が共有すべき「共通善」を可能な限り「薄く」設定して、価値観が違う人でも「正義」の原理に合意しやすく設定していた。ただし、原初状態における正義の二原理に対する「合意」を必然視するかのような議論をしているところから見て、〝人間の本性〟に根ざした〝真理〟のようなものを想定しているかのようにも取れる。少なくとも、ほとんどの人間が、「無知のヴェール」の下に置かれた際に、社会的正義に関して、〝自然〟と、ロールズたち〝リベラル〟と同じような考えをするという**〝人間本性論〟的な想定**がなければ、話が成り立たなそうである。厚生経済学者のアローやイギリスの法哲学者のハートらは早い時期から、ロールズがそうした〝人間本性論〟的な想定をしたうえで、正義の原理についての合意が可能だと強弁しているのではないかという主旨の批判をしていた。

「公正としての正義」でロールズはこの点についての疑問をクリアにしようとしている。**「寛容toleration」の原理を、哲学それ自体にも適用する**、というのである。つまり、正義の原理に合意するのはあくまでも「政治的問題」であって、〝ロールズたちリベラルと同じような思考回路〟を持っている必要はないというのである。人々の間で、基本的な価値観や世界観、真理に対する信念などが違っており、そのため考え方の筋道が違っていても、結果的に望ましい社会的秩序について大体同じようなイメージを抱いており、基本的な自由や権利に関して合意できるのであれば、その内容を憲法などに書き込むことで制度化すればいい。ロールズ自身はそうした立憲政治の基礎となる**「重なり合う合意overlapping consensus」**と呼ぶ。「重なり合う合意」を基礎に、具体的な問題の解決に向けて互いに通じる言葉――「公共的理性public reason」――で討論することが可能であれば、全ての市民がロールズと同じような考え方をする〝リベラル〟になる必然性はない。別の言い方をすれば、包括的な道徳的教説（comprehensive moral doctrine）としての「リベラリズム」を、「公正としての正義」の道徳哲学的な基礎としていちいち持ち出す必要はないのである。

ローティのロールズ解釈——基礎付け主義からの脱却

ローティは、ロールズのこうした（新たな）戦略を支持する。人間本性、自我の本性、道徳的動機付け、人生の意味などに関わる「哲学的人間学」によって、民主的社会のための社会理論を「基礎付ける」必要がないからである。基礎付け主義ではないという点で、ロールズは、（立憲的な合意に含まれる基本的な人権を中心とする）「権利」の基底性に拘るドゥウォーキンとは異なる。ローティは、敢えて「哲学的には表面的に留まる」ことによって、「重なり合う合意」を達成しようとするロールズの態度を高く評価する。ロールズにおいては、**「民主主義」は「哲学」に優先するのである**。

ローティは、「リベラルな社会」の市民であるための条件をプラグマティックに示そうとするロールズの議論を、ジェファソンやデューイの民主主義的自由主義の系譜に連なるものと見なす。ジェファソンやデューイは、**「アメリカ」を民主主義的自由主義のための共同の「実験」と考え**、民主主義の基礎付けには拘らないようにした。そうした「アメリカ」の実験主義的な民主主義の伝統を、（基礎付けしようとすることなく）体系化したのがロールズの理論だというのである。ローティは、このアメリカ的伝統についての記憶を保持し続けるべきだと主張する。

ロールズの正義論の〝アメリカ性〟を強調するローティの解釈には、コミュニタリアン的な響きが若干感じられるようにも思われる。しかしローティ自身は、サンデルらのコミュニタリアンの議論が、「自我」の歴史的本質を明らかにしたうえで、自らの社会理論を基礎付けようとする「基礎付け主義」的な性格を持っていることを指摘し、それとは一線を画している。コミュニタリアンたちは、哲学的反省あるいは宗教への回帰によって、前近代的な共同体を復活させることができるかのような語り方をするが、ローティに言わせれば、それは不可能だし、試みるべきでもない。アメリカの民主主義は、諸個人を解放して、各人が自らを完成すべく自由に活動できるようにするために、**公的領域での政治に人間の本質論を持ち込むべきではないこと**を自己理解の一部に組み込んでいるのである。

リベラル・アイロニストの特性

一九八九年に刊行した著書『偶然性・アイロニー・連帯』でローティは、ロールズのデューイ的な解釈からさらに一歩踏み出して、**「リベラルな共同体は可能か?」**という問いと取り組んでいる。ローティは、ある意味での「リベラルな共同体」は可能であるという立場を取っているが、その場合の「リベラルな共同体」の性質を説明するために、『哲学と自然の鏡』でも援用したイギリスの保守主義的な政治哲学者マイケル・オークショット(一九〇一—一九〇)による「統一体 universitas」と「社交体 societas」の区別を利用している。

「統一体」が、共通の目標によって統一された仲間意識を持った一団であるのに対して、**「社交体」**は、互いを保護し合うために協力しているが、同調することは避けようとする人々の一団である。「統一体」と「社交体」では、社会における道徳性と見なされるものが異なる。前者では、道徳性は人間の魂の神的部分に由来するものと見なされるのに対し、後者における道徳性は、人間によって偶然的に作り出されたものであり、時と場所とともに移り変わり、絶えず「実験」に曝《さら》されている。

「社交体」としての性格を強く有する、ローティの理想の「リベラルな共同体」の市民は、自分自身が道徳的な熟考をする際に用いる言語、自分の良心、自分の属する共同体の道徳性が偶然の産物であることを知っており、そういう**偶然性の感覚**を身に付けている。ローティは、自らがコミットしている理想が、偶然的なものにすぎないことを知っているリベラルのことを、**「リベラル・アイロニスト」**と呼ぶ。先のロールズの「公正としての正義」での議論と関係付けて言えば、一つの「包括的な道徳的教説」としての「リベラリズム」が、「リベラルな共同体」を支える唯一の理論的な基礎になり得るわけではないし、そういう「基礎付け」によって、〝リベラリズム〟ではない――と自分が思っている――考え方を排除すべきではないことを十分に心得た〝リベラル〟である。リベラル・アイロニストは、「リベラリズム」という思想を選択し、それにコミットすることもあるが、その選択が偶然的なものであって、他人に強制すべきではないことを承知している。

「リベラル・アイロニスト」は、近代市民社会で支配的になっている「自由」観さえも偶然の産物にすぎず、文字通りの意味での〝普遍性〟は有していないと見なしている点では、ポストモダン的である。ローティは、「リベラル・アイロニスト」の特性を説明するために、「リベラリスト」になることを拒否する「アイロニスト」の代表格としてのフーコーと、「アイロニスト」になることを拒否する「リベラリスト」の代表格としてのハーバマスを引き合いに出し、両者の共通点を指摘したうえで、長短を比較する。

両者の共通点は、人間の「本性」を規定したうえでそこから社会理論を構築しようとするプラトン―カント的な企てを徹底的に批判しようとする姿勢である。人間の〝自由〟を拘束するあらゆる制度化された権力に抵抗しようとするニーチェの影響を強く受けたフーコーは、近代のリベラルな社会が、理性の名の下に特定の文化的パターンを人々に押し付け、前近代には見られなかったような大きな抑圧を生み出していることを告発し続ける。フーコーは、その抑圧された状態に「主体＝臣民」としての「我々」があまりにも慣らされてしまっているがゆえに、リベラルな社会の自己改良は不可能だと考える。新たな抑圧を生み出す可能性のある、いかなる制度的改革に対しても警戒し続けるという意味でフーコーは「アイロニスト」であるわけだが、ローティに言わせれば、フーコーがリベラルな改革を拒否するのは、彼が、人間存在の深層に、決して抑圧されるべきではない〝何か〟があると想定しているからだ。そうした、見えない〝人間本性〟に対する拘りを捨てれば、リベラルな改革を支持してもいいはずだ、というのである。

それに対してハーバマスは、ニーチェ的な権力批判の意義は認めているものの、ニーチェ－フーコー的な言説は最終的には、「批判」している自らの「理性」自体を疑わざるを得なくなって、袋小路に陥ることを見抜いている。そこでハーバマスは、個々の主体に内在する普遍的理性ではなくて、主体相互のコミュニケーションの中で間主体的に発揮される**コミュニケーション的理性**に訴えかけるという戦略を取る。個々人の人間本性のようなものに「真理」が宿っているわけではないが、主体の間で〝自由〟に展開される討議を通して現れてくる〝真理〟には普遍的妥当性があると考えるわけである。ローティは、基礎付け主義的ではない仕方で、民主的な合意の可能性を探るハーバマスのリベラルな戦略は、実質的には、自分のそれと一致すると認めている。しかし、ハーバマスが「コミュニケーション的理性」を、近代の普遍的理性の哲学的代替物にしようとしていることには同意できないとしている。主体間の理性的な討議を経て到達した合意も、偶然の産物にすぎず、時間的・空間的な制約を超えた普遍的妥当性を主張することなどできない、というアイロニストの見方が必要だ、とリベラル・アイロニストを自認するローティは主張する。

「文化左翼」批判

このように、ローティの「リベラル・アイロニズム」は、いかなる特定のヴァージョンの〝リベラリズム〟にも拘らない態度を貫き、〝自由であること〟それ自体に重きを置くことを売りにするわけであるが、彼はその一方で、先に述べたように、アメリカ固有の〝基礎付けなきリベラリズム哲学〟としての「プラグマティズム」には妙に拘る傾向がある。面倒な人間本性論的考察なしに具体的な問題の解決を図る「プラグマティズム」の効能を強調する際には、「人間本性」論批判に固執しすぎて、なかなか具体的な問題解決を示そうとしないポストモダン思想など、現代哲学の他の潮流に対して厳しくなるふしがある。そうした彼の微妙な政治的立場を象徴していると思われるのが、一九九八年に刊行された『わが国を達成する』――邦訳タイトル『アメリカ　未完のプロジェクト』――である。

この本でローティは、「プラグマティズム」をアメリカ固有の左派思想と見なしたうえで、自分自身の思想がその系譜に属するものであることを明言している。彼によると、現代のアメリカの（左派）知識人の大多数は、愛国心（patriotism）に対して懐疑的であり、アメリカ人であることに誇りを持つことは、西部開拓時のネイティヴ・アメリカンの虐殺とか、ベトナム戦争のような残虐な侵略行為に繋がると考える傾向がある。しかしそれはあくまでも現代の左派の傾向である。少なくとも二〇世紀の最初の六〇年間には、世界で初めての階級制度のない社会、協同的連邦国家（cooperative commonwealth）となり、収益と富を公正に配分し、機会の平等も保障するアメリカを誇りにし、守っていこうとする愛国主義的な左派の言説の方が優勢だった。一九世紀末から二〇世紀初頭にかけて、労働者の権利や社会的公正の実現、独占的な大企業の活動に対する法的規制を主張した進歩主義（progressivism）の運動や、ローズヴェルトのニュー・ディール政策なども、そうした愛国主義的な言説によって支えられていた。

ローティは、マルクス主義のような革命的左翼思想が定着しなかったアメリカでは、**「改良主義的左翼」の伝統**が形成されていたことを指摘する。進歩主義運動にコミットした政治ジャーナリストのハーバート・クローリー（一八六九―一九三〇）、世界産業労働者組合（ＩＷＷ）の創設者でアメリカ社会党の大統領候補になったユージン・デブズ（一八五五―一九二六）、進歩主義運動の代表者であり、民主主義的教育論を展開したデューイなどだ。彼らはその時々の政権に影響を与え、労働組合の組織化、労働者の権利の向上、富の再配分などに関して一定の成果を収めていた。

しかし、六〇年代後半にベトナム反戦運動や公民権運動に伴って、学生たちを中心に「新左翼」が台頭してきたことで、状況が変わってきた。「新左翼」は、「改良主義的左翼」は女性や黒人に対する差別を無視してきたと主張して、改良主義を否定し、ラディカリズムに突き進んでいった。「新左翼」の派手な活動によって、「改良主義的左翼」の方は次第に影が薄くなり、〝左翼〟と認識されなくなった。しかしローティに言わせれば、そうした「新左翼」の主張は、あまりにも一面的な見方である。改良主義的な左翼は、差別問題が経済的不平等に起因すると考え、経済面からの事態の改善を試み、一定の成果を上げてきた。それに対して新左翼は、文化闘争にばかり力を入れ、現実的な改革にはあまり関心を持たなくなった。大学レベルで言うと、左翼の中心は社会科学系の学部から文学部へと移ってしまった。

そうした、「経済」の仕組みをあまり考えず「文化」にばかり力を入れる左翼のことを、ローティは**「文化左翼 Cultural Left」**と呼ぶ。ポストモダンの影響を受けた「文化左翼」は、「差異の政治学」とか「カルチュラル・スタディーズ」などを専門とし、差別の背後にある深層心理を暴き出すことに懸命になる。彼らはフーコーの権力批判やデリダの「正義」論など、ポストモダンの言説に依拠しながら、現在の体制の下でのいかなる〝改善〟にも意味がないことを暗示する。ローティに言わせれば、「文化左翼」は、**半ば意識的に反アメリカ主義にはまっている**。彼らが「アメリカを改良することはできない」という前提に立って、〝差別を構造的に生み出すアメリカ社会〟を告発し続ける限り、いかなる現実の改良も生み出すことはできない。彼らは口先だけはラディカルであるが、現実の（経済的）改革には関心を持たないので、実際にはただの傍観者に留まっている。

ローティは、「アメリカ」を、**民主主義の夢を完成するための壮大なプロジェクト**と見なし、そのプロジェクトを継承・発展させていくべきだと訴えた一九世紀の詩人ウォルト・ホイットマン（一八一九―九二）やデューイの思想を受け継ぐ、「改良主義的左翼」の伝統を保持していく必要性を強調する。こうした左翼としての愛国心の必要性を説くローティの態度は、それまで支配的だった共産主義／自由主義という思想的対立軸がなくなって、左翼と右翼の言説が交差するようになった〝ポストモダン状況〟をよく表しているように思われる。ローティにとって、民主主義や弱者の権利のために闘う左翼であることと、民主主義の壮大な実験場として発展してきた「アメリカ」に誇りを持つことの間に矛盾はないのである――社会学者の小熊英二（一九六二― ）の本のタイトルを借りて言えば、**「『民主と愛国』のプラグマティスト」**とでも言うべき存在である。アメリカ固有のリベラル左派思想としてのプラグマティズムへの彼の拘りは、「リベラル・アイロニズム」と一見矛盾しているようにも思えるが、アメリカにプラグマティズム的な伝統が形成されたことも、彼がプラグマティズムに慣れ親しむようになったことも〝偶然〟にすぎないことを彼自身が十分自覚しているとすれば、最終的には矛盾していないのかもしれない。

ロールズの戦略転換

先にローティとの関連で述べたように、ロールズは論文「公正としての正義：形而上学的ではなく政治的な」を出した頃から、「リベラルな社会」に向けての構想を、道徳哲学によって基礎付けるつもりがないことを明言し、人間本性に基づく普遍的な合意ではなく、異なった価値観・世界観を持つ集団の間での「重なり合う合意」を重視するようになった。それによって、共同体の中で培われた「善」に基づく社会理論が必要であるとするコミュニタリアンの主張とはっきり一線を画すとともに、世界観、価値観、アイデンティティが異なる集団の間で、どのように正義についての合意を成立させたらいいのかという多文化主義的な問題に答えようとしたと見ることができる。当然その場合、ロールズの掲げる「リベラリズム」は、価値観・世界観の違いを超えて万人が共有すべきメタ価値観あるいはメタ世界観のようなものではなく、価値観・世界観が異なる人たちが共存するための調整装置の提案というような意味合いになる。

『正義論』から二二年後に出された『政治的リベラリズム』（一九九三）でロールズは、そうした自らの「リベラリズム」を自己限定しようとする姿勢を鮮明にしている。この本でロールズは、『正義論』における自分の議論は、正義についての包括的な哲学的・道徳的教説（comprehensive philosophical and moral doctrine）と、政治的構想との区別をはっきりさせていなかったと自己批判したうえで、ここでは、後者の方の議論に集中するつもりであることを宣言している。「リベラリズム」自身が独特の人間本性論に固執する一つの「包括的な哲学的・道徳的教説」になってしまうと、他の様々な宗教的・哲学的・道徳的教説の間の関係を調停して、「重なり合う合意」へと誘導することができなくなるからである。**異なる教説の間の関係を政治的に調整する役割に徹する〝リベラリズム〟**という意味で、ロールズは「政治的リベラリズム」という言い方をしている。

政治的リベラリズムは、その政治的な狙いをもって、各々が分別がある（reasonable）けれど相互に両立し得ない包括的教説が複数存在することが、立憲的な民主体制の自由な諸制度の枠内で人間的理性が行使されたことの正常な帰結と見なす。政治的リベラリズムはまた、分別ある包括的教説は民主的体制の本質的部分を拒絶しないと想定する。無論、一つの社会には、分別がなく非合理的で、狂ってさえいる包括的教説も含まれているかもしれない。その場合、問題は、そうした教説が社会の統一性と正義を掘り崩さないように抑制することで

ある。（神島裕子、福間聡訳『政治的リベラリズム　増補版』紀伊國屋書店、二〇二二年、xiv以下、一部改訳）

「分別がある」というのは、互恵的な関係のために他者たちと協力する意思があり、そのための具体的な提案を自ら行なったり、受け入れたりする用意がある、ということである。「政治的リベラリズム」は、そうした意味で「分別がある」包括的教説でありさえすれば、受け入れることができるような社会的協力のための制度を、民主的な手続きを通して構築することを目指すわけである。

『政治的リベラリズム』でも、『正義論』で使われた「原初状態」や「無知のヴェール」といった思考実験装置が利用されているが、これらは、（人間の普遍的本性に対応した）論理的な必然性として「正義の二原理」を導き出してくれるものではもはやない。自由で平等な市民の「代表」たちが「社会的協力のための公正な条件」をめぐって公共的に討議する場面において、各人が信奉する包括的教説や、それぞれの教説ごとの「善」の概念に関連する情報を遮断して、「重なり合う合意」に到達しやすくする装置として想定されているにすぎない。言い換えれば、人々がいくつかの異なった包括的教説を信奉する集団を形成しており、そのため基本的な価値観において全面的に一致することができないことを大前提にしたうえで、**社会的協力体制が、特定の包括的教説を信奉する集団にとって有利になったり不利になったりすることがないよう調整する思考の補助装**

置なのである。「政治的リベラリズム」は、〝リベラリズム〟が目指すべき最終的な理想を描き出すことよりも、民主的制度の枠内での協力の条件を練り上げることに関心を持つわけである。

「公共的理性」はいかに発動するか

ロールズは、市民社会に生きる「合理的 rational」かつ「分別ある」市民たちの、社会的協力のための公正な条件について民主的に討論する際に、彼らを合意へと導く共通項として、カントに由来する**「公共的理性」**という概念を引き合いに出している。「公共的理性」は、特定の内容の正義の原理に導くものではなく、分別がある合理的な主体たちの公共的な場での討論の進め方を条件付け、公正なものにする「理性」の作用である。無論、この「公共的理性」が、万人に内在する普遍的なものであるということになれば、「政治的リベラリズム」が特定の人間観を前提にしていることになり、その人間観を共有していない包括的教説と対立することになりかねない。そのためロールズは、「公共的理性」を人間本性的なものとしてではなく、「重なり合う合意」に根ざした立憲民主政体の諸制度と不可分に結び付いているものとして描き出している。

全ての理性＝理由付けが、公共的理性＝理由付けであるわけではない。教会、大学、そして市民社会の他の多くの連合体による非公共的理性＝理由付けもあるからである。貴族制あるいは独裁制の政権では、社会の善が考慮される時、それは――そもそも存在しているとしても――公衆(the public)によってなされるわけではなく、誰であれ支配者によってなされることになる。公共的理性=理由付けは、民主的人民の特徴である。それは民主的市民たちの、同等の市民権(citizenship)のステータスを共有する人たちの理性=理由付けである。彼らの理性=理由付けの主題は、公衆の善、つまり正義の政治的構想が、社会の諸制度の基本的構造、そしてそれらの制度の目的や目標に対して要求するものである。(同前、二五七頁以下、一部改訳)

「公共的理性」が発動するのは、全ての市民に対して開かれた公共的な=公開のフォーラム(public forum)において、投票権、宗教的寛容、公正な機会の平等や財産権の保障といった「憲法の本質的要因」に関わる討論がなされる場合である。立憲民主政体の基本的な正義の構造に関わる公開の討論であるから、特定の包括的教説を信奉する集団とか、特定の組織の内部でしか通用しない「非公共的な理由付け」を持ち出すわけにはいかない。立憲体制を成立させる根拠になっているはずの「重なり合う合意→政治的構想」に訴えかける形で、立場の異なる――分別があり合理的な――市民たちを説得できるような「理由」を示す必要がある。そうした意味での、「公共性 publicity」が人々の公共的言説を制御しており、公共の場に出てこないような〝隠れた理由〟が、「憲法の本質的要因」に関わる政治的決定をこっそりと左右することがなく、結果的にどのような決定がなされるにしろ、それが「憲法」を構成する「合意」に適ったものであることを公に示すことが可能な状態が、「公共的理性」の理想である。

ロールズは、アメリカにおいて「公共的理性」が作用する具体的な場の例として、連邦最高裁を挙げている。最高裁が法律の合憲性を審査する際には、まさに「公共的理性」がガイドラインになる。最高裁は、「憲法の本質的要因」をどう解釈すべきか独断で決めているわけではなく、自らの解釈が憲法の「政治的構想」に適っているものである根拠＝理由（reason）を、「公衆」としての市民たちに示し、正当化する責任を負っている。そうした最高裁による「公共的理由」の呈示を通して、公共の場での「憲法の本質的要因」をめぐる討議は活性化し、「公共的理性」は鍛えられ、教育されることになる。

コミュニケーション的理性と公共的理性

「リベラリズム」の哲学的基礎付けの作業をいったん停止し、「公共的理性」による民主的討議の条件付けに重点を置くようになったロールズの新戦略は、市民社会における民主的討議の基本的ルールに関わる討議倫理や憲法的秩序を支えるコミュニケーション的権力の問題と取り組むハーバマスのそれとかなり重なっている。ハーバマスの議論の核にある**「コミュニケーション的理性」**も、カントに由来するものであり、実質的に「公共的理性」とほぼ同義であると解することもできる。『政治的リベラリズム』の一年前に出された『事実性と妥当性』（一九九二）でハーバマスは、自らが問題にする政治的意思形成に向けての市民たちの公共的コミュニケーションは、〝普遍的な人間本性〟のようなものに基づいて〝自然〟に進行するわけではなく、立憲民主主義的な法・政治制度によって一定の形式を与えられ、条件付けられたものであることを強調している。また、公共的討議のプロセスにおける「正義」を重視する自らの正義論（手続的正義）を、ロールズのそれやドゥウォーキンの権利論と――かなり批判的な形ではあるが――関係付けることも試みている。

『フィロソフィー・オブ・ジャーナル』九二号（一九九五年三月）に掲載された『政治的リベラリズム』に対するハーバマスの書評論文と、同じ号に掲載されたロールズの応答論文のやりとりで、両者はお互いの哲学的立場の違いを明らかにするため、細かい論点にわたる〝論争〟を行なっている。しかし、第三者的な立場から見る限り、両者はむしろ、「公共的理性」≒コミュニケーション的理性」に依拠することで、異なった複数の価値観・世界観が併存する社会における民主的討議と合意の可能性を理論的に探るという方向性において基本的に一致しており、大きな相違はないことの方が〝明らかに〟なったように思われる――両者の理論構成の微妙な違いについては、齋藤純一「憲法と公共性」：『岩波講座　憲法3』（岩波書店、二〇〇七）参照。

ロールズが、立憲的な諸制度に根ざした民主的な意思形成のルールに議論の重点を移したことは、ロールズ以上にリベラルな国家の価値中立性を強調する、政治哲学者でブラウン大学教授のチャールズ・ラーモア（一九五〇―　）や、リベラル・アイロニストを自認するローティらには歓迎されたが、「リベラリズム」を一定の普遍的に共有されるべき価値観をベースにした道徳哲学として発展させることに拘るポッゲのような人たちにとっては不満を残すことになった。

ロールズたち〝主流派リベラル〟が、特定の道徳的教説に依拠する必要のない「政治的リベラリズム」を前面に出すことによって、価値観・世界観をめぐる問題からさらに遠ざかっていく一方で、サンデルらのコミュニタリアンたちは、その逆に**「政治」を道徳化する路線**を強めていった。サンデルは、民主主義を活性化させるには、政治共同体の「共通善」のために、公的領域での活動に積極的にコミットする市民としての徳性を、家庭、地域共同体、学校などで培い、道徳をめぐる公共的会話を活性化する必要があるとして、コミュニタリアン版の「公共哲学」を展開し、影響力を拡大していった。

民主主義の問い直し――ラディカル・デモクラシーと共和主義的民主主義論

ロールズの「政治的リベラリズム」への戦略転換や、それを評価するローティの議論に見られるように、一九八〇年代末から九〇年代にかけて、「民主主義」の政治哲学的意義をめぐる議論が盛んになる。異なった価値観・世界観を有する人たちが、それぞれ自らにとっての幸福＝善を自由に追求しながら、同時に、公共の福祉のための政策を採択しようとすれば、社会的意思決定過程における公正さを担保することが必要になる。文字通りの全員一致が不可能だとしても、少数派になった人たちが「一方的に強制された」とあまり感じないように、民主主義に基づいた討論を可能な限り充実させておく、ということである。

ロールズの『正義論』は、原初状態での正義の原理の採択に際しての民主的意思決定をめぐる議論としての性格を持っており、その側面に関してアローやハートから批判を受けたわけだが、議論の重点は、各人が「無知のヴェール」の下で〝自発的〟に「正義の二原理」を選択するであろうという推論の方に置かれていた。『政治的リベラリズム』では、〝各人の自発的選択〟の線を引っ込めて、民主的討議の方に重点を移したわけであるが、そのことによって、「では、どのようなルールに基づいて討議すべきか？」「公共的理性に照らした正当性とは具体的にどういうものなのか？」「果たして、合意に到達できるのか？」といった新たな問題を抱え込む形になった。

こうした「リベラリズム」陣営内での、政治的リベラリズムという視点からの「民主主義」への関心とは別の文脈で、レーガン政権による新自由主義的経済政策や、文化的保守派の現実政治への影響拡大に危機感を募らせるラディカルな左派の間で、民主主義の形骸化に警鐘を鳴らし、**「民主主義」の本来の意義を根源的に問い直そうとする「ラディカル・デモクラシー」**の議論が、やはり八〇年代末から九〇年代にかけて展開されるようになった。

例えば政治思想史家のシェルドン・ウォリン（一九二二―二〇一五）は、『過去の現前性』（一九八九）――邦訳タイトル『アメリカ憲法の呪縛』――で、ジェファソンの民主主義推進論に反対し中央集権的で強力な政府（行政）を作ることに固執したフェデラリスト（連邦主義者）の議論を批判的に検証しながら、アメリカ憲法の歴史においては、人民に対する管理を強めながら自己拡大しようとする中央集権的な官僚制の権力と、地方自治、脱中央集権的政治、参加型民主主義、平等主義的な感情などの諸伝統の間の緊張関係がずっと継続してきたことを指摘している。彼はそうした歴史的経緯を踏まえながら、〝民主主義〟を、国家権力の都合に合わせて上から押し付けようとするレーガン政権のやり方（操作的民主主義）を批判している。

また、これらと並行する形で、古代ギリシア、ローマの都市国家に端を発し、ルネサンス期のイタリアの政治思想家マキャヴェリ、ピューリタン革命時のイギリスの政治思想家ジェームズ・ハリントン（一六一一―七七）らを経由して、建国の父たちに影響を与えたとされる「共和主義」の伝統を歴史的に研究する政治思想史家や、それを現代的状況に応用しようとする政治哲学者・法哲学者たちによる、「共和主義」と「民主主義」を一体のものとして理解することを試みる**「共和主義的な民主主義論」**の流れもある。

この場合の「共和主義」は、市民たちによる（集合的な）自己統治の形態として古代都市国家において生まれてきた「共和制」という枠組みが、各市民の自由な幸福探求の条件を提供し、人間性・アイデンティティ形成を可能にしているという考え方である――「共和主義」再評価の現状については、佐伯啓思・松原隆一郎編『共和主義ルネサンス』（NTT出版、二〇〇七）参照。共和主義的な民主主義理解の場合、民主的な討論に参加して「共通善」をともに探求し、政治的共同体（共和政体）を支えていくことは、市民たちの権利であるとともに義務であることが強調される。アーレントの公共性論も、このタイプの民主主義論の一種と見ることができる。

討議か闘技か

これらの異なった系譜に属する政治哲学的論議が、相互に部分的に交差しながら、いくつものタイプの「民主主義」論を生み出しているわけであるが、その内で最も強い影響力を持っているとされるのが、**「討議（熟慮）的民主主義 deliberative democracy」**と呼ばれるものである。「討議＝熟慮」を重視するのは、「民主主義」の大前提であるようにも思えるが、敢えて「討議」という要素を強調するのは、単に議会などで形式的に議論を行なって多数決を取るだけでなく、公共的に開かれた討議のプロセスを通して、それに参加する市民たちが自らの見解を変化させ、新たな視座を獲得することや、討議を進めるための条件を練り上げることを通して、討議によって得られる結論に正当性を与えることが含意されているからである。

「討議的民主主義」の主要な提唱者はハーバマスやベンハビブ、ウィリアム・レーグなどのアメリカ・フランクフルト学派であるが、公共的理性に根ざした民主的討論を重視するロールズの「政治的リベラリズム」もこの系列に属すると見ることができる。ロールズの弟子の中では、ジョシュア・コーエンが「討議的民主主義」と専門的に取り組んでいる。討論することを通じて、新しい視座を獲得することを、共和政体を支える市民たちの義務と考える共和主義的な民主主義論も、「討議的民主主義」と重なっている部分が大きい。憲法学者で、日本でもインターネットと民主主義の関係を論じる〝ネット法学者〟として知られるキャス・サンスティン（一九五四― ）は、共和主義の立場から「討議的民主主義」論にコミットしている。彼が、インターネット上のコミュニケーションにおいて同じような意見の人たちだけが集まって、異なる意見に耳を傾けないまま一方的な議論を続ける内に、どんどん過激化していく「サイバー・カスケード」現象に懸念を示しているのは、それが民主主義にとって最も重要な「討議」を妨げることになるからである。

ラディカル・デモクラシー論の中でも、市民たちの「討議」への直接的な参加を通して民主主義を実質化し、政府権力を抑制することに重きを置くウォリンのような議論は、「討議的民主主義」の一種と見ることもできる。ただし、「ラディカル・デモクラシー」のかなり極端なヴァージョンには、「差異の政治」と結び付いて、「討議」を通して「合意」という形での「同一性」を産出することよりも、異なった価値観やアイデンティティを有する人々の間の根源的な不一致を明らかにすることをより重視する立場がある。言い換えると、形式的な手順によって到達された〝合意〟の装いの下に、ジェンダーやエスニシティなどについての様々な「差異」を隠蔽する傾向の強い既成の「民主主義」を根底から批判し、これまで不可視化されてきた「差異」を浮上させることを目指すわけである。その意味では、「合意」に向けて「討議」を収斂させていくことを志向する「討議的民主主義」とは対立する関係にある。

この方面の代表的な論者は、ベルギー出身の政治哲学者で主としてイギリスで活動するシャンタル・ムフ（一九四三―　）と、先にテイラーとの関係で取り上げたコノリーである。ムフは、近代市民社会において、民主主義的な討論のフォーラムとして設定されているもの自体が、〝ラディカルに異なっているがゆえに、合意が不可能な存在（他者）〟を予め排除することによって成立していると指摘し、そうした排除のことを看過したまま、合理的な討論が可能であるかのような議論をしているとして、ハーバマスやロールズたちを批判している。そのうえで、彼女は討論のフォーラムを疑似的に成立させている線引きを問題にし、（新たな）他者たちが参入できるように変更していく闘争を絶えず続ける必要があると主張して、それを**「闘技的多元主義 agonistic pluralism」**と呼んでいる。コノリーも、『アイデンティティ／差異』で**「闘技的民主主義 agonistic democracy」**という言い方をしているが、彼はムフのように「闘技」を、必ずしもお互いの存在を否定し合う敵対的な関係として捉えておらず、既存のアイデンティティのあり方や社会的慣習を疑問に付す異議申し立てを相互に行なうことによって、新たな差異を発見したり、逆に相互依存的関係を確認したりして、相互変容を促す場としてイメージしている。

「リベラリズム」と「デモクラシー」の相性

ここで、「自由主義」と「民主主義」の関係について、そもそも論を言っておこう。個人の自由な活動の余地を確保することに主眼を置く「自由主義」と、集団的意思決定のための制度である「民主主義」は、論理的に突き詰めて考えれば、必ずしも両立するわけではなく、むしろ対立する局面の方が大きい。どれだけ民主的に討論を尽くしても、多数派の意見に合意しない人はいるし、たとえ形式的に全員が合意しているように見えても、それが自由な思考に基づく合理的判断によるとは限らないからである。

しかし、（自由主義も民主主義も認めない）前近代的で権威主義的な社会や、自由な討論の余地がない「全体主義体制」に対して闘いを挑まねばならない状況においては、「人々が自由に意見表明し、活動できる政治・社会状況を作り出し、民主的討論を活性化することを通して、民意を反映した国家を建設する」という共通目標の下に、「自由主義」と「民主主義」は共闘し、「自由民主主義」の名の下に結合することができる。第二次大戦直後から、冷戦最盛期である一九五〇年代半ばにかけてのアメリカや西側諸国にとって、そうした意味で「自由主義」と「民主主義」の一体性は自明の理であった。

しかし、最低限の「自由と民主」が確保され、かつ〝共通の敵〟がいなくなった状態で、「自由」と「民主」をそれぞれ充実させようとすると、対立が目立つようになってくる。自由な活動の余地を可能な限り拡げようとするリバタリアンたちにとっては、「民主主義」的決定によって決めるべき公的事柄の範囲を拡大するのは好ましいことではない。他方、個人の自由を実質的に保障するには、資源や機会、潜在能力の平等が必要と考える人たちにとっては、「民主主義」の拡大は不可欠である。「民主主義」を拡大するにしても、合意に向けて人々の考え方の同一性を高めていくべきか、差異を際立たせるべきかで意見が分かれてくる。八〇年代末から九〇年代のアメリカにとって、誰にも満足のいくような形で、「自由・民主主義」という結合を理念的に保持することはかなり困難になっていた。

第七講
〈帝国〉の自由——「歴史の終焉」と「九・一一」

自由民主主義の勝利？

一九九〇年代に入って、アメリカの「リベラリズム」を取り巻く環境は大きく変化した。それを促したのは、東西冷戦の終焉である。八九年末から九〇年にかけて、東ドイツを皮切りに東欧の社会主義諸国が次々と崩壊し、九一年末には、〝もう一つの自由主義〟、〝もう一つの民主主義〟を掲げてアメリカと対抗していたソ連が消滅した。そのためアメリカは、国内において「文化戦争」とも呼ばれる価値観の対立を抱えていたにもかかわらず、イデオロギー戦争の〝勝者〟になることができた。少なくとも、軍事力においてアメリカと対等にわたり合えそうな国はなくなった。

しかし、ソ連・東欧ブロックの崩壊と相前後するように、世界各地で「地域紛争」が噴出するようになり、唯一の超大国になったアメリカがそれらにどういう基本的スタンスを取るべきかが新たな問題として浮上してきた。レーガン政権時のアメリカは、地域紛争の背後に「悪の帝国＝自由の敵＝ソ連」がいると見て、「自由を守る」という名目の下に介入することができた。しかし、肝心の「悪の帝国」がいなくなったため、アメリカが地域紛争に介入しようとすれば、自らの名において「自由で民主主義的な世界の秩序とは本来こうあるべきである」と規定したうえで、その〝秩序〟を回復しようとする自己の行為を正当化せざるを得なくなった。介入を受ける立場の国々、アメリカのやり方に不満を抱いている国々からすると、アメリカが〝自由〟と〝民主主義〟を押し付けているという印象が、それまでよりも強まることになる。その傾向が顕著になるきっかけになったのが、九〇年から九一年にかけての湾岸危機／湾岸戦争である。

九〇年八月にイラクがクウェートに軍事侵攻し、それに対して国連安全保障理事会は、即時無条件撤退を求めるとともに、イラクに対する経済制裁を決議した。この間アメリカは、隣国であるサウジアラビアに米軍の駐留を認めさせ、武力介入に向けて、各国有志を募る形で多国籍軍を編成した。そうした戦争準備の一方で、ブッシュ（父）大統領は九月一一日に上下両院合同会議で「新世界秩序に向けて」と題した演説を行ない、イラクのクウェートからの撤退と湾岸地域での安全と安定の確保に向けての多国間の協調体制が、東西冷戦後の新しい世界秩序維持の枠組み作りのテスト・ケースになるであろうことを示唆した。一一月には、アメリカの働きかけが奏功して、安保理で九一年一月を撤退期限とする「武力行使容認決議」が採択された。イラク側が撤退に応じなかったため、九一年一月一七日に多国籍軍の攻撃が始まり、二月末にイラク軍がクウェートから撤退し、戦争は終結した。その後も、旧ユーゴスラヴィア、ソマリア、ルワンダなどに対して、アメリカ主導の多国籍軍による武力介入が行なわれるようになる。

こうした状況の中で、国務省の政策企画局次長で、政治学者のフランシス・フクヤマ（一九五二―　）の著書『歴史の終わり』（一九九二）が刊行される。この著書の元になった論文「歴史の終わり」は、クリストルが編集長を務める保守系の国際情勢雑誌『ナショナル・インタレスト』の一九八九年夏季号に掲載された。この論文で彼は、ヘーゲル（一七七〇―一八三一）の歴史哲学に依拠しつつ、統治形態としての「自由民主主義」が君主制、ファシズム、共産主義などよりも勝《すぐ》れていることが世界の人々に承認され、最終的に勝利を収めることで、**人類の歴史はその「目的＝終焉 end」に到達しつつある**、と主張している。言い換えれば、共産主義の勝利によって（階級闘争の）歴史が終焉するという――ヘーゲルの歴史哲学の結末を書き換えたはずの――マルクスの唯物史観がもう一度ひっくり返されて、理想の社会をめぐるイデオロギー闘争が終焉するということである。フクヤマは、ロシア系のフランスの哲学者でポストモダン的なヘーゲル解釈に強い影響を与えたアレクサンドル・コジェーヴ（一九〇二―六八）の議論も引きながら、現代アメリカの平等主義は、マルクスの「階級なき社会＝自由の王国」のヴィジョンを大筋において具現しているとさえ示唆している。

この論文が発表された当時、ソ連では八五年に共産党書記長に就任したミハイル・ゴルバチョフ（一九三一―二〇二二）の下でペレストロイカ（改革）と、西側との関係改善、共存を目指す「新思考外交」が進められていたが、「共産主義」の旗はまだ下ろしていなかった。しかし、この論文発表の少し後、秋頃から年末にかけて東欧諸国で一連の変化が起こり、社会主義政権が崩壊し始めたため、図らずも、東西冷戦の本当の終焉を〝予言〟した形になり、大きな評判を呼んだ。

一冊の本として体系的に叙述されている『歴史の終わり』は、「自由民主主義」の勝利を確認するだけでなく、歴史の終焉（＝「アメリカ的生活様式」の浸透）に伴って、人々が労働と闘争を止めてしまい、主体性を失って再び「動物」に回帰する恐れがあることも、コジェーヴやニーチェに即して示唆している。フクヤマはまた、アメリカの「自由民主主義」が全ての価値体系に対して自己を開こうとするあまり、自由主義以前の共同体的価値観が侵食され、人間の尊厳を構成しているのは何かについての基本的合意を形成できなくなっていることを、「自由民主主義」の最終形態であるアメリカが抱える問題として描き出している。他の統治形態に対する「自由民主主義」の優位性を確信するとともに、その内部矛盾をも指摘する両義的な姿勢を示しているわけである。

「西欧」の限界

この本の一年後に、フクヤマのハーヴァード大学時代の師でもある国際政治学者のサミュエル・ハンチントン（一九二七―二〇〇八）の論文「文明の衝突か？」（一九九三）が『フォリン・アフエアーズ』夏号に掲載される。この論文は、西欧的な「自由民主主義」の勝利を確認したうえで、その後の状況を予測するフクヤマの議論とは対照的に、冷戦後の世界では新しいタイプの対立、すなわちイデオロギーや経済ではなく、文化的アイデンティティをめぐる対立が勃発するようになり、諸文明の間の断層線（fault line）が、未来の戦闘のラインになるだろうと予測している。冷戦時代においては、米ソ両超大国の下で抑え込まれていた文明間の対立が噴出しつつあり、冷戦の勝利者になったかに見えるアメリカを中心とする西欧文明圏に対し、イスラム文明、儒教文明、ヒンドゥー文明など、他の文明が次々と挑戦してくる可能性があるという。

湾岸戦争は、イスラム文明からの挑戦の最初の現れと見ることができる。戦争に際してアラブ諸国の大半は表面的にはアメリカに同調し、多国籍軍に協力したが、アラブ・イスラム圏の知的エリートや公衆の間でイラク支持の声が強くなり、これらの国々の政府は板挟み状態に置かれた。旧ユーゴスラヴィアや旧ソ連に属していた中央アジア諸国では、イスラム文明と、キリスト教文明あるいはギリシア＝ロシア正教文明の間の紛争が噴出している。この論文は、それまで国際政治のアクター（行為主体）として想定されていなかった――つまり、哲学・思想的なカテゴリーでしかなかった――「文明」の衝突という視点から、ポスト冷戦の世界情勢を分析する新たな議論として大きな注目を集めることになった。

そのさらに三年後の一九九六年に、一冊の本として刊行された『文明の衝突』では、冷戦後の世界が八つの主要な文明圏へと多極化しているとして、明確な文明地図を示している。西欧文明圏以外の他の七つの文明圏とは、ラテンアメリカ文明圏、アフリカ文明圏、イスラム文明圏、中国文明圏、ヒンドゥー文明圏、ギリシア＝ロシア正教文明圏、日本文明圏である——アメリカに対して極めて従順な日本も、他文明圏の一つとしてカウントされているわけだ。ハンチントンは、これまでの世界史では、「西洋化」という形での近代化の進展によって、西欧を中心とした「普遍的文明」が形成されつつあるように見えたが、現在ではむしろその逆に、非西欧の諸文明圏が西欧近代の技術的な成果を取り入れながら、自らの土着の文化やアイデンティティを復活させ、脱西欧化の傾向を強めている、と分析する。イスラム文明や儒教文明などの非西欧文明は、人口の増加や経済成長の面で西欧を凌駕しつつあり、かつ連携して西欧に対抗しようとするかのような動きを見せている。全面的なグローバルな文明間戦争を回避するには、西欧文明圏が自らの価値観によって世界秩序を形成しようとする普遍主義を放棄し、「グローバルな多文化性」を現実として受け入れ、「私たち」と「彼ら」との間の「共通性」を見出すべく努力すべきであると提言している。

「衝突」をいかに回避するか

政治理論家でラトガース大学教授のベンジャミン・バーバー（一九三九―二〇一七）の著書『ジハード対マックワールド』（一九九五）も、歴史は終わっておらず、世界には文化的対立が噴出しており、これからも噴出し続けるであろうとの認識に基づいて、冷戦後の世界を分析している。彼は対立が起こってくるメカニズムを、**「マックワールドMacWorld」化に抵抗する「ジハード」**という図式で説明している。

「マックワールド」とは、MTV（ミュージック・テレヴィジョン）、マッキントッシュ（Macintosh）、マクドナルド（MacDonald）などに象徴される、高度に発達した経済・技術力に支えられて、均質的なポップ・カルチャー的商品・サービスを速やかに提供してくれるグローバルな消費世界を指す。「グローバルなテーマパーク」と言うこともできる。「ジハード」というのは、もともとはイスラムの「聖戦」を意味する言葉であるが、この場合は、「マックワールド」という形でグローバルに拡大し続ける西欧近代に反発し、伝統的な価値、共同体的な信念を取り戻そうとする宗教的あるいは同族主義的な傾向一般を指す。当然、その意味での「ジハード」はイスラムに特有の現象でも、非西欧文明圏にしか見られない現象でもなく、西欧文明圏の内部でも現に生じている。バーバーは、アメリカのキリスト教原理主義派など、伝統を擁護しようとして文化戦争にコミットする保守派の動きも、「ジハード」と見なしている。

「マックワールド」がグローバルに拡大し、人々の生活様式が消費の面から〝西欧近代的〟になり、伝統的な共同体を支えてきた価値観が解体し、「公共善」が失われていくほど、「ジハード」が噴出するようになり、対話は困難になる。バーバーは、「マックワールドvs.ジハード」によって拡大していく無秩序に抗して、「グローバルな民主主義」を確立するには、「市民社会」を再活性化するしかないと主張する。「市民社会」とは、政府と民間セクターの中間を占める領域であり、そこでは単に選挙の投票や商品の取り引きが行なわれているだけではなく、近所の人たちの間で近隣の交通事情、コミュニティの学校や教会の運営、親睦団体の活動などについて語り合いがなされ、強制を伴わない形で「公共性」が創出されていく場である。この意味での「市民社会」を再活性化・国際化しながら、グローバルなレベルで統合された市場に対応する、（独立宣言を出した当時のアメリカのような）緩い連合体としてのグローバルな政府を構築することが、グローバルな民主主義の可能性を開くことになる、というのである。

消費中心の資本主義に対抗するうえでの「公共善」の復活を重視するバーバーの「市民社会」論は一見、コミュニタリアンの公共哲学の〝国際〟版のようにも見える。しかし、この三年後に出された『〈私たち〉の場所』（一九九八）でバーバーは、「市民社会」をもっぱら自由な諸個人の市場を中心とする私的な契約関係の総体として捉えようとするリバタリアン的な市民社会論、および、市民社会を家族、宗教、人種、エスニシティなどの所与の共同体を基盤にしているものとして捉えるコミュニタリアン的な市民社会論の双方から一線を画し、自らが擁護する**「強い民主主義モデル」の市民社会論**を呈示している。それは、たとえ異なった価値観を持ち、利害対立があるとしても、共同の土台を造り、公共的な仕事にコミットし、共通の関係を探求しようとする活動的な民主的市民の共同体であるという。彼はそうした自らの民主的市民社会論が、政治に主体的に参加する「市民的徳」を重視する「市民的共和主義」に近いものであることを示唆している。彼によれば、市民たちがイニシアティヴを取って、企業―市民協定を結んだり、市民消費者協同組合を結成したり、市民的礼節を伴った討議の場を拡張したりすることで、グローバル経済を制御することが可能であるという。

ハンチントンやバーバーが提起した、グローバル化し続ける西欧近代と、他の文明圏、あるいは伝統的な共同体との対立の不可避性をめぐる問題は、八〇年代からアメリカ国内で激化していた文化戦争の国際政治化であると見ることができる。「西欧近代」が浸透しすぎたせいで、かえって〝西欧近代〟に対する反発が生じ、その普遍性・正統性が揺らぎ始めるという点では、国際政治のポストモダン化と言うこともできよう。

「万民の法」――〝グローバルな正義論〟の試み

アメリカに代表される「西欧近代」に対する反発を抑えるためには、西欧／非西欧の経済格差の是正と、文化的多元性を前提にした「グローバルな民主主義体制」のようなものが必要になるのは確かである。そのためのグローバルな政治哲学の確立が、アメリカの「リベラリズム」の新たな課題として浮上してきた。**ロールズの正義論あるいは政治的リベラリズムのグローバル版**が求められるようになったわけである。しかし、スローガン的にそういう言い方をするのは簡単だが、具体的にヴィジョン化するのは、アメリカ国内政治の場合よりもずっと難しい。現実に世界政府がないので実効性がないのもさることながら、土台となるべき「自由主義」と「民主主義」についての考えが文化・文明ごとにかなり異なっており、そもそも「自由主義」も「民主主義」も認めない人々も少なくないからである。

ロールズの正義論をグローバルに展開する試みとしては、国際政治学者のチャールズ・ベイツ（一九四九— ）が、国際関係論の視点から「正義」を論じた『国際秩序と正義』を一九七九年に出している。また、九〇年代の半ばからロールズの正義論を現実的な構想として読み直すことを試みているポッゲは、その一環としてグローバルな正義論を導き出そうとしている。二人とも、ロールズの正義論が事実上、既成の「(国民)国家」を前提にしていることに関して批判的で、格差原理をグローバルに展開して貧困問題を解決しようとする点は共通している。ベイツは、偶然的な要素の強い天然の資源の配分における公正に重点を置いており、ポッゲは、国際的な財の移転に関わる既存の「制度」的枠組みの不公正を指摘し、「人権」という視点をより反映したものにすべきだと主張する。

ロールズ自身による国際的〝正義〟論の最初の試みは、オクスフォード大学での公開講座オクスフォード・アムネスティー講義で発表された「万民の法」(一九九三)である。この論文でロールズは、自らが「万民の法」として構想しているのは、『正義論』で展開した「公正としての正義」の諸原理から直接的に導き出されるグローバルな正義論のようなものではなく、議論の焦点はむしろ、「リベラルでない社会」に対して、リベラルな社会がどのように接すべきか、**「寛容」**

の限界をどこに置くかというところにあると明言している。一言で言えば、『政治的リベラリズム』の国際版ということである。ロールズは、「万民の法」を構成する諸原理を導き出すに際して、リベラルで民主的な社会の間で——『正義論』や『政治的リベラリズム』での議論に準ずるような形で——「リベラルな正義」を導出するプロセスと、それを「階層社会 hierarchical society」に拡張するプロセスの二段階に分けて考えている。「階層社会」とは、政教分離がなされておらず、宗教的性格を強く帯びており、階層制がある社会ということである。

ロールズは、「リベラルな正義」を受け入れることが可能な、**「秩序ある階層社会 well-ordered hierarchical society」**の条件として、①平和を好み、外交や通商などの平和的手段を通して自らの正当な目的を達成しようとする社会であること、②「正義の共通善的構想に導かれた法体系」を有しており、国内の各種の集団の意見を政治に反映させることのできる代表機関や議会などの「道理に適った協議階層制 reasonable consultation hierarchy」がそれに伴っていること、③生存権、自由権、財産権、自然的正義の原則によって明示される形式的平等などの基本的人権を尊重していること——の三つを挙げている。これらの条件を備えている階層社会であれば、リベラルな諸社会の間で（重なり合う）合意に達した「リベラルな正義」の内に、自分たちの社会に固有の共通善の構想と共通するものを見出し、受容することができるはずである。

ロールズに言わせれば、たとえ格差原理をグローバルに適用するための制度を作ることが難しいとしても、少なくとも基本的人権を中心に据えた「万民の法」を制定することは可能である。人権は、特定の包括的な道徳的教説や哲学理論に依拠する必然性はないからである。逆に言うと、「万民の法」の制定に合意してくれるような、「秩序ある階層社会」に対しては、リベラルな社会が自分たちのリベラルな価値を押し付けるべきではないということになる。ただし、ロールズは、「リベラルな正義」に同意する「秩序ある社会」だけで「万民の法」を制定すればそれで良いとしているわけではなく、「万民の法」を世界規模で実現するため、それに賛同する諸社会の間で公共的フォーラムを形成して議論を行ないながら、「道理に適って」いない「無法体制」に働きかけ変化させねばならないとしている。

「良識ある階層社会」カザニスタン

この六年後の一九九九年に一冊の本としてまとめられた『万民の法』では、『政治的リベラリズム』での方法論を応用する形で、「万民の法」を導き出すための手順をより精緻化することが試みられている。ここでは、まず二段階の「原初状態」が想定されている。第一の「原初状態」では、『政治的リベラリズム』の場合と同様に、リベラルな社会の内部で、異なった(分別ある)包括的教説が併存できるような形で、緩やかな「重なり合う合意」を成立させる。「重なり合う合意」が成立し、異なった包括的教説に従う人々の間で、幸福追求のための協働が可能になっている社会を「リベラルな社会」と見なしたうえで、それらの社会の民衆の代表たちが集まって、第二の「原初状態」の下で、リベラルな社会同士の関係を公正なものにするための「万民の法」を制定する。「万民の法」を受け入れたリベラルな諸社会の民衆は、自らの公共的理性に基づいて、どのような外交政策を進めるのが、採択された「万民の法」の諸原理に照らして「分別がある＝道理に適っている reasonable」のか判定することになる。

そうしたリベラルな諸社会のための「万民の法」を、次に**「良識ある階層社会 decent hierarchical society」**へと拡張することを試みる。「良識ある階層社会」というのは、先に論文ヴァージョンの「万民の法」で示された「秩序ある階層社会」とほぼ同義であるが、より精緻に定義されている。ここでは、「良識ある」と「道理に適った＝分別ある」という二つの形容詞が区別され、リベラルな社会の中の異なった社会集団間の関係を指す「道理に適った」よりも、「良識ある」の方がより緩い基準であることが明記されている。「良識ある」というのは、リベラルな社会に生きる民衆から見て、全面的に「道理に適っている」とは言えないものの、その逆に、全面的に「道理に反している」わけではなく、相互に協働的な関係を築くうえで、許容可能な違いの範囲に収まっているということである。

ロールズは、「良識ある階層社会」を具体的にイメージするために、「カザニスタン」という仮想のイスラム国家を描いている。カザニスタンでは、政教分離がなされていないため、高位の政治的・法的官職はイスラム教徒が独占しているが、宗教的マイノリティに対しても公民権が付与され、差別を受けることがなく、かつ、各種の階層的協議機関の代表が一堂に会して、政府に対して意見を述べることのできる全体集会のようなものもある。カザニスタンのような「良識ある階層社会」であれば、第二の原初状態で到達された合意内容を受け入れ、「万民の法」を支持する民衆から成る（国際）社会の一員になることができるし、その資格があるというのである。つまり、「良識ある階層社会」は、第一の原初状態での合意をスキップして、第二の原初状態から合意に加わることになるわけである。

こうした議論の進め方は、かなりテクニカルであり、現実の国際関係にあまり対応していないし、理念型を構築するための議論だとしても、それをどのように応用していいのか分かりにくい。カザニスタンのような都合の良い例を考えて、問題が解決しそうであるかのように見せかけているだけなのではないか、という疑念さえ湧いてくる。ただ、「リベラルな哲学者」であるロールズとしては、リベラルな社会が共有すべきミニマルな正義の原理は放棄したくないし、かといって、非リベラルな――多くの場合、非西欧的な――社会に対して、リベラルな価値を一様に押し付けるわけにもいかないというジレンマにあって、カザニスタンのような仮想の同盟者を設定することで、西欧産のリベラリズムの独断性を緩和するような妥協策を模索せざるを得なかったのかもしれない。その妥協策に対して、手続き論的な一貫性を与えようとしているので、不自然に煩瑣《はんさ》な議論になっているのは否めない。

正戦論の導入

このようにしてロールズは、良識ある階層社会を「万民の法」を擁護する陣営に仮想的に取り込んだうえで、拡張主義的な政策を取る無法国家に対しては、「万民の法」を支持する諸国民衆の社会が、自らの安全と安定を守るための交戦権を有すると主張する。そのうえで、ウォルツァーの『正義の戦争と不正の戦争』(一九七七)などの、従来からの「正義の戦争(正戦) just war」論の線に即して、**「万民の法」から見た「正戦」の条件**、つまり正戦の目的と手段を規定することを試みている。簡単に言うと、あくまでも「秩序ある諸国民衆の社会 well-ordered society of peoples」の安全と平和を守ることのみを目的として戦争を遂行すべきであり、相手方(無法国家)の指導者、兵士、民間人の区別を明確にし、民間人を標的にしてはならないだけではなく、一般兵士と民間人の人権を尊重しなければならない、といった内容である。

ロールズが「万民の法」に「正戦論」を組み込んだ背景には、民主党のビル・クリントン(一九四六—)が大統領に就任した一九九三年以降も、ソマリアや旧ユーゴの内戦に対する、アメリカあるいはNATOによる「人道的介入」——人権を侵害されている人を保護するための介入——が行なわれ、どのような場合に、どのような制約の下で武力行使が正当化されるのか論じざるを得なくなったことがあると考えられる。

また、秩序立った社会を作るために必要な政治的・文化的伝統、人的資源、物質的・技術的資源などを欠いている**「重荷を負っている社会burdened societies」**に対しては、「秩序ある諸国民衆の社会」は**「援助義務」**を負っているとしている。この場合の「援助義務」というのは、ベイツやポッゲらの言うグローバルな配分的正義、格差原理のようなものではなく、あくまでも「重荷を負っている社会」が自らの政治文化を変化させ、正義に適った制度を自らの力で確立できるようになるまで、（必ずしも物質的なものとは限らない）各種の援助を提供するということである。当該の社会が、リベラル社会、あるいは秩序立った社会になったとすれば、それ以上の援助を続けて、全面的な平等を目指す必要はないというわけである。

このように「万民の法」の役割を限定することを通して、ロールズは、西欧先進諸国と第三世界諸国の双方にとって何とか妥協できそうな穏当な線を出そうとしたのである。無論、コスモポリタン（世界市民主義的）な正義を目指すポッゲのような人たちからすれば、かなり不満が残る内容になってしまった。

〈帝国〉とは何か

ロールズの『万民の法』の翌二〇〇〇年には、テキサス州知事のジョージ・ブッシュ（息子）（一九四六―　）と、アル・ゴア副大統領（一九四八―　）の間で大統領選が行なわれたが、この年イタリアのマルクス主義哲学者アントニオ・ネグリ（一九三三―二〇二三）と、デューク大学で比較文学を教えるマイケル・ハート（一九六〇— ）の共著『〈帝国〉』が、ハーヴァード大学出版局から刊行され、話題になった。この著作は、それまでほとんど本格的な試みがなかったポストモダン（左派）的な視点からの冷戦後の新世界秩序論であるとともに、アメリカの立憲的な共和政体の歴史に、その新秩序のモデルを見出そうとしているところに特徴がある。

本講義の第四講、五講でも見たように、八〇年代のアメリカで、「差異の政治」と結び付きながら発展してきたポストモダン（左）派の議論では、アメリカが具現しているような西欧近代の「自由民主主義」は、白人男性を基準にしたものであり、その〝普遍性〟は見せかけであるという告発がなされてきたわけだが、ネグリたちは敢えて逆転の発想をして、アメリカ的な憲法＝国家体制（constitution）を、ポストモダン化社会に対応する左派の政治に利用することを試みたわけである。

この本のタイトルになっている〈Empire（帝国）〉という言葉は、一九世紀末から二〇世紀初めにかけてのヨーロッパ諸国の「帝国主義 imperialism」を連想させるが、ネグリとハートはそれとは異なるものだと明言している。「帝国主義」というのは、資本主義的な工業化を遂げたヨーロッパの「国民国家」が、さらなる拡張のために海外に進出し、植民地獲得をめぐって互いに競合するようになった事態を指す。個々の〝帝国〟は、イギリス人、フランス人、オランダ人などの本国人が植民地を収奪して繁栄するためのシステムである。

それに対してネグリたちが問題にしている〈帝国〉はむしろ、古代ローマ帝国の「帝国」の意味に近い。ローマ帝国は、ラテン民族が征服した他の諸民族を一方的に支配するシステムではなく、一定の条件を満たせば、他民族でもローマ市民権を獲得し、法の下で平等な扱いを受けることのできる開かれた法＝権利の体系を備えていた。開かれた法＝権利の体系を有していたおかげで、ローマは各地の異なる言語・文化の民衆の中から「帝国」を主体的に支える「市民」をリクルートし、世界帝国として拡大し続けることができた。市民たちの自己統治のシステムとして発展した「共和政体」を普遍化していく形で「帝国」になったわけである。

ネグリたちは、グローバリゼーションの進展に伴って、**世界規模で普遍的な法＝権利の体系を備えた〈帝国〉が生成しつつある**と指摘する。具体的には、国連、国際通貨基金（ＩＭＦ）、世界銀行、世界貿易機関（ＷＴＯ）などの国際的な経済機関、各種の国際条約によって構成される国家間関係などの超国家的な性質の法的な構成体（constitution）と、それらによって提供される法の枠内で国際的に活動する多国籍企業、メディア、宗教組織、非政府組織（ＮＧＯ）などのネットワークを指す。〈帝国〉の生成に対応して、グローバルな市民権とでも言うべきものも形成されつつあるという。

「マルチチュード」の可能性

日本でもそうであるが、アメリカや西欧諸国でも左派思想家の大多数は、グローバリゼーションの中で世界の人々の生活が国際的な金融資本によって全面的に支配されつつあり、貧富の格差がますます拡大していると批判している。金融資本のグローバル化のきっかけになったのが、サッチャーやレーガンによる新自由主義的な規制緩和・金融自由化政策であり、冷戦の終焉によってそれが加速されたということもあって、左派の間では、グローバリゼーションを新自由主義的なものと見る向きが強い。特にポストモダン左派は、ポストコロニアル・スタディーズなどの「差異の政治」の理論を応用して、各地の土着の文化的アイデンティティが破壊され、人々は「西欧近代」が押し付けるライフスタイルに従うことを余儀なくされ、均質的な形で臣民＝主体（subject）化されている、というような議論を展開し、グローバリゼーションを非人間的なものとして非難する。

ネグリとハートも、フーコーのミクロ権力論などを参照しながら、〈帝国〉に生きる市民＝臣民の生が、資本を中心とするグローバル化した不可視の権力によって「内面」から支配されているという議論はしている。しかし、グローバリゼーションへの同化を強いる権力作用のおかげで、従来の国民国家の境界線を越えたハイブリッド（異種混交）的なアイデンティティが形成されつつあり、かつネットなどのグローバルな通信網の発展によって、違った文化・文明圏に属し、異なった価値観を持った帝国市民＝臣民たちが連帯できる可能性も広がっている。ネグリたちは、そうした多様なアイデンティティを持ちながら、〈帝国〉によって準備された各種インフラを利用して、不定形な連帯関係を随時結んでいる人々を、一七世紀のオランダの哲学者スピノザに倣って、「マルチチュード（multitude：群衆＝多数性）」と呼んでいる。

社会福祉的な機能を備えた国民国家を再活性化することによってグローバルな金融資本を制御しようとする社会民主主義的あるいは再配分主義的なリベラル左派や、植民地化される以前のローカルなアイデンティティを再発見することでグローバリゼーションに抵抗しようとする「差異の政治」派とは異なって、ネグリとハートは、「マルチチュード」が〈帝国〉の「市民」としての自らの権利を最大限に主張し、〈帝国〉を事実上奪い取ってしまうような、逆転の発想による戦略を立てた方がいいと示唆する。ネグリたちに言わせれば、反グローバリゼーションという形で、左派が、ローカルなアイデンティティの殻に閉じこもってしまうのはマイナスであり、いかなるポジティヴな結果も生まない。

〈帝国〉論とロールズの接点

ネグリとハートは、〈帝国〉が「マルチチュード」のグローバルな活動を可能にする開かれた共和政体を有している歴史的背景として、〈帝国〉の実質的な中核となっている「アメリカ」の憲法＝国家体制に言及している。理性、精神、一般意志、絶対的主権者……といった超越論的な原理に依拠する形で構築されてきた従来の西欧近代的な国家主権の諸形態と比べて、独立戦争の勝利によってそれらから隔絶されたアメリカは、ゼロから新しい主権原理を生み出すことのできる立場に立った。

実際、アメリカ人たちは、アーレントやトクヴィルも指摘したように、市民たちが「自由」に活動することのできる、開かれた憲法＝国家体制を創出することに成功した。それは、マルチチュードとしての人民の（緊張・対立を胎《はら》んだ）相互作用を通して、権力の在り方が常に想像／再想像されている状態、**「構成的権力＝憲法制定権力 constituent power」**が絶えず働いている状態である。言い換えれば、権力の源泉であるマルチチュード＝人民が、自らが作り出した国家体制に縛られて、硬直的なアイデンティティを形成することなく、絶えず「自己」自身の在り方と、自らが構成する権力形態を変動させている状態である。建国後も、フロンティア開拓を通して、領土的にも住民の多様性の面でも拡大し続けたアメリカでは、常にマルチチュード的な混淆《こんこう》が行なわれ、権力の形が変化し続けた。

ネグリたちは、ロールズの影響を受けた憲法学者のアッカマンの憲法史論に倣って、アメリカの憲法＝国家体制を、①独立宣言から南北戦争、再建時代までの時期、②世紀の変わり目をまたいで二〇世紀初頭まで続いた革新主義の時期、③ニュー・ディールから第二次大戦を経て、冷戦の絶頂期までの時期、④六〇年代の社会運動とともに始まり、東欧ブロックの崩壊を経て現在に至るまでの時期——の四つの時期に分けて考えている。三つの体制転換が起こったのは、それまでの憲法＝国家体制の下での拡張が限界に達し、危機状態の中で、権力形態を根底から作り変えざるを得なくなったからである。

「アメリカ」の「自由な空間」の拡張は、アメリカ先住民たちの土地を奪い、奴隷として連れてこられた黒人を隷属化するといった負の側面を持っていたが、憲法＝国家体制の転換に際して、抑圧されていた人たちも次第に市民化され、自己拡大・変容する「構成的権力」の中に組み込まれていった。そうした「アメリカ」の［危機→憲法体制の変容→危機→……］という運動が、「アメリカ合衆国」という主権国家の枠を超えて、グローバルなレベルで展開しつつあるのが、ネグリ＝ハートが主題にしている〈帝国〉という現象である。現在の「アメリカ合衆国」は依然として自らの国益に固執しているので、〈帝国〉それ自体ではないが、アメリカの開かれた「法＝権利」の理念体系を継承している〈帝国〉は〝アメリカ〟的性格を持っている。いわば、〈アメリカ〉というヴァーチャルな理念が、現実の「アメリカ合衆国」を超えて、顕在化しつつあるのが〈帝国〉なのである。

アメリカの開かれた憲法＝国家体制の伝統を積極的に評価し、そこからさらなる可能性を掘り出そうとするネグリ＝ハートの議論は、ポストモダン左派の議論とは正反対であり、むしろロールズなどのリベラル派の議論と重なっている。『〈帝国〉』の中でもごく簡単にではあるが、〈帝国〉の法＝権利の体系が、ロールズの正義論が志向する普遍化可能な正義に似たものであることが示唆されている。初期ロールズの正義論に見られる、アメリカ憲法に内在する諸原理の再発見と普遍化の試みが、ロールズなどリベラル派の思惑を遥かに超えて、グローバリゼーションを通して地球規模で——格差の拡大や伝統文化の破壊といった負の帰結も伴いながら——現実化しつつあるというのが、ネグリたちの主張である。

ネグリたちの議論は、国民国家の枠を超えて自己増殖する「資本」の運動の波及効果として、人々の生やアイデンティティ、集団的想像力の在り方、世界の秩序が変化するというポストモダン的な「存在」論に基礎を置いているので、世界の存在構造とか歴史の発展法則のような〝形而上学的なもの〟を議論の中に直接持ち込まないことを大前提にしているリベラリズムの哲学とはどうしても相容れないところがある。しかしアメリカの憲法原理あるいは共和政体の開かれた性格や、それのグローバルな正義論への応用可能性、グローバル化した市民社会と文化的多元性の間の緊張関係などをめぐる議論はかなり共有しているので、両者の間で一定の生産的な対話が行なわれる可能性もあったのではないかと、私には思われる。〇二年のロールズの死と、それに先立つ〇一年の「九・一一」事件の衝撃によって、そうした理論的対話の可能性はかき消されてしまったわけだが。

「九・一一」後の言論状況

二〇〇一年九月一一日に、ハイジャックした旅客機を世界貿易センタービルとペンタゴンに激突させるという、それまでになかったタイプのテロ攻撃が、アメリカの中心部で同時多発的に起こったことで、アメリカの政治は大混乱状態になった。「自由と平等」「正義と善」「自由と価値多元性」「自由主義と民主主義」「国内的正義とグローバルな正義」などのテーマをめぐってそれまで盛んに行なわれていた政治哲学論議は、「九・一一」の圧倒的な衝撃によって完全に影を潜めてしまった。政治思想的な関心は、ポスト「九・一一」のアメリカの現実政治の流れを肯定的に評価するか、否定的に評価するかの一点に集約されてしまったかのような観を呈した。

ブッシュ政権は事件直後に、「九・一一」を実行したのが、サウジアラビア出身のオサマ・ビン＝ラディン（一九五七？―二〇一一）を指導者とするイスラム教系の武装組織アルカイーダだと断定したうえで、「テロ」という不定型の「敵」から「我々の文明」を守るための戦争を遂行する意志を鮮明にした。そのうえで、アルカイーダの本拠地があるアフガニスタンのタリバン政権に対して、ビン＝ラディンとアルカイーダの幹部の引き渡しを求めた。タリバン政権がそれを拒否したため、一〇月七日にイギリスとともにタリバンやアルカイーダに対する空爆を開始し、反タリバンの抵抗勢力である北部同盟の首都カブールへの進攻を側面支援した。一二月には主立った都市をほぼ制圧している。ブッシュ政権はこの戦争を、「正義の戦争（正戦）」として印象付けるために、当初作戦名を「無限の正義 Infinite Justice」としていたが、この名称は神の業《わざ》を僭称《せんしょう》しているとするイスラム諸国の不満に配慮し、「不朽の自由 Enduring Freedom」に変更している。

この戦争を契機にして、ブッシュ政権の内部で、軍事力に訴えてでも世界に自由民主主義を広めるのがアメリカの使命であるとする「新保守主義（ネオコン）」の人脈に属する人たちの発言力が強まり、「アメリカを中心とする西欧文明世界 vs. 野蛮な非西欧世界（特にイスラム世界）」という、レーガン政権時のような善悪二項対立図式が強調されるようになった。

自らがパレスチナ出身のアラブ系であるサイード、アメリカの帝国主義的な政策をかねてから批判してきた言語学者のノーム・チョムスキー（一九二八― ）、「九・一一」の死者に対する哀悼が戦争に利用されることに反対するドゥルシラ・コーネルなどは、テロに対する戦争を推し進めようとするブッシュ政権のやり方が、イスラム世界全般を敵視することになると警鐘を鳴らしたが、それまで平和主義を標榜していたリベラル系の知識人の中にも、アフガニスタンへの侵攻を支持した者が少なくなかった。男女平等やリプロダクティヴ・ライツ（生殖に関わる女性の自己決定権）などを擁護してきたフェミニスト団体「フェミニスト・マジョリティ」は、厳格なイスラム法を強制するタリバン政権の下で人権を侵害されてきた女性の解放に繋がるという理由から、侵攻を支持したのである。

リベラル左派の右転回

二〇〇二年二月には、六〇人の知識人による「我々は何のために闘っているのか？」という公開書簡が出された。これは、ブッシュ政権が始めた対テロ戦争は、世界からテロの脅威を取り除くためのやむを得ない戦争であるとして支持する意志を表明するとともに、特にイスラム世界の人々に対して、「我々」が闘っている相手はアルカイーダのような暴力的なイスラム主義者であって、イスラム教を敵視しているわけではなく、むしろ「公正で永続する平和」のために手を取り合っていきたいことをアピールする内容になっている。

書簡はまた、「九・一一」以前のアメリカが他の文化に対して無知で傲慢であったことは認めながらも、「アメリカ的価値 American values」の核には、①あらゆる人が生まれながらに有する人間としての尊厳の尊重、②独立宣言、リンカーンのゲティスバーグの演説、キング牧師の演説などに見られる、普遍的道徳的価値の存在に対する確信、③真理に対する各個人のアクセスが不完全であることを認識したうえでの、真理についての異なった見解に対するオープンな姿勢、④良心と信教の自由――といった普遍的な内容があり、それは世界のあらゆる人と共有可能であり、世界共同体のベースになり得るとも主張している。そうした理想と「我々」の現実の振る舞いのギャップのために、「アメリカ的価値」の押し付けを嫌う人が多いことも承知しているが、本質的な部分を理解してほしいというのである。

署名者には様々な立場の人がいる。主なメンバーとして、ハンチントン、フクヤマなど政権に近いところにいる国際政治学者、元上院議員（民主党）でエスニシティや家族の研究で実績のある社会学者でもあるダニエル・モイニハン（一九二七―二〇〇三）、アメリカにおける共同体的行動の衰退を具体的なデータによって明らかにした『孤独なボウリング』（二〇〇〇）の著者として知られる政治学者のロバート・パットナム（一九四一―　）、母性主義フェミニストで「女性と戦争」の関係について研究していたジーン・エルシュテイン（一九四一―二〇一三）、コミュニタリアンの社会学者で「コミュニタリアン・ネットワーク」を主宰するエツィオーニなどを挙げることができる。

特に注目すべきは、それまで社会民主主義を志向する左派知識人として通ってきたウォルツァーであろう。彼の署名はある意味、「九・一一」をきっかけにした**リベラル左派の右転回**を象徴していると見ることもできる。先に述べたように、ウォルツァーには「正戦論」についての著書があり、九〇年代に入ってからも、湾岸戦争や旧ユーゴでの内戦を素材に「正戦」の条件を論じる論考をいくつか執筆している。公開書簡において対テロ戦争を「正戦」として正当化する論理を展開するうえで中心的な役割を果たしたのは、ウォルツァーとエルシュテインだと見られている。

交換書簡以降、ウォルツァーは、ベトナム反戦運動以来戦争を絶対悪として敵視し、人道的介入も認めてこなかったアメリカの左派の従来的な考え方を批判し、対テロ戦争のような緊急事態において政府の暴走を許さないためにも「正戦論」によって抑制をかけることを本格的に考えるべきだと主張する。論文「正戦論の勝利（およびその成功の危険性）」（二〇〇二）では、人道的介入として戦争を遂行するのであれば、（非戦闘員を巻き込む可能性の高い）空爆攻撃にばかり頼るのではなく、非戦闘員の犠牲が少なくなる――その逆に、味方の兵士リスクが高くなる――方法での戦闘を選択すべきことや、戦争が終わった後の占領政策や、介入の原因になった構造的問題の除去についても責任を負うべきことなどを論じている。

〇二年の秋からイラクの大量破壊兵器保有疑惑をめぐって、ブッシュ政権とイラクの間の緊張が高まり、イラク戦争の可能性が高まってくると、対アフガニスタン戦争を支持した知識人の間でも、対応が分かれ始める。エルシュテインは、大量破壊兵器に対する査察問題などでサダム・フセイン(一九三七―二〇〇六)が態度を改めない限り、戦争もやむを得ないとしたのに対し、ウォルツァーはあくまでも国際的協調体制の下での査察体制の強化を図るべきであり、戦争は正当化できないという態度を取り続けた。しかし〇三年三月に実際に戦争が始まると、正しい戦争とは言えないがもはや始めてしまった以上、途中で止めることはできないとして、反戦の声に参加することは拒んでいる。

「リベラリズム」の黄昏

「九・一一」以降のブッシュ政権の対外政策の評価をめぐって、多くの知識人たちが混迷を続けている間に、「リベラリズム」論議において重要な役割を果たした何人かの知識人が亡くなっている。二〇〇二年に入ってからリバタリアンの代表格だったノージック、次いでリベラリズム論議全体の核にいたロールズが亡くなり、〇三年の秋には、ポストコロニアルな視点からアメリカ社会を批判していたサイードも亡くなっている。〇七年には、リベラリズムをプラグマティズムやポストモダン思想と架橋する役割を果たしていたローティも亡くなっている。

コミュニタリアンであるウォルツァーやエツィオーニは、この間もいくつかの著作を刊行し、ポスト「九・一一」の社会理論、国際的正義論の可能性を模索している。しかし彼らの議論においては、［対テロ戦争→イラク戦争］の流れに対する評価が定まっておらず、西欧的な「自由民主主義」を否定しようとする相手にどう対処すべきか明確な戦略も見出せていないため、イラクに対する先制攻撃と体制転換を積極的に提唱した「ネオコン」と、絶対的平和主義に拘る左派の間の中道を行きながら、国際的市民社会の連帯を強めていくべきだ、というような曖昧な議論に終始しているように思われる。無論、「九・一一」の衝撃を利用してアメリカ世論を戦争へと誘導したブッシュ政権や「ネオコン」のやり方を徹底的に批判するリベラル左派やポストモダン左派などの〝左〟の陣営にも、非リベラルな社会や集団と共存するために〝グローバルな民主主義〟をいかに構築するかという具体的戦略があるわけではない。

リベラリズムの二大巨頭の一人であったドゥウォーキンは、『ここで民主主義は可能か？』（二〇〇六）――邦訳タイトル『民主主義は可能か？』――で、〇四年の大統領選挙時に見られた、「保守派」と「リベラル派」の間の、お互いに相手をアメリカの「敵」と見なして攻撃し合う深刻な対立を憂い、**民主主義的な討論の「共通基盤」**を今一度見出すべきだと訴えている。彼は「共通基盤」を再発見するには、具体的な政策レベルで考えるのではなく、抽象的な原理へと哲学的に遡って考える必要があるとして、①あらゆる人間の生命に固有の潜在的価値があること、②各人には自らの生においてその価値を実現する責任があること――という二つの極めて抽象的な原理を、「共通基盤」の候補に挙げている。

①は、自分自身の生命には固有の客観的な価値があり、私は無駄に生きるのではなく、人間として「善き生活」を送るべきであるという自尊の念を抱く人であれば、その根拠として、「人間性」それ自体の価値を認めざるを得ない、という論理から導き出されてくる。これは、各人に内在する「人間性」を、価値あるものとして平等に尊重する態度に繋がる。②は、そうした人間の尊厳の認識に基づいて、どういう人生が生きるに値するかを最終的に決める責任が自分自身にあるということである。言い換えれば、価値の選択に関する基本的自由である。ほとんどのアメリカ人は、価値の選択の自由を認めているはずなので、これを政治的論議の共通基盤にすることは可能であるという。ドゥウォーキンは、この二つの原理に基づいて、国家の安全保障と人権、税制と福祉、政教分離、同性愛婚などの問題について議論してみるよう、「保守派」と「リベラル派」の双方に提案している。

この本の末尾の部分で彼は、これまで「保守派」と「リベラル派」が対立しながらも、民主的に討論することを可能にしてきたアメリカの自由民主主義の伝統に訴えかけている。それは、七〇年代に登場してきた「リベラリズム」の哲学の原点になったものでもある。

私たちは、宗教への敵対者や無神論者を含む少数派の権利を保護する憲法という考え方を世界に対して示した。それは、他の諸国民が羨望し、今や彼らに——少なくとも間接的には——次第に大きくなっていくインスピレーションを与えている憲法である。私たちは第二次大戦後、国民的な寛大さの手本を世界に対して示すことができた。そして私たちは、国際機構と国際法への新たな情熱的取り組みにおいてリーダーシップを取った。私たちはまた、二〇世紀半ばのヨーロッパにとっては衝撃的な観念を示した。社会的正義は社会主義の専売特許ではないという考え方だ。私たちは、平等主義的資本主義という考え方を示し、ニュー・ディールにおいて、その達成に向けて制限されているものの、本格的な一歩を踏み出した。それらはまさに、世界の他の部分に住む多くの人たちが、私たちが今や投げ捨ててしまったと思っている考え方であり、理想である。しかし私たちがこれらの道を歩むことを可能にした私たちの国民性の内にある、尊厳への愛が全面的に根絶されることはあり得ない。私はこの本で議論を呼びかけてきたわけだが、あなたは、私が最後の最後になって後退し、もっぱら信念のみを頼りにしていると思っているかもしれない。それは正しいかもしれない。しかし議論は、議論している相手への信頼がなければ、無意味である。（*Is Democracy Possible Here?*, Oxford University Press, 2006, pp. 163–164）

こうした信頼が本当に回復されるか否か、今のところまだ分からない。回復しなければ、「リベラリズム」を生み出し、世界中の人々に「自由」への憧れを抱かせてきた〈アメリカ〉という理念自体が崩壊することになるだろう。

第八講
リベラリズムから何を汲み取るべきか

グローバル・スタンダードとしてのリベラリズム

ロールズ、ノージック、ローティの三人が亡くなり、「九・一一」以降のアメリカ内外の混迷状況に対応した壮大で体系的な理論を展開できそうな新世代の理論家が今のところ登場していないこともあって、「リベラリズム」は現在停滞期に入っているように思われる。コミュニタリアンのウォルツァーやサンデルも、相変わらず文化的共同体への帰属の重要性を強調し続けているだけで、「九・一一」に象徴されるような、破局的な暴力にまで至る文化的な対立を解決できそうな画期的な提案をしているわけではない。

しかし、アメリカの「リベラリズム」の影響は、哲学関係の業界では世界的にかなり浸透しており、その優位はそう簡単には揺るぎそうにない。政治哲学、倫理学、法哲学において、本講義でここまで扱ってきたような「自由」「正義」「権利」「平等」「公共性」「共通善」「民主主義」などの基本的概念について最先端の研究をしようとすれば、ロールズ、ノージック、ドゥウォーキン、サンデルらを避けることはできない状況になっている。しかも、他の哲学関係の分野でもそうであるように、アメリカの「リベラリズム」は、現在では、イギリス、カナダ、オーストラリア、ニュージーランドなど、同じ英語圏での「自由主義」――本講義の第二講で述べたように、アメリカの「リベラリズム」は、イギリスの「自由主義＝リベラリズム」と、もともと意味がズレていたが、近年、アカデミズムのレベルではアメリカ的な意味での「リベラリズム」がイギリスなどでも浸透している――の研究と不可分に結び付いている。すなわち、アングロサクソン系の「リベラリズム」が世界を席巻しており、少し前まで哲学の最先端進国であったフランスやドイツの政治・社会・法哲学を完全に凌駕している状況だ。

ドイツ語圏を代表する社会哲学者であるハーバマスの討議倫理学は、第六講でも見たように、アメリカの「リベラリズム」と密接に結び付いている。彼の市民社会論やコミュニケーション論は、もともとドイツというよりも、イギリスやアメリカをモデルにし、英米の社会理論・社会哲学を参照しながら構成されているように見えるところが多かったが、特に、一九九〇年代初頭にロールズと論争した頃から、特殊ドイツ的な議論の文脈から離脱して、「リベラリズム」の議論の圏内に入ったような観さえある。ハーバマスの後を継いでフランクフルト大学の教授になった、フランクフルト学派第三世代の代表アクセル・ホーネット（一九四九― ）も、その理論の中心に、

「共同体」の中でいかにアイデンティティが「承認」されるかという問題を据えている関係で、コミュニタリアン系の議論を接点に英米の「リベラリズム」との繋がりを強めている。彼は、アメリカ・フランクフルト学派のナンシー・フレイザーとの共著として、今日の社会的正義をめぐる議論における二つの焦点である「再配分」と「承認」の相関関係を考える『再配分か承認か』(二〇〇三)を出している。

フランスの場合、ポスト構造主義の影響を受けた哲学者、社会学者たちが、政治・社会哲学の面でも一定の影響力を保持し、拡大しつつある「ヨーロッパ」という空間における市民権や自由、平等などの問題をめぐる独自の議論を展開しており、「リベラリズム」のグローバル化にかなり抵抗しているように見える。しかし、この分野で最も影響力のある、ポスト構造主義的マルクス主義の哲学者エチエンヌ・バリバール(一九四二―)は、拠点を半分アメリカに移し、パリ第十大学とともに、カリフォルニア大学アーヴァイン校でも教鞭をとっている。グローバリゼーションに伴って生成しつつある世界的市民権(cosmopolitan citizenship)をめぐる議論では、彼もネグリと同じような文脈で、アメリカ的な「リベラリズム」の議論の圏内にかなり深く入り込んでいるように思われる。

当然のことながら、日本でも、九〇年代に入った頃から、ロールズを中心とする「リベラリズム」の影響力が一挙に強まっている。倫理学・政治哲学では、川本隆史や大庭健(一九四六―二〇一八)らを中心に、ロールズやウォルツァーなどの仕事が積極的に紹介されたことによって、「リベラリズム」系の議論が、（ポストモダン・ブームのあおりで人気を失いつつあった）ドイツ観念論系やマルクス主義系の議論に取って代わるようになった。新カント学派を中心とするドイツの影響が圧倒的に強かった法哲学でも、司法制度改革にも関与した京大の田中成明（一九四二―　）と、東大の井上達夫（一九五四―　）の二人がロールズの影響を強く受けたことがあって、「リベラリズム」が急速に影響力を増し、日本の法哲学の標準になった。「法哲学」とは根本的に相性が悪いように思える「リバタリアニズム」についても、千葉大の嶋津格《いたる》（一九四九―　）と一橋大の森村進（一九五五―　）が、「リバタリアン」を自認し、ハイエクやノージックの理論を紹介したことから、それなりに広がりを見せている。社会学では宮台真司（一九五九―　）、稲葉振一郎（一九六三―　）、北田暁大（一九七一―　）らが、規範的な議論を展開するに当たって、ロールズなどの枠組みを利用することを試みている。

センの「潜在能力」アプローチ

このように西欧諸国で広範に受容されるようになった「リベラリズム」であるが、西欧の中でも最も経済的に豊かな国である**アメリカに生まれたがゆえの死角**もある。例えば、第三世界諸国のように、各人が自由に生きるための資源や環境がまだ十分に整っていない社会において、「自由」を他の価値との関係でどう位置付けるべきかという問題は、西欧での「リベラリズム」論議の中心的なテーマにはなりにくい。開発途上にある第三世界諸国においてはしばしば、「自由」「平等」「民主主義」という前に、とにかく経済的に生活できるようにすることが肝心であるという論理から、開発独裁が正当化されてきた。それらの国では、（西欧諸国と比べて）ある程度の「自由」の制限は認められるとしても、どういう条件に基づいて、どの程度まで許されるのか？　ベイツやポッゲは、格差原理のグローバルな展開という視点から先進国の義務を論じたが、開発途上国の内部における社会的正義については論じていない。西欧人が非西欧世界の内部問題に口出しすると、「ネオコン」に典型的に見られるような西欧人の傲慢《ごうまん》と取られ、反発を招きがちなので、「リベラル」派にとっては正面から論じにくいテーマなのかもしれない。

この方面での「リベラリズム」の論議をリードしているのは、インド出身の厚生経済学者アマルティア・セン（一九三三―　）である。センは、一九七〇年代半ばに、アローらとともに厚生経済学の視点からロールズの『正義論』に内在する理論的矛盾を指摘し、「自由」の範囲について社会的合意を成立させることの不可能性を理論的に証明したことでも知られている。センは、各人が幸福追求するための資源を有効かつ公正に配分するための基準として、**「潜在能力 capability」**という概念を導入している。人間が、社会の中で人間らしい活動をすることを可能にする「潜在能力」ということである。

ロールズやドゥウォーキンは、各人が自由に生きるために「基本財」あるいは「資源」を平等に配分することを提唱したが、配分するための原資がなければ意味がないし、その人の心身の状態、社会的地位や、置かれている環境によっては、有効に使えないという問題がある。身体あるいは精神に障害を持っている人、その社会の中での職業活動に活かせるような教育を受けていない人、文化的に差別を受けている人にとっては、自由権を保障され、福祉としてお金や各種の便益を供与されても、それを自己実現にうまく繋げられないことが多い。西欧の先進諸国でもそうした問題はあるが、第三世界諸国では社会全体として自由に活動するための基本的インフラが欠けていることが少なくない。

センは、人間が「自由」に活動するための環境的要因を分析したうえで、それらの要因を当該社会に属する諸個人が実際に利用できるかどうかという視点から各種の「潜在能力」を評価し、それをいかに高めていくか、という問題設定で考える。簡単に言うと、「自由」を抽象的に定義して制度的に保障することに拘らず、**「自由」を実質的・機能的に支えている「潜在能力」の向上に焦点を当てる**わけである。例えば、急速な経済成長が見込めない地域において、教育や公衆衛生に力を入れたり公的雇用を創出したりすることで、人々の活動の余地を拡大することなどが考えられる。富を配分するよりも、各人が働きやすくすることがより重要になることもあるからだ。

センの議論は、開発経済学に固有の問題としてのみならず、先進諸国における社会福祉や差別是正の実質化にも繋がるものとして、西欧の「リベラリズム」関係の業界でも〝新しいタイプのリベラリズム〟として次第に注目を集めつつある。彼は、（広い意味で英語圏に属する）インド、イギリス、アメリカの三カ国間を移動しながら研究・教育活動に従事していたが、二〇〇四年にはハーヴァード大学の経済学部の教授に就任し、本拠地をアメリカに移している。

このセンの「潜在能力」を、ジェンダー間の不平等など、ロールズの契約論的な正義論によってはカバーされなかった領域に応用し、正義論の戦線を拡大することを試みているアメリカの政治哲学者マーサ・ヌスバウム（一九四七―　）は、シカゴ大学で教鞭をとっている。彼女とセンの共編著として、「潜在能力」アプローチを様々な現実的制約の下で生きている人間にとっての「実質的自由 substantial freedom」を切り開くものとして多様な角度から位置付けることを試みた論文集『クオリティー・オブ・ライフ』（一九九三）がある。

こうした「リベラリズムの多方面での広がり」を見ていると、かなり大雑把な捉え方になるが、現実の国際的な政治・経済・文化関係における、アメリカを中心とするアングロサクソンの優位が、政治・社会・法哲学などのアカデミックな世界にも及ぶようになったと言うことができそうだ。そうしたアングロサクソンの覇権を批判するポストコロニアル・スタディーズなどの「差異の政治」や、反グローバリゼーション・反自由主義の議論も、ほとんどはアングロサクソン文化圏発である。日本でも人気が高い反新自由主義・反グローバリゼーションの地理学者デイヴィド・ハーヴェイ（一九三五―　）は、イギリス生まれで、ジョンズ・ホプキンス大学やニューヨーク市立大学で教鞭をとっている。

思想業界を圧倒する「アメリカの影」

政治・社会哲学において「アメリカ」の影響が次第に強くなり、社会的正義をめぐるほとんど全ての議論に何らかの形で「アメリカ」が絡んでくるかのような様相を呈しているのは、日本特有の現象ではない。ただイギリス、ドイツ、フランス、イタリアなどの西欧諸国には、自前の政治・社会哲学の伝統もまだ残っているので、アメリカ的な流儀とは異なった仕方で「自由」「平等」「権利」「正義」などについて論じることができないわけではないのに対して、日本には、具体的な社会問題との関連からいったん離れて、そうした抽象的な概念をめぐって本格的に議論するための独自の哲学的伝統が形成されてこなかったことに大きな違いがある。

日本の哲学業界の主要な概念やテーマの輸入元がドイツ、フランスからアメリカに大きくシフトしたせいで、アメリカと違ったパターンのアカデミックな哲学・思想論議を展開することがかなり困難になっている。アメリカではなくて、ドイツやフランスから輸入し続けてもよさそうなものだが、近年では若手の哲学・思想史研究者の間でドイツ語、フランス語離れがかなり進み、原文を十分に読めない人が増えていることもあって、ドイツ観念論、マルクス主義、現象学、実存主義などの基本的なテクストも、英語で書かれた解説・研究論文を経由して理解するのが当たり前になりつつある。

一九八〇年代に「ポストモダン」あるいは「現代思想」と呼ばれてブームになった、フランスの構造主義／ポスト構造主義をベースにした学際的な領域でも、現在では、アメリカ産の「ポストモダン」からの影響の方が強くなっている。フーコーやデリダそのものよりも、その影響を受けながらアメリカ独特の文脈の中で発展した「差異の政治」や都市文化論、メディア論などの方が参照されるようになっているわけである。

そうした傾向は、「現代思想」紹介の代表的な雑誌媒体である『現代思想』や『Ｖｏｌ．』（〜二〇一二）『Ｒａｔｉｏ』（〜二〇〇九）などを見れば、一目瞭然であろう。これらの思想雑誌、あるいは『世界』などの左派的な総合雑誌で、アングロサクソン主導の「グローバリゼーション」や「新自由主義」「新世界秩序」などを批判する特集が組まれる場合、当然のことながら、アメリカやイギリスで活動するマルクス主義者、社会民主主義者、ポストモダン左派たちの議論が知的権威として参照される。スピヴァク、チョムスキー、ハーヴェイ、ネグリ＝ハートらである――「ネグリ＝ハート」のコンビで〝重要〟なのは、当然ネグリの方だが、日本で大きな話題になるのは、主として『〈帝国〉』のようなハートとの共同作業による（反）グローバリゼーション論の仕事、あるいは、アメリカ論的な部分を多く含んだ仕事である。

文芸評論家の加藤典洋（一九四八―二〇一九）は、評論『アメリカの影』（一九八五）で、戦後日本の文学には、占領者である「アメリカ」の影が常に付きまとってきたことを指摘した。加藤の分析によれば、高度に発展した消費社会の中で記号としての商品を消費しながら生きる若者たちの記号化された日常を描いた田中康夫（一九五六―　）の「なんとなく、クリスタル」（一九八〇）は、一見政治的なメッセージとは無縁であるようだが、戦後徐々に進行した文化面でのアメリカ化がもはや引き返すことのできない地点まで達し、左右の政治的対立が無意味になったポストモダン的状況を象徴しているものとして読むことができる。その四年前の七六年に書かれた村上龍（一九五二– ）の『限りなく透明に近いブルー』が、アメリカ的なものに強く引かれながら、同時に反発し、抵抗しようとする七〇年代の若者たちの両義的な姿勢を描いたものだとすれば、そのような抵抗の不可能性がはっきりし、アメリカ的な消費文化に身を委ねざるを得なくなった日常を描いたのが、『なんとなく、クリスタル』であるというのである。

戦後日本の「ねじれ」とアメリカ

後に加藤が『敗戦後論』（一九九五）などでも指摘したように、戦後日本における左右の政治対立は、「社会主義 vs. 自由主義」のイデオロギー対立であるというよりは、憲法九条と日米安保によって規定されていた戦後体制に対して、どのような態度を取るかという対立であったと考えることができる。この意味での日本的な「左／右」の対立は、反戦・平和の立場から憲法九条を守ろうとする「左」が、（九条を背後で支えている）日米安保に反対するのに対し、九条改憲を主張する「右」が、安保体制を支持・拡張しようとするねじれた関係にある。他の西側諸国には、憲法九条に相当するような憲法上の規定はないし、左派の主流派である社会民主主義派が安全保障政策の必要性を認めているので、これと同じ形でのねじれは存在しない。

私の見方では、この日本特有のねじれは、アメリカとの関係を軸に戦後体制を構築した保守政権が、安全保障面ではアメリカに全面的に依存し、経済成長に専念するという路線を取ったのに対し、左派もその前提を暗に受け入れてしまって、(アメリカによる平和の下で)「反米・反戦」闘争を展開するようになったことに起因する。日本のアカデミズムや学生運動において長年にわたって、マルクス主義のようなラディカルな思想が圧倒的な優位を誇ることが可能であったのは、日本の政治・経済・文化に完全に定着しつつある「アメリカ」のプレゼンスをもはやどうすることもできないという暗黙の了解が左派的な人たちにもあったからではないかと見ることもできる。どれだけ暴れても、「アメリカ」との繋がりを現実的に断ち切ることができそうにないので、安心して観念のうえで〝ラディカル〟になれたということである。

そう考えると、「アメリカ」的な「大量消費社会」が日本にも出現したのに伴って、マルクス主義的左派の反米的な建前に若者たちがしらけてしまって、急速に脱政治化するようになったのが、一九八〇年代の思想状況だと言うことができる。当初は、「アメリカ的な消費資本主義が生み出す文化」を、斜《はす》に構えて記号論的・構造主義的に観察するフランスのポスト構造主義思想が「現代思想」の主流になったが、九〇年代に入ってフランスのポスト構造主義がその代表的な理論家を失って失速していくのと並行して、哲学・思想のグローバリゼーションが進行していく中で、名実ともに、アメリカ発のポストモダン系の諸理論が、日本の「現代思想」の基礎になったわけである。

九〇年代末から今日に至るまで「現代思想」の旗手として注目されている東浩紀（一九七一― ）は、デリダの研究者として出発したが、次第にアメリカ産のメディア論やセキュリティ論へと参照枠を移していった。彼を日本のオタク分析家として一般的に有名にしたのは『動物化するポストモダン』（二〇〇一）であるが、タイトルにもなっているキーワードの**「動物化」**は、本人が述べているように、フクヤマも依拠していたコジェーヴのヘーゲル読解に由来する。

コジェーヴは『ヘーゲル読解入門』（一九四七）の第二版（六八）の注で、「歴史の終わり」において自由になるための闘争を終えた人間は、自らの環境を否定することなく、そのまま受け入れるようになり、その意味で再び「動物化」する可能性が高いと述べている。その典型が「アメリカ的生活様式」であるが、それと異なった道を歩もうとしているように見えるのが、日本の「スノビズム（気取り）」の文化だという。「動物化」というのは、「スノビズム」の精神によって「アメリカ化＝動物化」から距離を取っているように見えた「日本文化」が、アメリカ化の流れに身を任せるようになる現象と理解できる。

「アメリカの影」を払拭できるか

このように考えてみると、日本の政治・社会思想は、「アメリカ」を積極的に評価しようと、否定的に評価しようと、あるいは無視しようと、不可避的にどんどん「アメリカ化」しており、**「アメリカ」から逃れることはできない**ように思えてくる。「アメリカ」がもたらした自由民主主義、「九条―安保」体制、大量消費文化が「日本」のあり方を根底において規定している以上、「アメリカ」抜きで政治や社会の基本的仕組みについて考えることができないのは、もともと当然のことであったわけだが、マルクス主義、実存主義、フランス系現代思想などが流行っていた間は、その当然のことがアカデミックな哲学・思想業界ではっきり意識されにくかった。アメリカ的な現実から離れて、大学などの閉鎖された空間で、「哲学」できるかのような気分になれていたわけである。しかし思想のグローバリゼーションによって、理論の輸入元がアメリカを中心とするアングロサクソン文化圏にほぼ一元化されたことで、少なくとも**政治・社会思想の領域では、「アメリカ」基準に合わせないと、先端的な議論が展開しにくくなっている。**「リベラリズム（自由主義）」も、「人権論」も、「差異の政治」も、「新自由主義批判」も、「メディア論」も、「都市文化論」も、「生命倫理」も、「ジェンダー・スタディーズ」も、基本的な道具立てはアメリカ製である。

「アメリカ」にはもともと「西欧近代」の縮図のようなところがあるが、日本の場合は特に、一九世紀半ば以来「アメリカ」を通して、西欧文明を吸収してきたという歴史的経緯もある。我々が「西欧近代」全てを否定して、前近代の世界に戻るのでない限り、「アメリカの影」を全面的に払拭することはできそうにない。もう少し穿《うが》った見方をすれば、「アメリカの影」を払拭して、〝日本独自の思想的伝統〟に回帰しようという願望自体が、「アメリカ」によってもたらされた西欧的なナショナリズムの産物かもしれない。日本のナショナリズムの最初の現れとも言うべき攘《じょう》夷《い》思想は、黒船の来航に対する反動の中で形成された。二〇〇〇年代の中ごろから、保守陣営の中に、漫画家の小林よしのり（一九五三—　）のように「反米保守」を掲げ、反米・反グローバル化という点で、左派と部分的に共闘している人たちも出てきているが、「反米」を思想的アイデンティティにしようとすること自体が、「アメリカ」に拘っていることの証明であるようにも思われる。

「自由の逆説」から学ぶべきこと

ただし、本講義を通して見てきたように、グローバル化し続ける「アメリカ」は、揺るぎない磐《ばん》石《じゃく》の基盤の上に立っているわけでもない。「アメリカ」は、文化的アイデンティティや価値観の多様性を保持したまま、公共空間において市民として自由に振る舞うことのできる、「自由な憲法体制」を強みにして、ネグリ＝ハートの言うような〈帝国〉的な広がりを見せることができたわけだが、各人の〝自由〟への志向が強くなりすぎたがゆえに、「内部」における価値観、アイデンティティの対立が激化し、「アメリカ」という大きなアイデンティティの一体性がかえって揺らいでいる。「九・一一」を機に、ブッシュ政権が異文明（イスラム文明）を危険視し、強制的に体制転換を図ろうとする、文化十字軍的態度を取るようになったことで、アメリカ「内部」の亀裂はさらに深まっている。ロールズやドゥウォーキンの「リベラリズム」の哲学が生まれてくる背景となった、「自由の帝国としてのアメリカ」が内在的に抱える問題は、解決に向かうどころか、より深刻化している。その深刻さのゆえに、後期ロールズの「政治的リベラリズム」論のような新たな理論枠組みが求められているわけである。

「自由」「平等」「正義」「共通善」などの抽象的な概念について、これまで自前の議論と言えそうなものを持たなかった日本において、アメリカの「リベラリズム」の哲学を学ぶことは、学問的な植民地化に貢献するだけのことのように思えるかもしれない。私自身も本講義を書き進めながら、時折そう感じた。しかし、「リベラリズム」の哲学が、〝みんな〟が合意することのできる「自由の空間」を構成／再構成しようとする営みに不可避的に伴う逆説をめぐって展開してきたことを考えれば、〝我々〟にとってもいずれ、〝アメリカのアカデミズムに特有の高尚な議論〟として片付けることのできないリアリティを持つようになるかもしれない。日本も、「アメリカ」とともにグローバル化の道を進んでいる以上、価値観やアイデンティティの本格的な衝突を回避できなくなる可能性はある。自ら進んでグローバルに生成しつつある〈帝国〉の市民となるべきか、「国民国家」という相対的に閉じた空間を維持することに拘るべきかを考えるうえでも、アメリカの「リベラリズム」の辿ってきた軌跡は重要な参照項になるはずだ。

Ⅳ

リベラリズムはどこへ行くのか

第九講
アメリカ的正義観の変化

二〇〇二年にロールズとノージックが相次いで亡くなり、二〇〇七年にローティも亡くなると、サンデルが名実共に、最も有力なアメリカの政治哲学者になった。サンデルの動向が、旧版が刊行された二〇〇八年から現在までのアメリカの政治哲学の変動・漂流を象徴していると言っても過言ではない。それは、ロールズの言う「重なり合う合意」が見えなくなり、「リベラルな正義論」の足場が大きく揺らぎ、それにつれて、リバタリアンやコミュニタリアンも座標軸を失っていく過程である。そこで終章となる本章では、サンデルに焦点を当てる形で、本書の旧版以降の、アメリカの政治思想の変質を概観したい。

〝リベラル〟としてのサンデル：「白熱教室」への注目

本書の旧版の部分を書き終えた二〇〇八年七月は、民主党のバラク・オバマ（一九六一―　）と、共和党のジョン・マケイン（一九三六―二〇一八）の間での大統領選の本選が始まろうとしている時期であった。当初の予想を覆して、上院議員としてはまだ経歴の浅いオバマが、マケインを破って、アメリカ史上初の非白人大統領になった。アメリカ的な意味での「リベラル」が復活したように見えた。

その翌年、サンデルがハーヴァード大学で行った公開講義「正義 Justice」が世界的に話題になり、日本でもＮＨＫで「白熱教室」というタイトルで放映され、白熱教室・正義論ブームが起こった――正義論の中身より、大教室での講義を、学生同士、学生と教師の間の討論を中心に進めることが、多くの視聴者には新鮮だったようだ。

それまでのサンデルは、ロールズの『正義論』の細部の論理的矛盾を突きながら、社会契約論の形を取る自由主義の限界を指摘する地味な哲学者というイメージが強かったが、「白熱教室」の印象から、〝（リベラル系の）現代正義論の第一人者〟で、正義論の復権を推奨している、行動的な学者という扱いになった。

「白熱教室（正義）」もそれに対応するテクストである『これからの「正義」の話をしよう』（二〇〇九）――こちらも原題は〈Justice〉――も政治哲学の初心者向けにうまく構成されている。アメリカ人ならよく知っているような紛争事例を示しながら、それに対する回答を政治哲学の諸流派の視点から分析して見せ、あなたはどの立場を支持しますか、その理由と共に述べなさい、と問いかける模範的な作りになっている。一般読者・視聴者にも分かりやすい教科書で、一見中立的だが、流れを追っていくと、サンデルの教育上の戦略的意図をある程度読み取ることができる。

講義でもテクストでも比較的最初の方では、「功利主義」(+リバタリアニズム)を、合理的ではあるが、素朴で良心的な人の正義感にひっかかる、市場経済と親和性がありそうな考え方として提示している。その功利主義に、人間としてやるべき/やってはならない絶対的な義務があるとするカント主義の義務論をぶつけることで、前者が人間を個人として尊重しておらず、幸福計算のユニットとしか見ていないという印象を与えている——コミュニタリアニズムで功利主義を直接叩くことは避けている。

功利主義の印象を悪くした後で、カント主義的な義務論が実は自由主義(リベラリズム)の系譜に属するものであること、ロールズもカント主義的なリベラルであることを実例に即して説明する。そこから、『リベラリズムと正義の限界』(一九八二)での論法に倣《なら》って、いかなるものにも依存しない「自由意志」を前提とするカント—ロールズ、及びその極端なヴァージョンであるリバタリアニズムの限界を指摘していく。

人間はいかなる状況にあっても、文化的な慣習や間近にいる他者と既に結んでいる具体的な関係に囚われることなく、自己が従うべき普遍的道徳原理を見出し、その原理に(他者の意向に左右されることなく）自発的に従う能力があると想定する、自由主義の正義論には無理がある。

サンデルがリベラルな正義論の弱点として特に強調しているのが、『リベラリズムと正義の限界』でも取り上げている、アファーマティヴ・アクションの根拠付けをめぐる問題だ。サンデルはアファーマティヴ・アクションという制度自体は否定しないが、「平等」、あるいは「公正な機会均等」（ロールズ）という観点から正当化することには批判的だ。「平等」の視点だけで、アファーマティヴ・アクションを正当化することはできない、というのがサンデルの見解である。

「ポスト・リベラリズム」としてのコミュニタリアニズム

少し長くなるが、サンデルのリベラルな平等論批判とそれに対する代案を見ておこう。ロールズに言わせれば、生まれつき財産、外見、才能、エスニシティ等の面で恵まれていることは、本人の「功績desert」によるものではなく、偶然の産物である。従って、恵まれた人たちは、その恩恵をそのまま受け続けるに「値《あたい》しdeserve」ない、つまり道徳的な資格はない。

「原初状態」において当事者たちが、「無知のヴェール」の下でこれから建設しようとする社会制度の基本原理を選択することに合意するのは、各人の属性や財はたまたま自分に与えられたものので、自分たちがそれに値するわけではないと分かっているからである。それを大前提としたうえで、みんなの合意によって「正義の原理」がいったん採択されれば、それらの原理に従って、一定の財や地位を得られることに対する「正統な期待 legitimate expectations」が生じる。アファーマティヴ・アクションによるマイノリティの優遇は、そうした「正統な期待」の一種と解することができそうな気がする。しかし、「無知のヴェール」をめぐるロールズの議論を厳密に取ると、人種やエスニシティ、資産状況についての情報は「無知のヴェール」によって遮断されるはずだから、黒人やヒスパニックだからといって最初から優遇されるというのは考えにくい。ロールズ自身はアファーマティヴ・アクションについて直接論じていないが、ドゥウォーキンは、自分は不合格で、自分より成績が劣る黒人がロースクールに合格したのは不当だと白人の男女が大学を訴えた訴訟の判決（ホップウッド判決）を論評した二つの論文（一九九八）で、アファーマティヴ・アクションの正当性について掘り下げて論じている——これらの論文は、『至高の徳』（二〇〇〇、邦訳タイトル『平等とは何か』）に所収。

このケースを含むアファーマティヴ・アクションの是非をめぐる一連の訴訟では、アファーマティヴ・アクションが、憲法修正一四条の平等保護条項に反しないかが争点になった。修正一四条は、南北戦争後、合衆国市民の公民権の保護を目的として制定されたもので、いかなる州も適正手続き（due process）を経ないで個人の生命、自由、財産を奪ってはならないという条項と、全ての市民は法の下で平等に保護されるという条項から成る。プライバシー権や中絶権はデュー・プロセス条項によって根拠付けられている。

ドゥウォーキンは、自分が過去に収めた成績だけに基づいて入試判定してもらう権利を、受験者が持っているわけではないとして、権利を侵害されたとする原告の主張を否定する。そのうえで、平等条項はあらゆる法政策で人々を、無条件に平等に扱うことを命じているわけではなく、その目的が正当なものであれば、それに適した区別を設定することは平等条項に違反したことにはならないと指摘している。人種差別を強化することを狙っている区別なら平等条項違反だが、この場合はそうではない、というわけだ。

サンデルはこうしたドゥウォーキンのアファーマティヴ・アクション擁護論を否定しているわけではないが、ロールズの場合と同様、「功績」という視点抜きに権利や平等を論じている（ように見える）ので、人々に不安を抱かせると指摘する。私たちの現在の学力、教養、人脈、財産のほとんどは、見方によっては、生まれた時の状態によって定められており、純粋に〝自分の功績〟と言えるものはなく、全ては正義の原理による再配分の対象になりそうだ。

単純な実力主義者ではなく、アファーマティヴ・アクションの必要性をある程度認める人でも、各人のそれまでの実績や社会貢献、能力が財の分配に一切反映されず、国や州、大学、企業等が設定する恣意的な基準によって、地位や収入が決まってくるということになれば、納得がいかず、不安になるだろう。ロールズやドゥウォーキンのようなリベラルな正義論を前提にした場合、生まれた時点での格差が何らかのルールに従って是正された〝後〟で、各人は自らの努力によって獲得したものを自分のものにすることを、「正統に期待する」ことができるのだろうか。

ロールズは、その人の個人的な「努力effort」だけでなく、共同体のためにより多く貢献できる良き資質のようなもの（＝「道徳的真価 moral worth」）も、生まれつきの性質によるところが大きいので、再配分においてより多く受け取る根拠にはならないだろう、と述べている。ロールズの言う「正統な期待」は、その人がその社会において割り当てられた役割を果たすうえでの必要経費のようなもので、働きに応じた報酬というような意味合いでもなさそうだ。ロールズの正義論は見方によっては、恵まれない人の期待便益の向上のための道具として、能力や環境に恵まれた人を利用しているようにさえ見える。

ドゥウォーキンも、アファーマティヴ・アクションをめぐる議論を見る限り、多くの人が拘る「功績」や「真価」をあまり重視していないようだ。

アファーマティヴ・アクションを擁護するドゥウォーキンは、人々がどのように動機付けられるのを正当と考えているのだろうか。ドゥウォーキンは、不適切な目的のために人種や階層に従って区分することは許されないとしているが、どういうものが適切な目的なのか積極的な基準を示していない。そこにサンデルは注目する。サンデルに言わせれば、人々を、各人が身に付けている「真価」を発揮し、共同体のために「功績」を積み上げていくよう動機付けるには、成功報酬はともあれ、**自分がその共同体に対して貢献している**、という実感が必要だ。そのためには、価値中立的な建前を取るリベラルたちがあまり触れたがらない、**共同体が存在する「目的」、「共通善 common good」の問題に触れざるを得ない**、というのである。

例えば、○○大学は「△△という性質を持った人材を育てることが、社会のためになる」という理念の下に入試を行っていることが明確であり、その理念が憲法に反するようなものでなかったら、高校での成績のような分かりやすい基準に基づいていなくても、それなりに納得することができる。入学を許可された学生は、大学の目的から見て望ましい△△な人材になり得るということに誇りを持つことができる。地域共同体、州、国家の場合も、そうした「目的」としての「共通善」を明示することで、各人が、自分にふさわしいやり方で自分の属する共同体に貢献して「真価」を発揮し、そのことを周囲から承認されている、という実感が得られるのではないか。サンデルはそういう方向に議論を持っていく。

言ってみれば、リベラルの平等主義をつき詰めると、共同体が存在している「目的」としての「共通善」が明らかにならない限り、何を基準にしてその共同体のメンバーを、単なる道具ではなく、公正に処遇していると言えるのか納得がいくように説明することはできない。

『これからの「正義」の話をしよう』の第八章で、サンデルはアリストテレスに倣って、限られた数の笛を人々に配る場合、誰に配るべきか、という一般的な問題を提起する。

文字通りの〝平等〟原則を貫いて、笛をバラバラにして、その破片を全員で同じ量だけ受け取るとか、ランダムな籤《くじ》引きで当たった人に渡すというのはバカげている。まず、誰がちゃんとその笛が吹けるか確認し、特に名器であれば、それを吹くのに一番ふさわしい人物を特定すべきと考えるだろう。それと同じように、大学のチアリーディング部で誰に演技させるか考える場合にも、その大学にとってチアリーディングのパフォーマンスは何を「目的 end」としているかを明らかにしないと決められない。こうした具体的な問題を視野に入れると、「正義とは人びとに自分に値する（deserve）ものを与えること、一人ひとりにふさわしいもの（due）を与えること」というアリストテレスの正義の定義は、決して時代遅れではなく、社会的正義をめぐる現代の論争の前提として再考されるべきだろう。

こうした論法でサンデルは、リベラルの限界を超えて、社会の「目的」を探求するにはコミュニタリアニズムの発想が不可欠であることを示唆する。言わば、**超リベラリズム、あるいはポスト・リベラリズム的なものとして「コミュニタリアニズム」が浮上してくるよう議論の順序を考えている**わけである。日本の視聴者が、彼を〝リベラルな正義論のヒーロー〟のように受けとめたのは、必ずしも見当外れではなく、サンデル自身が狙ったところでもあるとも言える。

サンデルの変容——『白熱教室』から『実力も運のうち』へ

しかし、その後のサンデルの著作では、コミュニタリアニズムの現代性・独自性はあまり強調されていない。「市場」での競争・淘汰によってあらゆる問題を解決しようとする、新自由主義的な風潮を批判的に論評していく『それをお金で買いますか』（二〇一二）は、全体が、新自由主義が追い求める経済的効率性と、それによって破壊される道徳的な諸価値というシンプルな構図になっている。前者の背景にある政治哲学が、個人の自由を最大限なものにしようとするリバタリアニズム的なものか、当事者の利益を最大化しようとする功利主義的なものなのか、また、後者の諸価値が、リベラリズムと親和性の高い普遍的で平等主義的なものか、それぞれの共同体の歴史を反映した共通善的なものなのか、腑分けした分析はなされていない。

例えば、セレブ専門に二十四時間体制で相談を受け付け、高度の医療サービスを提供するコンシエルジュ・ドクターの是非をめぐる議論では、それを支持する「市場の倫理」の背景になる思想としてリバタリアニズムと功利主義の二つを併記し、それに抵抗する論理として、ちゃんと順番を守る「行列の倫理 the ethics of queue」を挙げているが、これが平等主義的なものか、伝統的な美徳なのかは説明していない。

サンデル自身があまり説明していないので、私なりに解説を加えると、それまでの慣習に反して金持ちを優先する方針に対しては、リベラルな平等主義の観点からも共同体的な慣習を重視するコミュニタリアンの観点からも批判することができる。しかし、どういう順番で医者に見てもらうかについては、意見が異なるだろう。コミュニタリアンであれば、最初に到着した順番のまま行儀よく待つことを古くからの美徳として正当化するかもしれないが、ロールズ的なリベラルなら、偶然の巡り合わせで先に申し込むことができた人が先に診てもらう権利を保持するのはおかしい、格差原理に従って、最も苦しい立場の人が優先されるようにすべき、と言いそうである。

少なくともこの本の著者としてのサンデルにとって、新自由主義的な発想が蔓延しているという現実的な問題が関心の中心で、「新自由主義」に対するスタンスを軸にして、政治哲学の諸潮流を整理し、分析することは意図されていないように見える。これだけだと、著名になったサンデルが時事ネタを追うようになっただけか、彼の政治哲学的な基本態度が変化したのか分からない。だが、コロナ禍に刊行された『実力も運のうち』(二〇二〇)になると、サンデルの政治哲学的スタンス自体がはっきりと変化しているように思える。この著作で問題になっているのは、アメリカに蔓延するメリトクラシー(能力主義)である。アメリカの教育界では一九五〇~六〇年代から、教育における平等を実力主義の徹底という形で実現しようとする考え方が次第に有力になった。エスニシティや財産等と関係なく、優れた資質を持つ者に高度の教育を受ける機会を与える、ということである。

サンデルは、能力主義プロジェクトの先駆けとして、化学者出身の教育評論家で、一九三三~五三年にハーヴァード大学学長を務めたジェイムズ・コナント(一八九三―一九七八)に注目している。それまでハーヴァード、イェール、プリンストンの「ビッグ・スリー」と呼ばれる超エリート大学では、プロテスタントの名門の出身で、上流階級向け寄宿舎学校出身の男子は容易に入学を認める一方、女子は排除され、黒人やユダヤ系は厳しい制限を受けていた。コナントは、この現状を打破し、大学を改革して、実力があるものこそ報われるべき社会にしようと、大学進学適性試験(SAT:Scholastic Assessment Test)による選別を推奨する。

コナントの在任中には、彼の推奨する改革は大きな広がりを見せなかったが、五〇~六〇年代にかけて、(リベラルと親和性が高いと思われる)公民権運動による平等への要求と、(リバタリアンや功利主義と親和性がある）経済界を中心とする反ケインズ＝新自由主義的な改革への要求が同時に高まったことで、事態は大きく変化した。親の財産やジェンダー、エスニシティに関《かか》わらず、能力次第でチャンスを摑めるようにすることが、二つの（相互に対立しているように思える）政治的要求に応えることだと思われたのだ。

一連の改革によって大学の入試における能力主義が徹底され、白人男性以外からも多くのエリートが輩出するようになった。オバマやブッシュ（息子）政権で国務長官を務めたコンドリーザ・ライス（一九五四―　）のような黒人のエリートも現れた。また、大学進学率が上昇し、多くの経営者、投資家、知的専門職が輩出されるようになった。

これは一見能力主義の良い帰結のように見えるが、学歴競争に起因する格差は次第に拡大した。オバマのようなマイノリティ出身のエリートは少数いるものの、収入ベースで見る限り、低所得層出身の学生が大学で学んだことで、高所得層に上昇できる可能性は低くなり、世代を通して格差が固定化される傾向が強まった。フランスの経済学者ピケティ（一九七一―　）が『21世紀の資本』（二〇一三）で統計的に示した事態が実際に進行していたわけである。

能力主義の壁とトランプの誕生

アメリカ社会で、能力主義の徹底によってかえって格差が固定化する主な理由として、サンデルは、高収入層ほど子供のSAT対策に金をかけることができ、アドバイザーを雇うことさえできるからだ、と指摘している。結果的に、SATの面で実力のある人が選ばれているわけであるが、これが公正な社会の在り方だろうか。アファーマティヴ・アクションを行なっても大勢は変わらないし、そもそも、同じエスニック・グループの中で生じている格差には効果がない。

サンデルは、能力主義の行き過ぎで、支配するテクノクラートと、彼らの決定に従うしかない一般庶民の間の意識の乖離が大きくなり、様々なレベルでの共同体意識が壊れていることに懸念を表明している。政治家が次第に高学歴化し、下院議員の九五％、上院議員の一〇〇％が大卒であるのに対し、有権者の三分の二は大学を卒業していない。また、閣僚にもアイヴィー・リーグの出身者が増えた。特にオバマ政権では、閣僚の過半数がハーヴァードとイェールの出身者で占められた。民衆の目には、政治家は民衆の代表ではなく、エリート層の代弁者のように見えるような状況が生じている。

能力主義のエリートたちが、新自由主義と親和的なグローバリゼーションを推進し、人々に、世界を相手にしたグローバルな競争で生き残れる能力を身に付けようと呼びかける中で、競争についていけないと感じる人たち、特に（リベラルな知識人から弱者として保護の対象と見られる可能性の少ない）白人の貧困層は、そうしたメッセージに対し、自分たちが敗者であることを念押しされているように感じ、反発するようになった。

そうした能力主義エリートに対する反発する層がトランプ支持に回ったといわれている。実際、ドナルド・トランプ（一九四六―　）とヒラリー・クリントン（一九四七―　）の間で戦われた二〇一六年の大統領選では、修士以上の学位を持つ人の間ではヒラリー支持が圧倒的だったのに対し、学位を持たない白人の三分の二はトランプを支持した。リベラルが再分配を通じて、貧困層に優しい政治を推進するという従来のイメージが崩れ、むしろ、**「リベラル＝エリート＝能力主義＝グローバル化推進派」であり、少なくとも白人貧困層には優しくない、というネガティヴな意識が浸透した結果である。**

サンデルは、オバマとトランプが演説で頻繁に使うフレーズを能力主義の観点から比較分析し、オバマは、「やればできる You can make it if you try.」というフレーズを好んで使用していると指摘する。一九七〇年代くらいだったら、アメリカン・ドリームを代表する言葉としてポジティヴに受け止められたかもしれないが、能力主義の壁に阻まれて挫折感を味わっている現代の貧しい労働者には、黒人でありながら大統領までのぼりつめた自分の優秀さを誇り、負け組の白人をさげすんで、お前はダメな人間だと宣告しているように聞こえるかもしれない。

それに対してトランプが愛用したフレーズは、周知のように「アメリカを再び偉大にする Make America great again!（MAGA）」だ。これも古き良きアメリカへの郷愁を表現しているようにも聞こえるが、誰かにそのための努力をするように呼びかけているわけではない。黒人や女性に対する侮蔑的な発言から〝超保守的〟なイメージの強いトランプだが、サンデルはトランプの演説の特徴として、努力とか責任感を求めるものではなく、「屈辱 humiliation」を感じている人たちを意識して、アメリカから「屈辱」の〝原因〟を取り除いてやる、という言い方になっていることに注意を向ける。

こうした状況の変化に対応しての、サンデル自身の哲学的スタンスの変化として、先に見たように、『これからの「正義」の話をしよう』や「白熱教室」では、リベラルが正義論から排除してきた「値する deserve」といった言葉を、目的論・コミュニタリアン的な文脈で復権しようとしていたのに対し、『実力も運のうち』では、一九七〇年代以降、マクドナルドの広告や新聞・雑誌などを中心とする大衆文化の中で、これが能力主義に親和的な言葉になっていることを指摘している。能力があるあなたは高級な●●を食べる（飲む）に値する、◆◆に住むに値する、◆◆の成功に値する、といった調子で。〈deserve〉の名詞形の〈desert〉は、道徳的な報いというニュアンスの強い言葉だが、ポピュラーになった「あなたは値する」に対応する名詞はむしろ、能力に見合っているという意味の強い〈merit〉だ。

サンデルは、「値する」とか「資格がある entitled」といった言葉が、能力主義に汚染されていることは強調する。しかし、これらの本来の目的論的な用法について語ろうとはしない。『これからの「正義」の話をしよう』のサンデルなら、大学がそれぞれ固有の「目的」を設定して、それぞれ自らのカラーに合った学生選抜方式を考え、本当にその大学に「ふさわしい deserve」学生が学ぶようにすべきだと言いそうだが、彼はむしろ、ハーヴァード等は、ＳＡＴで一定の点数以上を取っている入学希望者の間で籤引きをすればいい、というリベラルな平等論に接近したかのような中途半端な提案をしている。率直に言って、籤引きで入学できた学生が、自分にふさわしい立場にいると思ってプライドを持って学生を送れるのか、落ちた学生は能力のせいではないさ、と言って素直に受け止めるのか疑問である。

また、白人労働者層をトランプ支持に走らせている「屈辱」感を除くため、労働の「尊厳 dignity」を認めるべきであり、そのためのオープンな議論をしようと呼びかけている。しかし、具体策としては、政府による賃金補助とか、金融部門に対する課税強化によるグローバルな資本移動の抑制による国内労働市場の保護といった、普通のリベラルな政治家とか反グローバリズムの左派知識人が言いそうなことしか言っていない。

アメリカ的なリベラルの条件の変化

サンデルが能力主義の攻勢に対して余裕をなくして、コミュニタリアンという普通のリベラルな知識人のようになっているのは、ある意味、納得できることである。これまでのアメリカが、トクヴィルが『アメリカの民主政治』で記述したような歴史的・地理的条件に恵まれ、ロールズ的な「リベラリズム」がある程度現実に機能する国家であったからこそ、サンデルは、リベラルの視野に入って来にくい、自己のアイデンティティを構成するための物語や文化的な相互承認、「ふさわしさ」などの問題を、安心して提起できたのかもしれない。

しかし、新自由主義とグローバル化の進展で、アメリカの文化的な強さ、自信の基盤が掘り崩され、アメリカ的な「リベラリズム」は、文字通り普遍的な理念に根ざしているのではなく、偶然の産物である（あった）というローティの指摘の意味がリアルに認識されるようになった。サンデルにとっては、コミュニタリアンの立場で「リベラルな正義論」に対する純理論的な批判を続けている場合ではなく、弱くなったリベラルの肩代わりを自分がしなければならない、という危機意識を持つようになったのかもしれない。黒人として初めての大統領になったリベラルのヒーローとも言うべきオバマを、グローバル化を推進するエリートと見なし、露骨なアメリカ第一主義を掲げるトランプを英雄視する人が増えれば、「リベラリズム」をめぐる従来の議論の図式は成り立たなくなる。

アメリカ的な正義観の変化は、連邦最高裁の判決に反映されている。同性婚のカップルに結婚許可証を発給しないのはデュー・プロセス条項違反であるとする二〇一五年のオーバーグフェル判決は、リベラルな司法判断の頂点であったが、周知のようにトランプ政権時に指名された保守系の判事が多数を占めるようになった二〇二〇年以降の最高裁では、リベラルな正義に基づく判断を覆すような判決が相次いだ。二〇二二年六月のドブス判決では、デュー・プロセス条項は中絶権のような具体的な権利を保護しているわけではないと判断し、一九七三年のロー判決のデュー・プロセス解釈を変更して中絶禁止を容認した。

二〇二三年六月の公正な入学選考を求める学生対ハーヴァード判決では、アファーマティヴ・

アクションは平等保護条項違反だと判示された。先に触れた、ドゥウォーキンのアファーマティヴ・アクション論をサンデルが批判的に検討していた時とは、法的な前提が逆になったわけである。この状況でサンデルは、誰をどう説得したらいいのか。この判決の少し後の「バイデン対ネブラスカ州」判決では、（能力主義の圧力の下で）多額の学資ローンを抱えてしまった学生のために支払いを免除しようとするバイデン政権の政策が否決された。これによって能力主義の負の帰結の解消がさらに困難になったわけである。

アメリカが経済的に発展し続け、グローバル化のポジティブなフィードバックがアメリカの一般庶民にも還元されているという期待があれば、ロールズの『正義論』に象徴されるリベラルな構想は受け入れやすいが、現在はそういう明るい未来を思い描くのが困難になっている。多くの人が、「正義」を語る人ではなく、自分たちのローカルな利益を守ってくれる人を待望している。

こうしたリベラルにとっても、サンデルのようなリベラル寄りのコミュニタリアンにとっても袋小路の状況で、二〇二四年の大統領選が進んでいる。政治思想・哲学と現実の政治は必ずしも対応しているわけではないが、アメリカのリベラリズムが発展する基礎となった両者の幸運な関係が回復する見込みは今のところなさそうだ。

あとがき

私は一九九二年に、標準より七年遅れて二九歳で大学院生になり、一九世紀初頭のドイツを中心とする思想史の勉強を始めたが、その当時は、将来アメリカの現代哲学について一冊の本を書くことになるとは全く想像していなかった。中学生の頃から、英語・英会話が好きで、高校の時にごくわずかの期間ながらアメリカの西海岸でホームステイしたことがあった私は、アメリカの政治や文化に関心がないわけではなかったが、「アメリカの哲学」というイメージはほとんど持っていなかった。「アメリカ」と「哲学」が、私の中で結び付かなかったのである。今から考えてみると、その当時のアメリカの政治哲学では、「リバタリアニズム vs. リベラリズム vs. コミュニタリアニズム」の三つ巴図式がとっくの昔に出来上がり、ローティの新規参入もあって、既に次の段階への展開が始まっていた。遅れてきた院生の私は、そうした時代の先端の動きを全く把握していなかった。

自分で言うと言い訳になってしまうが、あの頃の日本の哲学・思想業界には、私のような遅れた感覚を持っている人間がいてもおかしくないような雰囲気がまだあったと思う。序でも述べたように九〇年代に入るまでは、哲学・思想が好きな――そもそも哲学・思想が好きであること自体がマニアックであるわけだが――人間の中でも、あるのかないのかよく分からない〝アメリカの哲学〟に関心を持つのは、極めつきのマニアックな人間だったはずである。多くの典型的な哲学オタクは、「アメリカの哲学」と言われても、「今頃になって、デューイとかジェイムズを本気で読み返そうという物好きでもいるのかな」、というくらいにしか思わなかったろう。

現象学やフランスのポスト構造主義などとは全く別ものの現代哲学の一つの潮流として、英米系の「分析哲学」というものがあって、そこでは数理論理学とか科学哲学のような結構理系っぽいことをやっているということくらいは、さすがに私でも知っていた。しかし、それを日本でやっているのは、哲学好きでありながら、なおかつ理系のような論理的明晰さを求める、特異な才能と趣味を持っている人たちだけだったし、それが「アメリカを中心にして営まれている哲学」であるということはあまり意識されていなかったような気がする。当時は、アメリカどころか、ホッブズ、ロック、ヒューム、ベンサムが輩出したイギリスの哲学・思想さえ、使っている言葉が軽くて哲学らしくないというイメージがあった。ドイツ観念論や現象学、構造主義／ポスト構造主義のように、何度その定義を聞かされても、なかなか理解できない、素人には近寄りがたそうな、いかにも深遠な概念を操るのが本格的な哲学だと思われていたのだ。

何となくそういうイメージに引っ張られていた私も、大学院で思想史を勉強している内に少しずつ、ドイツ観念論、ドイツ・ロマン派、現象学、フランクフルト学派の批判理論など、いかにもドイツ的な領域でも、現在ではアメリカ（在住）の研究者が先端的な仕事をしていることが多く、アメリカを無視できなくなっていることを理解するようになった。アメリカに特有の政治哲学・倫理学を展開するロールズやローティが、「アメリカ」という枠を超えて現代哲学において無視できない存在になりつつあることも分かってきた。ドイツ・ロマン派の言語哲学と批評理論の関係をメインにしていた自分の研究テーマとは直接関係ないので、ロールズらの「リベラリズム」については関心を持つだけで、あまり深入りはしなかった。私は結構新しいものずきだが、ドイツ・ロマン派から現代アメリカのリベラリズムにいきなり研究テーマを変えるほど無謀ではない。

九八年に金沢大学の法学部（現、法学類）に就職した前後から、従来のテーマに縛られる必然性がなくなったことや、法学部関係の付き合いも増えてきたこともあって、ドイツ語圏の哲学と関わりが深いアーレントやローティを手始めにちょっとずつアメリカの政治哲学に手を出すようになった。そうこうしている内に、ドイツ観念論やロマン派からどんどん離れていき、ドイツ語の本よりも英語の本を読むことの方が多くなった。

私自身の考え方が変わったということもあるが、この十数年の間に、哲学・思想業界も大きく変化したような気がする。本文中でも述べたように、ドイツ語やフランス語、あるいはこれらの言語で書かれた呪文のような文章を苦手とする若手が増えた影響で、「アメリカ」が参照されるようになったこともあるのだが、輸入元の方にも大きな質的変化があったような気がする。ドイツやフランスで、戦後の哲学・思想をリードしてきたスターたちが相次いで亡くなり、その後継者たちが小粒で、面白くない。日本と同様に、著者名とタイトルさえ見れば、読まなくても何を書いているか分かってしまいそうな人が増えている。ドイツ思想関係の知り合いから、「今度出てきたこの人が面白い」と薦められても、実際に、その人物の文章を見て面白いと思えることがほとんどなくなった。フランスの方も、九〇年代後半以降、かなり平板化しているように思える。それに比べると、英米系の方が、名前とタイトルだけでは、どういう展開になるのか予想が付きにくい、エキサイティングな人が増えているような気がする。

そういう自分の内外の「アメリカ」のイメージの変化を感じていたので、昨年NHK出版の大場旦氏から、『集中講義! 日本の現代思想』に続くNHKブックスの二冊目として、アメリカの現代思想について書いてもらえませんかと依頼されて、すぐに承諾した。自分の「リベラリズム」理解を、思想史的な視点からまとめるのにちょうどよいと思ったからだ。「九・一一」前後の状況などアクチュアルな政治情勢についての記述を、ロールズらの「リベラリズム」と接続するのは結構難しいような気もしたが、そこを何とかまとめないと、「アメリカの自由」の思想史にはならない。うまくまとまっているかどうかは、それぞれの読者が判断してほしい。

最初から予定していたわけではなかったが、本文を書き終えたのは、洞爺湖でサミットが開かれ、地球温暖化問題や石油先物取引規制問題に対するアメリカの対応に関心が集まっていた七月八日のことである。そして、本書が刊行されるのは、大統領選本選が白熱しているはずの時期である。私が本書を準備している間、具体的に書いている間に、「ブッシュのアメリカ」を批判する本や、「新自由主義のもたらした現実」を告発する本、「アメリカの終焉」を予告する本など、反アメリカ本が書店の人文書や政治・経済書のコーナーにどんどん増えていった。ポジティヴそうなタイトルで目立つのは、オバマ候補関係のものくらいである。

ロールズの正義論を軸に、「リベラリズム」の哲学の短い歴史を、現実政治と多少絡めながら紹介した本書は、個別のテーマに関心を持つ専門的な研究者にとっては、大雑把で物足りない内容であろうし、この方面に不案内な人には、「アメリカの自由主義」のいい面だけを強調するきれいごとの思想史に見えてしまうかもしれない。個別テーマの研究が盛んな割に全体像が意外と知られていない領域への入門書なので、それも仕方のないことだと思う。日本の法哲学者、政治学者の中には、ロールズやドゥウォーキンを、カント、ヘーゲルを超える偉大な哲学者と見なす人もいる一方で、ラディカルなサヨクの中には、「無知のヴェール」という言葉の印象だけでロールズをぺてん師扱いする人もいる。そういうギャップを埋めるために書いた本だと思って頂きたい。

余談であるが、何年か前に金沢大の政治思想史の試験で、ロールズの「無知のヴェール」と「格差原理」について説明しなさいという主旨の問題を出したところ、「無知のヴェールというのは、情報を遮断して、格差を分からないようにして、格差社会を正当化し……」という感じの、漫画みたいな反応をしてくれた答案がいくつかあって、かえって〝感動〟した覚えがある。再来週には、その政治思想史の試験をまたやらねばならない。今年は、どんな面白いロールズ解釈が見られるか楽しみである。どこかの慌て者に教師としての怠慢を疑われては困るので、念のために言っておくと、私が授業で使っている参考書では、「無知のヴェール」と「格差原理」について具体的な説明が出ていないので、これらについて説明する回に出席するか、かなり信頼できる友人にノートを見せてもらうかしないと（あるいは本人が私の予想を超える秀才でないと）、問題をいきなり見ただけでは、ちんぷんかんぷんであろう。本書は、そうした方面でも多少は役に立つかもしれない。

著者

二〇〇八年七月七日　金沢大学角間キャンパスにて

新版へのあとがき

本書の旧版を刊行した十六年前と比べて、私の「アメリカ」に対する印象は大きく変わった。私だけでなく、当時、既に大学生くらいの年齢だった人の圧倒的多くは、十六年前の自分の「アメリカ」観がどうだったか記憶を遡れば、あまりの変化に愕然とするだろう。

当時のアメリカはリーマン・ショックによって経済的に苦境に陥っていたが、国内を拠点とする巨大ＩＴ企業は躍進を続けており、グローバリゼーションの中心としてのアメリカの地位は揺るぎそうになかった。アメリカは良きにつけ悪しきにつけ、世界の経済的繁栄と人類の進歩の中心に位置し、〝普遍的な正義〟を掲げて闘う国であり、アメリカ人はそうした自国に誇りを持っている。そういうイメージを抱く人が多かったのではないだろうか。

ロールズの正義論は、世界にアメリカ的正義を実現しようとするアメリカ的精神のソフトな面を代表していたように思える。本文中でも述べたように、進歩と繁栄から取り残される人ができるだけでないようにし、アメリカという壮大なプロジェクトを補完する試みだったと言える。

しかし、そうしたスーパーマン的なアメリカのイメージは、二〇一六年の大統領選でのトランプの勝利で完全に崩壊してしまった。アメリカはいつのまにか、自らをグローバリズムの流れから遮断し、「外」からやってくるものに対して極度の警戒心を示す内向きの国になってしまった。共和党は相変わらず〝攻撃的〟な政党ではあるが、ブッシュ二世が大統領だった時の、嫌がられても世界各地の紛争に乗り出していこうとする攻撃性から、侵入してくる外敵に向かって吠えたてる攻撃性へと転換した。

レーガンやブッシュ二世がスーパーマンのような正義の大統領を演じていたとすれば、トランプはどう見てもヴィランである。彼が宣戦布告している相手は、巨大な悪とは思えない。トランプ信奉者やQアノンなどが語るディープ・ステートの存在を信ずるのであれば、スター・ウォーズのジェダイの長老のようなイメージで彼を見ることができるかもしれないが、その手の物語を共有していない人には、トランプとその側近たちの方がシスの暗黒卿に操られる悪役キャラに見えるだろう。

もう少しヒーロー物のサブカルに関連した話をすると、DCにせよマーベルにせよ、ヒーローが単独で活躍することが少なくなってチーム化するとともに、ストレートな正義の味方ではなく、暗い情念に突き動かされ、悪に手を染めるアンチ・ヒーローが主人公になる作品がかなり増えてきた。完全な悪役であるジョーカーが主人公になる場合もある。そこにアメリカ人の自己認識の変化が反映しているように思える。最強の〝正義の味方〟を演じることに疲れ、かっこ悪くてもいいから自分の欲望に正直に生きたい、というジョーカー的な願望が表面化しているように思える。

変化したのはアメリカだけではない。英国では大方の予想に反して国民投票でブレグジットが成立してしまったし、フランスとドイツでも、反EU・反移民政策を掲げる政党が予想を遥かに上回る速度で議席を伸ばしており、フランスでは支持率で左派や中道派を上回り、第一党をうかがうまでになった。今やEU自体が解体してしまってもおかしくない。そしてロシアは、ソ連崩壊後主権国家になっていたウクライナを属国扱いして、侵攻した。日本でも二〇〇九年の民主党への政権交替以降、それまでの戦後の政治史では考えられないようなことがいろいろ起こった。自由民主主義が定着した国の国民は、次第に狭いローカルな思考を脱して、理性的でコスモポリタンな思考ができるようになる、などと言っても、きれいごとか皮肉にしか聞こえなくなった。

新型コロナをめぐる世界的な騒乱は昨年（二〇二三年）の夏くらいには日本でも一段落したように見える――今でも（目的はもはや感染症対策ではないかもしれないが）マスクをし続ける人はいるし、オンライン会議が増えて、遠方の人と直接会う機会が減るなどの影響は残存している。しかし、コロナ禍の間に、自由主義の思わぬ弱点が露わになった。少なくとも西欧諸国では、個人の自由を最優先する価値観が定着したと思われていたが、感染症のような形で、生命に対する集団的リスクが高まる（という予測がWHOやアメリカ国立アレルギー・感染症研究所などによって発表される）と、「他者危害原則」など簡単に度外視される。感染するリスクを最小限にすることが、屋外で自由に行動したり、親しい人と自由に関わる権利よりも優先されるべきであり、非常事態には私生活に公権力が干渉することも致し方ないと考えられるようになった。

人々の日常の細かい襞《ひだ》に入り込み、様々な局面で何が「正常 normal」であるかを提示し、それに同化するよう「規範 norm」的に働きかけるとされる「生権力 biopower」をめぐるフーコーの議論は、リベラル系の政治哲学では、左翼的な考えすぎと見なされ、あまり本気で受けとめられてこなかったが、一挙に極めてリアルな問題として浮上してきた。パンデミックが宣言されれば、私生活の自治、ライフスタイルの多様化を称揚するリベラルな正義論は、とたんに空論と化し、人々はパンデミックにおける「標準的 normal」な振る舞いを指定・教示する、医学・公衆衛生的な権力に自発的に従おうとする。「例外状態」では、（ナチス政権を正当化したことで悪名高い）カール・シュミットが言うように、主権的権力を直接行使する決断力を持った指導者が求められる。しかも、どういう場合が「例外状態」なのかは自動的に決まるわけではない。新型コロナが従来の感染症と比べてどれくらい危険だったのか、未だにはっきりとした評価が定まっていない。新型コロナの致死率がどれくらいで、実効再生産数がどれくらいだと、新型コロナのような対策が必要になるのか、あれだけ騒いだのに、答えは出ていない。恐らく「これは例外状態だ！」と決定し、それを実行に移した者が、事後的に「こういう基準に基づいての決定だ。だから正しい決定だった」と正当化することになるのだろう。

多くの人が、一年後の世界と日本の政治情勢がどうなっているか、全く予想がつかない、と誇張なく感じているだろう。私がこの新しい「あとがき」を書いている七月四日現在、再選を目指すバイデン氏の高齢化への不安から大統領候補差し替え論が民主党内から急浮上し、これまで人望や実績がないからダメだと言われていたカマラ・ハリス副大統領の株が何故か急上昇している——周知のように、その後、実際にバイデンの撤退を受けて、代わりの大統領候補になった。アメリカは混沌を脱して、リベラルの王道へ戻っていくのか、それとも私たちが知らない全く別の国に変貌していくのか、それが同じように先が読めない日本の政治にどう影響するのか。十一月の大統領選がアメリカだけでなく、世界にとっての重大な分岐点になるように思われる。

二〇二四年七月四日

著者

関連年表

西暦	世界のおもな出来事	思想史上のおもな出来事と著作
一九四五	第二次世界大戦終結	メルロ＝ポンティ『知覚の現象学』（↓みすず書房、六七、七四年↓法政大学出版局、八二年↓改装版二〇一五年）
一九四六	米国、ビキニ環礁で水爆実験	鶴見俊輔・丸山眞男ら『思想の科学』創刊（～九六年）
一九四七	米国、トルーマン・ドクトリン宣言 インド独立 コミンフォルム結成	コジェーヴ『ヘーゲル読解入門』（↓国文社、八七年）
一九四八	世界人権宣言	
一九四九	北大西洋条約機構（NATO）成立 中華人民共和国成立	ランドの『水源』（四三年↓ビジネス社、〇四年）の映画化（「摩天楼」）
一九五〇	米国、マッカラン法（国内治安維持法）成立 朝鮮戦争勃発	
一九五一	サンフランシスコ対日講和会議 米国、ブラウン対教育委員会訴訟提訴	ウィトゲンシュタイン死去 アーレント『全体主義の起原』（↓みすず書房、七二～七四年↓新装版八一、新版一七年） ミルズ『ホワイト・カラー』（↓東京創元社、五七年）

一九五二	日米安全保障条約発効	ロストウ『経済成長の過程』（→東洋経済新報社、五五年）
一九五三	スターリン死去 英国、エリザベスⅡ世戴冠	
一九五四	日、ビキニ環礁被爆事件 東南アジア条約機構（SEATO）結成	
一九五五	インドネシアのバンドンでアジア・アフリカ会議 ワルシャワ条約調印 日、五五年体制成立 米国、キング牧師らによるバス・ボイコット運動	マルクーゼ『エロス的文明』（→紀伊國屋書店、五八年） ハーツ『アメリカ自由主義の伝統』（→有信堂、六三年→講談社学術文庫、九四年）
一九五六	フルシチョフのスターリン批判演説 ソ連、ハンガリー侵攻 スエズ動乱 日ソ国交回復	ミルズ『パワー・エリート』（→東京大学出版会、五八年→ちくま学芸文庫、二〇年）
一九五七	米国、セントラル高校事件 ソ連、人工衛星スプートニク一号の打ち上げ成功	ランド『肩をすくめるアトラス』（→ビジネス社、〇四年、アトランティス、一四～一五年）

一九五八	欧州経済共同体（EEC）発足 米国、人工衛星エクスプローラー一号の打ち上げに成功	アーレント『人間の条件』（↓中央公論社、七三年↓ちくま学芸文庫、九四年、講談社学術文庫、二三年） ガルブレイス『ゆたかな社会』（↓岩波書店、六〇年↓岩波現代文庫、決定版〇六年） ロールズ論文「公正としての正義」（↓『公正としての正義』木鐸社、七九年所収）
一九五九	キューバ革命成就	アーレント論文「リトルロックについて考える」（↓『責任と判断』筑摩書房、〇七年所収↓ちくま学芸文庫、一六年） ミルズ『社会学的想像力』（↓紀伊國屋書店、六五年↓ちくま学芸文庫、一七年）
一九六〇	南ベトナム解放民族戦線結成	ハイエク『自由の条件』（『ハイエク全集第5、6、7巻』春秋社、八六、八七年↓普及版二一年） ロストウ『経済成長の諸段階』（↓ダイヤモンド社、六一年）
一九六一	米国、ケネディ政権発足 ベルリンに東西の壁設置	ハーバマス『公共性の構造転換』（↓未來社、七三年↓新版九〇年） フーコー『狂気の歴史』（↓新潮社、七五年↓新版二〇年）
一九六二	キューバ危機	M・フリードマン『資本主義と自由』（↓マグロウヒル好学社、七五年↓日経BP社、〇八年）
一九六三	米国、キング牧師「I have a dream」演説 米国、ケネディ大統領暗殺	アーレント『革命について』（↓合同出版、六八年↓中央公論社、七五年↓ちくま学芸文庫、九五年） フリーダン『新しい女性の創造』（↓大和書房、六五年↓改訂版〇四年）

		ロールズ論文「憲法上の自由と正義の概念」（→前掲『公正としての正義』所収）
一九六四	米国、新公民権法成立	マルクーゼ『一次元的人間』（→河出書房新社、七四年）
一九六五	米軍による北爆、ベトナム戦争拡大	
一九六六	米国で黒人暴動	アドルノ『否定弁証法』（→作品社、九六年）
一九六七	米国、ベトナム反戦運動隆盛 中国で文化大革命はじまる	ロールズ論文「配分における正義」（→前掲『公正としての正義』所収） デリダ『グラマトロジーについて』（→現代思潮新社、七二年）
一九六八	米国、キング牧師暗殺 プラハの春	
一九六九	アポロ11号、月面着陸に成功 米国、ニクソン・ドクトリン	ロールズ「市民的不服従の正当化」（→前掲『公正としての正義』所収）
一九七〇	米国、ウーマン・リブ大行進	アーレント論文「市民的不服従」（→『暴力について』みすず書房、七三年→みすずライブラリー、〇〇年所収） ミレット『性の政治学』（→自由国民社、七三年→ドメス出版、八五年）
一九七一	米国、ニクソン・ショック（ドルと金の交換停止）	ロールズ『正義論』（→紀伊國屋書店、七九年→改訂版一〇年）

一九七二	米中共同声明 日米、沖縄返還 米ソ、戦略兵器制限交渉（SALT I）調印	
一九七三	米国、「ロー対ウェイド」判決、連邦裁判所が中絶権を認める 石油危機	ドゥウォーキン「正義と権利」（→『権利論』木鐸社、八六年→増補版〇三年所収） D・フリードマン『自由のためのメカニズム』（→勁草書房、〇三年）
一九七四	ウォーターゲート事件を受けニクソン大統領辞任	ノージック『アナーキー・国家・ユートピア』（→木鐸社、八五、八九年）
一九七五	ベトナム戦争終結	ブキャナン『自由の限界』（→秀潤社、七七年） フーコー『監獄の誕生』（→新潮社、七七年→新装版二〇年） ニスベット『権威の黄昏 *Twilight of Authority*』
一九七六	周恩来、毛沢東死去	フーコー『性の歴史I 知への意志』（→新潮社、八六年） スピヴァク『デリダ論――「グラマトロジーについて」英訳版序文』（→平凡社、〇五年） 村上龍「限りなく透明に近いブルー」発表（→後に講談社、七六年→講談社文庫、七八年）
一九七七	米国、カーター政権発足 米・パナマ、新パナマ運河条約調印	ウォルツァー『正しい戦争と不正な戦争』（→風行社、〇八年）

一九七八	伊、モロ首相暗殺	サイード『オリエンタリズム』(→平凡社、八六年→平凡社ライブラリー、九三年)
一九七九	米中、国交樹立 イラン、イスラム革命 ソ連、アフガニスタンへ軍事介入開始	マッキノン『セクシャル・ハラスメント・オブ・ワーキング・ウィメン』(→こうち書房、九九年) ロールズ『公正としての正義』(前掲) ベイツ『国際秩序と正義』(→岩波書店、八九年) ローティ『哲学と自然の鏡』(→産業図書、九三年) テイラー『ヘーゲルと近代社会』(→岩波書店、八一年→岩波モダンクラシックス、〇〇年) セン『貧困と飢饉』(→岩波書店、〇〇年→岩波現代文庫、一七年)
一九八〇	韓国、光州事件	田中康夫「なんとなく、クリスタル」発表(河出書房新社、八一年→新潮文庫、八五年→河出文庫、一三年)
一九八一	米国、レーガン政権発足	マッキンタイア『美徳なき時代』(→みすず書房、九三年→新装版二一年) ドゥウォーキン「資源の平等」(→『平等とは何か』木鐸社、〇二年所収)
一九八二	フォークランド紛争勃発	ロスバード『自由の倫理学』(→勁草書房、〇三年) サンデル『自由主義と正義の限界』(→三嶺書房、九二年、九九年→勁草書房、〇九年[『リベラリズムと正義の限界』に改訂改題])
一九八三	比、アキノ元上院議員暗殺	ウォルツァー『正義の領分』(→而立書房、九九年) アンダーソン『想像の共同体』(→リブロポート、八七年→NTT出版、増補版九七年)

		浅田彰『構造と力』（勁草書房→中公文庫、二三年）
一九八四	印、ガンジー首相暗殺	浅田彰『逃走論』（筑摩書房→ちくま文庫、八六年）
一九八五	ゴルバチョフ、ソ連共産党書記長就任、ペレストロイカに着手	加藤典洋『アメリカの影』（河出書房新社→講談社学術文庫、九五年→講談社文芸文庫、〇九年） ロールズ論文「公正としての正義：形而上学的ではなく政治的な *Justice as Fairness: Political not Metaphysical*」
一九八六	チャレンジャー号爆発事故 チェルノブイリ原発事故	ニスベット『保守主義』（→昭和堂、九〇年）
一九八七	世界同時株暴落	ブルーム『アメリカン・マインドの終焉』（→みすず書房、八八年→新装版一六年）
一九八八	イラン・イラク戦争終結	ローティ論文「哲学に対する民主主義の優位」（→『連帯と自由の哲学』岩波書店、八八年所収） スピヴァク『サバルタンは語ることができるか』（→みすずライブラリー、九八年）
一九八九	米国、ブッシュ（父）政権発足 ベルリンの壁崩壊 ルーマニア革命	オーキン『正義・ジェンダー・家族』（→岩波書店、一三年） ローティ『偶然性・アイロニー・連帯』（→岩波書店、〇〇年） ウォリン『アメリカ憲法の呪縛』（→みすず書房、〇六年） キムリッカ『リベラリズム、共同体、文化 *Liberalism, Community, and Culture*』
一九九〇	東西ドイツ統一	バトラー『ジェンダートラブル』（→青土社、九九年→新装版一八年）

一九九一	湾岸戦争交戦開始 ソ連、8月政変・連邦解体	シュレジンジャー『アメリカの分裂』（↓岩波書店、九二年） コノリー『アイデンティティ／差異』（↓岩波書店、九八年） テイラー『〈ほんもの〉という倫理』（↓産業図書、〇四年↓ちくま学芸文庫、二三年）
一九九二	欧州連合創設を合意したマーストリヒト条約正式調印 ボスニア内戦勃発	テイラー論文「承認のための政治」（↓『マルチカルチュラリズム』岩波書店、九六年所収） ハーバマス『事実性と妥当性』（↓未來社、〇二、〇三年） フクヤマ『歴史の終わり』（↓三笠書房、九二年↓新版二〇年） セン『不平等の再検討』（↓岩波書店、九九年↓岩波現代文庫、一八年） ウォルツァー『アメリカ人であるとはどういうことか』（↓ミネルヴァ書房、〇六年）
一九九三	米国、クリントン政権発足 欧州連合12カ国単一市場始動	ロールズ『政治的リベラリズム』（↓筑摩書房、増補版二二年） ハンチントン「文明の衝突か？」が『フォーリン・アフェアーズ』八月号に掲載 セン、ヌスバウム共編『クオリティー・オブ・ライフ』（↓里文出版、〇六年） ムフ『政治的なるものの再興』（↓日本経済評論社、九八年） ロールズ論文「万民の法」（↓ロールズ他『人権について』みすず書房、九八年所収）
一九九四	ＮＡＴＯ、ボスニアでセルビア人に空爆	

一九九五	日、阪神淡路大地震	バーバー『ジハード対マックワールド』（→三田出版会、九七年） キムリッカ『多文化時代の市民権』（→晃洋書房、九八年） 加藤典洋「敗戦後論」発表（講談社、九七年→ちくま学芸文庫、一五年）
一九九六	露、エリツィン大統領再選	ハンチントン『文明の衝突』（→集英社、九八年→集英社文庫、一七年）
一九九七	鄧小平死去	
一九九八	印・パが核実験を行なう	ローティ『アメリカ　未完のプロジェクト』（→晃洋書房、〇〇年→新装版一七年） バーバー『〈私たち〉の場所』（→慶應義塾大学出版会、〇七年）
一九九九	欧州連合単一通貨「ユーロ」導入	ロールズ『万民の法』（→岩波書店、〇六年→岩波現代文庫、二二年） ローティ『リベラル・ユートピアという希望』（→岩波書店、〇二年）
二〇〇〇	露、プーチン大統領就任	ネグリ＝ハート『〈帝国〉』（→以文社、〇三年） パットナム『孤独なボウリング』（→柏書房、〇六年）
二〇〇一	九・一一同時多発テロ	東浩紀『動物化するポストモダン』（講談社現代新書） エツィオーニ『ネクスト：善き社会への道』（→麗澤大学出版会、〇五年） サンスティン『インターネットは民主主義の敵か』（→毎日新聞社、〇三年）

二〇〇二	アフリカ連合（AU）発足 イラクに対して安保理決議	ロールズ死去 ノージック死去 ウォルツァー論文「正戦論の勝利」（→『戦争を論ずる』風行社、〇八年所収） 小熊英二『〈民主〉と〈愛国〉』（新曜社）
二〇〇三	イラク戦争	サイード死去 ホーネット＝フレイザー『再配分か承認か？』（→叢書・ウニベルシタス、一二年）
二〇〇四	西、列車爆破テロ事件	ネグリ＝ハート『マルチチュード』（→NHKブックス、〇五年） ウォルツァー『戦争を論ずる』（前掲） ウォルツァー『政治と情念』（→風行社、〇六年）
二〇〇五	米国、ブッシュ（子）政権再任	コノリー『プルーラリズム』（→岩波書店、〇八年） ハーヴェイ『ネオリベラリズムとは何か』（→青土社、〇七年）
二〇〇六	サダム・フセインに死刑判決・執行	ドゥウォーキン『民主主義は可能か？』（→信山社、一六年） メイヤスー『有限性の後で』（→人文書院、一六年）
二〇〇七	日、福田政権発足 欧州連合加盟国、リスボン条約に調印	ローティ死去 ウォルツァー『政治的に考える』（→風行社、一二年）
二〇〇八	露・米国で大統領選挙 露、メドベージェフ大統領就任 米でリーマン・ショックから世界金融危機が発生	ハンチントン死去 ヒース『ルールに従う』（→NTT出版、一三年）

二〇〇九	米国、オバマ政権発足	サンデル『これからの「正義」の話をしよう』（→早川書房、一〇年→ハヤカワ文庫、一一年） ハーヴェイ『コスモポリタニズム』（→作品社、一三年）
二〇一〇	チュニジアの反政府運動が始まる。翌年ベン・アリ政権が崩壊（ジャスミン革命） ギリシャ経済危機を端緒とする欧州ソブリン（債務）危機	
二〇一一	日、東日本大震災 金正日死去 エジプト、ムバラク政権崩壊。リビア内戦の末、カダフィ政権崩壊（アラブの春）	ホーネット『自由の権利』（→叢書・ウニベルシタス、一三年） ブランダム『プラグマティズムはどこから来て、どこへ行くのか』（→勁草書房、二〇年） グレーバー『負債論』（→以文社、一六年）
二〇一二	シリア内戦が泥沼化	吉本隆明死去 サンデル『それをお金で買いますか』（→早川書房、一二年→ハヤカワ文庫、一四年）
二〇一三	スノーデン、国家安全保障局（NSA）による国際監視網の存在を告発	ドゥウォーキン死去 エルシュテイン死去 ガブリエル『なぜ世界は存在しないのか』（→講談社選書メチエ、一八年） ドゥウォーキン『神なき宗教』（→筑摩書房、一四年）

		ピケティ『21世紀の資本』（→みすず書房、一四年）
二〇一四	ロシアによるクリミア併合 イスラム過激派組織ＩＳがイスラム国の樹立を宣言、米軍が空爆開始	フクヤマ『政治の衰退』（→講談社、一八年）
二〇一五	アメリカ、キューバ両国首脳が五九年ぶりに直接対談 日、安全保障関連法案が可決 仏、パリ同時多発テロ事件発生	鶴見俊輔死去 パットナム『われらの子ども』（→創元社、一七年） グレーバー『官僚制のユートピア』（→以文社、一七年）
二〇一六	英、国民投票でＥＵ離脱派が勝利	ヴァンス『ヒルビリー・エレジー』（→光文社、一七年→知恵の森文庫・未来ライブラリー、二二年）
二〇一七	米国、トランプ政権が発足 ミャンマーでロヒンギャ族への迫害問題が激化 西、カタルーニャ州が独立宣言	バーバー死去 ネグリ＝ハート『アセンブリ：新たな民主主義の編成』（→岩波書店、二二年） サンスティン『#リパブリック』（→勁草書房、一八年）
二〇一八	米朝首脳会談がシンガポールで実現	ウォルツァー『アメリカ左派の外交政策』（→風行社、一八年） ムフ『左派ポピュリズムのために』（→明石書店、一九年）
二〇一九	香港民主化デモが始まる	加藤典洋死去 グレイザー死去 ピケティ『資本とイデオロギー』（→みすず書房、二三年）

二〇二〇	英、EUを離脱 新型コロナウイルスが世界的に大流行 米国、ブラック・ライヴズ・マター（BLM）運動	サンデル『実力も運のうち』（→早川書房、二一年→ハヤカワ文庫、二三年） 斎藤幸平『人新世の「資本論」』（集英社新書）
二〇二一	米国、トランプ支持者らによる議事堂襲撃事件 バイデン政権が発足	
二〇二二	露、ウクライナ侵攻開始 米国、ロー判決のデュー・プロセス解釈を変更 日、安倍晋三元首相銃撃事件	クリプキ死去 フクヤマ『リベラリズムへの不満』（→新潮社、二三年） 千葉雅也『現代思想入門』（講談社現代新書）
二〇二三	イスラエル・ガザ戦争勃発	ネグリ死去
二〇二四	露、プーチン大統領が再選 米国、大統領選挙	

邦訳のない書籍については、原題をイタリック体で併記した。

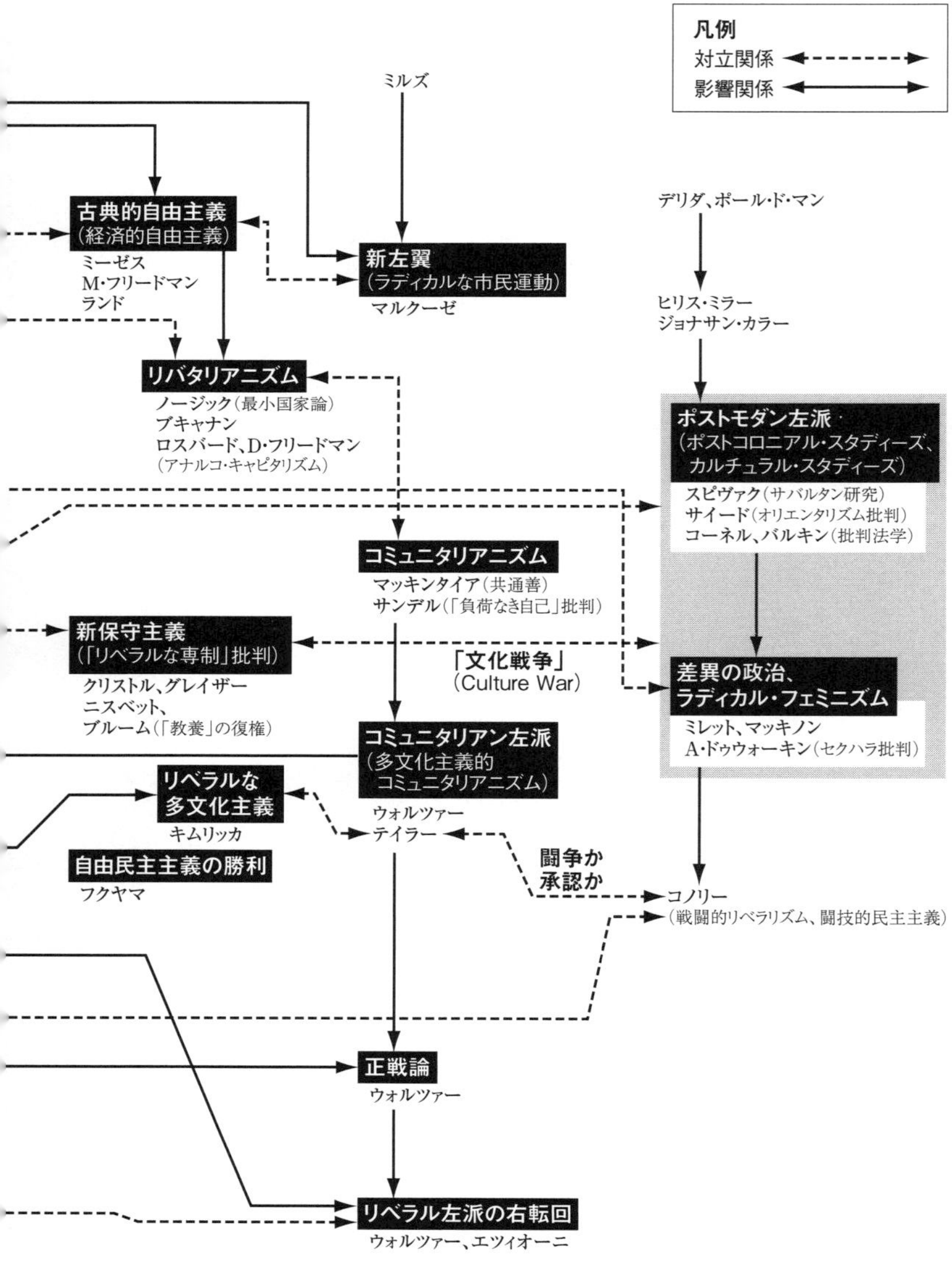
凡例
対立関係
影響関係
ミルズ
古典的自由主義
（経済的自由主義）
ミーゼス
M・フリードマン
ランド
新左翼
（ラディカルな市民運動）
マルクーゼ
デリダ、ポール・ド・マン
ヒリス・ミラー
ジョナサン・カラー
リバタリアニズム
ノージック（最小国家論）
ブキャナン
ロスバード、D・フリードマン
（アナルコ・キャピタリズム）
ポストモダン左派
（ポストコロニアル・スタディーズ、
カルチュラル・スタディーズ）
スピヴァク（サバルタン研究）
サイード（オリエンタリズム批判）
コーネル、バルキン（批判法学）
コミュニタリアニズム
マッキンタイア（共通善）
サンデル（「負荷なき自己」批判）
新保守主義
（「リベラルな専制」批判）
「文化戦争」
（Culture War）
差異の政治、
ラディカル・フェミニズム
クリストル、グレイザー
ニスベット、
ブルーム（「教養」の復権）
ミレット、マッキノン
A・ドゥウォーキン（セクハラ批判）
コミュニタリアン左派
（多文化主義的
コミュニタリアニズム）
リベラルな
多文化主義
キムリッカ
ウォルツァー
テイラー
闘争か
承認か
自由民主主義の勝利
フクヤマ
コノリー
（戦闘的リベラリズム、闘技的民主主義）
正戦論
ウォルツァー
リベラル左派の右転回
ウォルツァー、エツィオーニ

アメリカ現代思想のあらまし

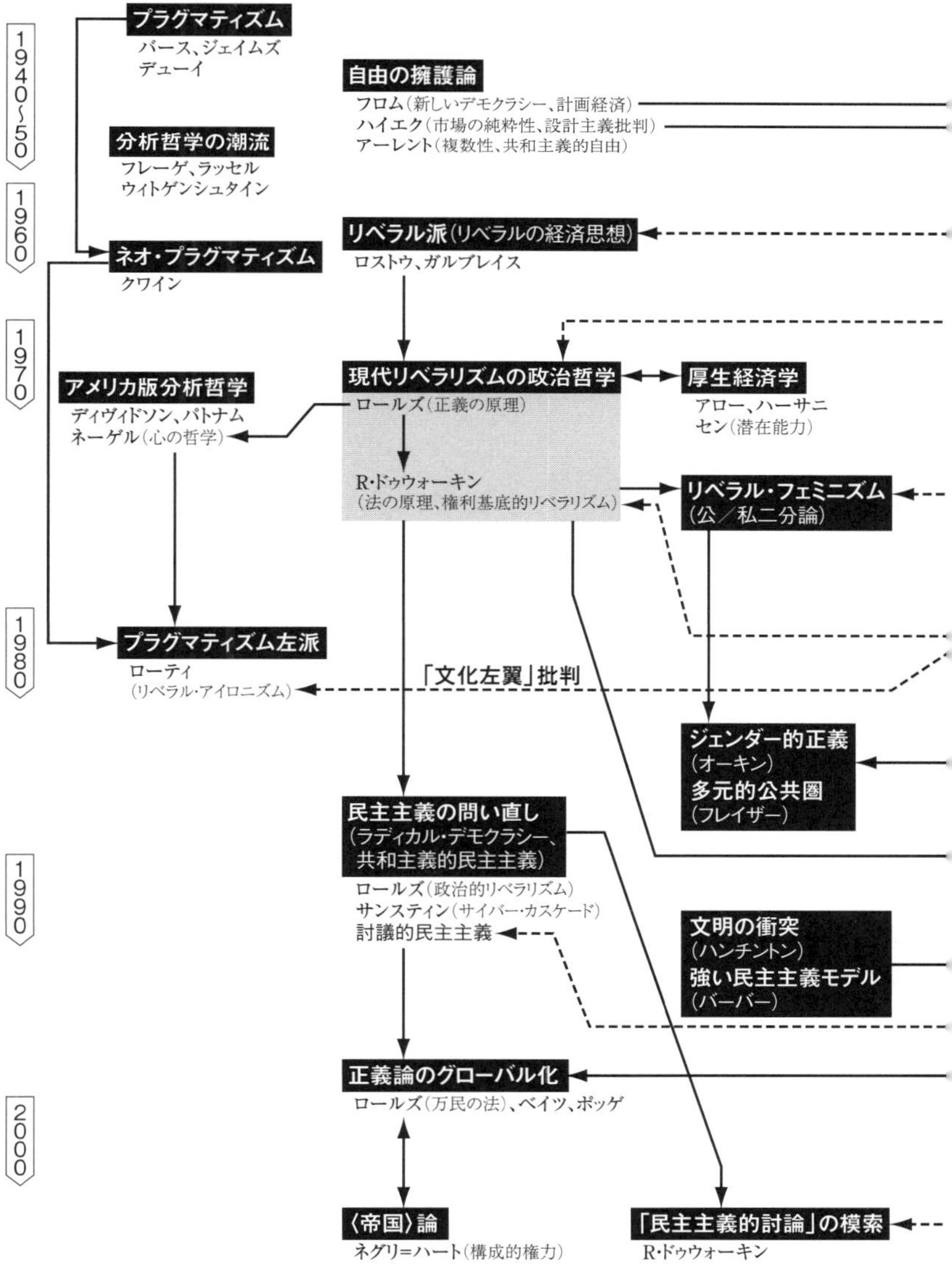

索　引（欧米人名は原則として姓のみとしました）

ア

カ

サ

タ

ナ

ハ

マ

ヤ

ラ

ワ

アルファベット

仲正昌樹（なかまさ・まさき）
1963年広島県生まれ。金沢大学法学類教授。東京大学大学院総合文化研究科地域文化研究専攻博士課程修了（学術博士）。専門は法哲学、政治思想史、ドイツ文学。
著書に『集中講義！ 日本の現代思想』（NHKブックス）、『悪と全体主義』『現代哲学の最前線』『現代哲学の論点』（NHK出版新書）、『今こそロールズに学べ』（春秋社）、『哲学者カフカ入門講義』（作品社）など多数。

NHK *BOOKS* 1287

新版　集中講義！ アメリカ現代思想
リベラリズムはどこへ行くのか

2024年9月25日　第1刷発行

著　者　仲正昌樹

発行者　江口貴之
発行所　NHK出版
東京都渋谷区宇田川町10-3　郵便番号150-0042
電話 0570-009-321（問い合わせ）　0570-000-321（注文）
ホームページ　https://www.nhk-book.co.jp
装幀者　水戸部 功
印　刷　三秀舎・近代美術
製　本　三森製本所

Printed in Japan　ISBN978-4-14-091287-4　C1310

NHK BOOKS

＊宗教・哲学・思想

仏像［完全版］―心とかたち―　望月信成／佐和隆研／梅原　猛
原始仏教―その思想と生活―　中村　元
がんばれ仏教！―お寺ルネサンスの時代―　上田紀行
目覚めよ仏教！―ダライ・ラマとの対話―　上田紀行
現象学入門　竹田青嗣
哲学とは何か　竹田青嗣
東京から考える―格差・郊外・ナショナリズム―　東　浩紀／北田暁大
ジンメル・つながりの哲学　菅野　仁
科学哲学の冒険―サイエンスの目的と方法をさぐる―　戸田山和久
集中講義！日本の現代思想―ポストモダンとは何だったのか―　仲正昌樹
哲学ディベート―〈倫理〉を〈論理〉する―　高橋昌一郎
カント　信じるための哲学―「わたし」から「世界」を考える―　石川輝吉
道元の思想―大乗仏教の真髄を読み解く―　賴住光子
詩歌と戦争―白秋と民衆、総力戦への「道」―　中野敏男
ほんとうの構造主義―言語・権力・主体―　出口　顯
「自由」はいかに可能か―社会構想のための哲学―　苫野一徳
イスラームの深層―「遍在する神」とは何か―　鎌田　繁
マルクス思想の核心―21世紀の社会理論のために―　鈴木　直
カント哲学の核心―『プロレゴーメナ』から読み解く―　御子柴善之
戦後「社会科学」の思想―丸山眞男から新保守主義まで―　森　政稔
はじめてのウィトゲンシュタイン　古田徹也
〈普遍性〉をつくる哲学―「幸福」と「自由」をいかに守るか―　岩内章太郎
ハイデガー『存在と時間』を解き明かす　池田　喬
公共哲学入門―自由と複数性のある社会のために―　齋藤純一／谷澤正嗣
ブルーフィルムの哲学―「見てはいけない映画」を見る―　吉川　孝
物語としての旧約聖書―人類史に何をもたらしたのか―　月本昭男
国家はなぜ存在するのか―ヘーゲル「法哲学」入門―　大河内泰樹

※在庫品切れの際はご容赦下さい。

NHK BOOKS

＊文学・古典・言語・芸術

日本語の特質　金田一春彦
言語を生みだす本能(上)(下)　スティーブン・ピンカー
思考する言語―「ことばの意味」から人間性に迫る―(上)(中)(下)　スティーブン・ピンカー
ドストエフスキイ―その生涯と作品―　埴谷雄高
ドストエフスキー　父殺しの文学(上)(下)　亀山郁夫
英語の感覚・日本語の感覚―〈ことばの意味〉のしくみ―　池上嘉彦
英語の発想・日本語の発想　外山滋比古
絵画を読む―イコノロジー入門―　若桑みどり
フェルメールの世界―17世紀オランダ風俗画家の軌跡―　小林頼子
子供とカップルの美術史―中世から18世紀へ―　森　洋子
形の美とは何か　三井秀樹
オペラ・シンドローム―愛と死の饗宴―　島田雅彦
伝える！　作文の練習問題　野内良三
宮崎駿論―神々と子どもたちの物語―　杉田俊介
万葉集―時代と作品―　木俣　修
西行の風景　桑子敏雄
深読みジェイン・オースティン―恋愛心理を解剖する―　廣野由美子
スペイン美術史入門―積層する美と歴史の物語―　大髙保二郎ほか
「古今和歌集」の創造力　鈴木宏子
最新版　論文の教室―レポートから卒論まで―　戸田山和久
「新しい時代」の文学論―夏目漱石、大江健三郎、そして3・11後へ―　奥　憲介
「和歌所」の鎌倉時代―勅撰集はいかに編纂され、なぜ続いたか―　小川剛生

＊教育・心理・福祉

身体感覚を取り戻す―腰・ハラ文化の再生―　斎藤　孝
子どもに伝えたい〈三つの力〉―生きる力を鍛える―　斎藤　孝
孤独であるためのレッスン　諸富祥彦
内臓が生みだす心　西原克成
母は娘の人生を支配する―なぜ「母殺し」は難しいのか―　斎藤　環
福祉の思想　糸賀一雄
アドラー　人生を生き抜く心理学　岸見一郎
「人間国家」への改革―参加保障型の福祉社会をつくる―　神野直彦

※在庫品切れの際はご容赦下さい。

NHK BOOKS

＊社会

嗤う日本の「ナショナリズム」　北田暁大
社会学入門―〈多元化する時代〉をどう捉えるか―　稲葉振一郎
ウェブ社会の思想―〈遍在する私〉をどう生きるか―　鈴木謙介
ウェブ社会のゆくえ―〈多孔化〉した現実のなかで―　鈴木謙介
現代日本の転機―「自由」と「安定」のジレンマ―　高原基彰
希望論―2010年代の文化と社会―　宇野常寛・濱野智史
団地の空間政治学　原　武史
図説　日本のメディア［新版］―伝統メディアはネットでどう変わるか―　藤竹　暁／竹下俊郎
情報社会の情念―クリエイティブの条件を問う―　黒瀬陽平
日本人の行動パターン　ルース・ベネディクト
現代日本人の意識構造［第九版］　NHK放送文化研究所 編
争わない社会―「開かれた依存関係」をつくる―　佐藤　仁

＊政治・法律

国家論―日本社会をどう強化するか―　佐藤　優
マルチチュード―〈帝国〉時代の戦争と民主主義―（上）（下）　アントニオ・ネグリ／マイケル・ハート
コモンウェルス―〈帝国〉を超える革命論―（上）（下）　アントニオ・ネグリ／マイケル・ハート
ポピュリズムを考える―民主主義への再入門―　吉田　徹
「デモ」とは何か―変貌する直接民主主義―　五野井郁夫
権力移行―何が政治を安定させるのか―　牧原　出
国家緊急権　橋爪大三郎
自民党政治の変容　中北浩爾
未承認国家と覇権なき世界　廣瀬陽子
アメリカ大統領制の現在―権限の弱さをどう乗り越えるか―　待鳥聡史
ミャンマー「民主化」を問い直す―ポピュリズムを越えて―　山口健介
帝国日本と不戦条約―外交官が見た国際法の限界と希望―　柳原正治

※在庫品切れの際はご容赦下さい。